Wolfgang Vorländer
Der Heilige Geist
und die Kunst
zu leben

Wolfgang Vorländer

Der Heilige Geist und die Kunst zu leben

Aussaat

2. Auflage 1996

Titel: Meussen/Künert, Essen
Titelbild: „Franziskus – Spielmann Gottes“,
© Ernst Alt, Saarbrücken
Satz: Fotosatz-Service Weihrauch, Würzburg
Druck: Steinbeck-Druck, Sprockhövel
Printed in Germany
ISBN 3-7615-4836-2

MEINEN ELTERN

Inhalt

KAPITEL 1

Einleitung: „Du sollst leben!“

Diese Einladung, dieser Aufruf und Weckruf Gottes ist uns überliefert im Propheten Ezechiel. Es ist das Wort Jahwes an sein Volk Israel, das er wie ein Findelkind in der Wüste fand: *„Denn niemand sah mitleidig auf dich und erbarmte sich, daß er etwas von all dem an dir getan hätte, sondern du wurdest aufs Feld geworfen. So verachtet war dein Leben, als du geboren wurdest. Ich aber ging an dir vorüber und sah dich in deinem Blut liegen und sprach zu dir, als du so in deinem Blut dalagst: Du sollst leben! Ja, zu dir sprach ich, als du so in deinem Blut dalagst: Du sollst leben . . .“* (Ezechiel 16,5–6).

Dieses Wort kann aber auch als Inbegriff der ganzen biblischen Botschaft verstanden werden. Es ist Ausdruck von Gottes Heils- und Liebeswillen für alle Menschen.

Wir sind ja allesamt von Hause aus gefesselt an den großen Fall des Menschengeschlechts. Sündenfall nennt ihn die christliche Gemeinde und die christliche Theologie im Rückgriff auf die biblischen Texte, die unser Dasein vor Gott und von Gott her enthüllen.

Gottes Wort ist die „Apokalypse des Menschen“. „Apokalypse“ heißt: Entschleierung, Offenlegung, Offenbarung. Der Vorhang zerreißt, der Schleier und die Verschleierungen werden gelüftet. Unsere verkehrte Art kommt an den Tag. Aber sie kommt an den Tag, um überwunden zu werden: Du sollst leben! Du darfst leben!

Gottes Antwort auf unseren verfehlten Daseinsversuch lautet: Heilung und Heimbringung. Und so wie Gott will, daß wir vor ihm, in ihm und mit ihm leben, so kommt er damit zugleich zu sich selbst: zu seiner Weise, Gott zu sein. Und Er wird erst dann zu seiner letzten Freude und zur Ruhe kommen, wenn er in einer heimgebrachten Schöpfung und inmitten seines Menschenvolkes, des erlösten, wohnen wird.

Dieses Leben wird zugänglich und erschließt sich im Glauben an Jesus, den Bringer und Bürgen des Lebens. Ohne Glauben kein Leben! – So bezeugen es die Bekenntnisse der Schrift und der Kirche, wobei Glaube nicht eine zu erbringende Leistung und Bedingung ist, sondern die gottgemäße Daseinsweise des Menschen, die Gott selber dem Menschen zugedacht hat und zu der sein Geist ihn erweckt.

Ohne Glauben kein Leben. Dieser Satz muß aber auch umkehrbar sein: Wo Glauben ist, da ist auch Leben! Und genau hier fangen meine

Fragen an. Ich frage mich: *Wenn das stimmt*, warum gibt es dann so viele Christen – also Menschen, die zum Glauben erweckt worden sind –, die dennoch so schlecht oder so wenig ... leben! Oder die mit dem Leben so schlecht oder so wenig zurechtkommen! Sei es, daß sie, trotz Glauben, mit der Gestaltung und Bewältigung ihres Lebens anscheinend ständig überfordert sind; sei es, daß sie, dem Glauben zum Spott, das Leben auf allerlei Weise vernachlässigen: es vernachlässigen, zu leben! Und warum gibt es – neben den schwermütigen und den leichtfertigen, den überforderten und den draufloslebenden Christen – schließlich solche, die anscheinend einfach *keine Zeit* haben zu leben – möglicherweise aus einem einseitig *leistungsbetonten* Nachfolgeverständnis heraus, das sie immer nur *Gott dienen*, nie aber *vor Gott leben* läßt!?

Ich möchte diese Fragen sogleich konkretisieren. Sie haften an einer Fülle von Beobachtungen, die mich seit langem nachdenklich machen. Als Vorwurf sind sie keinesfalls gemeint, was ich ausdrücklich betonen möchte. Denn ich kenne, in unterschiedlicher Intensität und Ausprägung, die Gefahr der „unfreiwilligen Lebensverweigerung" aus Überforderung, Gedankenlosigkeit oder übersteigertem (was oft bedeutet: kleingläubigem!) Verantwortungsbewußtsein ja in meinem eigenen Leben.

Bereits an dieser Stelle ist aber zunächst eine *Absicherung* nötig. Das Buch möchte eine *Einladung zum Leben* sein; ein *Aufruf*, die Schönheit des Lebens zu entdecken; eine *Hilfestellung*, die Gestaltung des Lebens in der Kraft des Heiligen Geistes als eine Art „Kunsthandwerk" zu erlernen. – Es ist zu vermuten, daß alles Gesagte dabei von vornherein einem *Vorwurf* oder Verdacht ausgesetzt ist: dem Verdacht, das Leben viel zu harmlos, zu glatt, zu optimistisch zu sehen! Die Frage könnte lauten: Ist das Leben nicht eine einzige Unwägbarkeit? Kommt nicht immer alles anders, als man denkt? Und lauern nicht Schicksalsschläge, Fallen und Hindernisse, Klippen und Brüche, Leiden und Anfechtungen im Verborgenen wie heimtückische Wegelagerer, jederzeit bereit, uns in den Weg zu treten und zu überfallen? – Und entspricht es überhaupt der Sprache der *Bibel*, von der „Schönheit des Lebens" zu sprechen, und *wenn* ja, ist es dann nicht erst die Sprache der biblischen *Zukunftshoffnung?* Sind die Vorzeichen der Sünde, des Leidens und des Todes gleichsam vorweg aufhebbar? Und sollte es gar darum gehen, das Leben der *Christen*, der Glaubenden, aus dem allgemeinen dumpfen Geschick aller hinfälligen und unerlösten Kreatur *herauszuheben*, als sei es davon nicht mehr betroffen?

Ich schreibe dieses Buch nicht in Ausblendung, sondern *angesichts* dieser Fragen! Daher liegt mir nichts ferner als eine pausbäckige Theologie kalifornischer oder sonstiger Herkunft, die allzugut zu unserer westlichen dumm-fröhlichen Coca-Cola- und McDonalds-Kultur paßt, indem sie die „wahrhaft Erlösten“ im Gegensatz zur „unerlösten Welt“ hemmungslos als stets lächelnde, optimistische und sonnengebräunte Glücksritter präsentiert!

Nein, erlöst ist in dieser Welt noch niemand! Versöhnt sind wir, versöhnt! Das heißt: *mit Gott verbunden*, von ihm gerechtgesprochen und geliebt. Erlösung indes wartet auf uns alle erst im Reich der Herrlichkeit! Erlösung gibt es nicht privat und vorweg, sondern nur gemeinsam und gleichzeitig mit allen: mit den Tschernobylkindern, den Behinderten und den in Hunger, Elend und Schmach Lebenden. Erlösung meint die Heimbringung aller Dinge, damit Gott zum Wohlgefallen an seinen Werken und Wesen komme und alle Kreatur ihm in Jubel und Entzücken zujauchze. Erlösung läßt sich nicht denken und deuten ohne ihren Bezug zur leidenden Kreatur in ihrer Gesamtheit, zu den im Ölteppich verendenden Seehunden und Meeresvögeln, dem kippenden Wattenmeer, den gefällten Amazonasbäumen und den erschöpften Elementen Wasser, Erde und Luft. Erlösung ist Inbegriff des Reiches Gottes in seiner Vollendung.

Unser tiefes Hineinverwobensein in eine stöhnende und ächzende Welt, in einen nach Befreiung lechzenden Kosmos ist zwar nicht der Gegenstand und das Thema dieses Buches, gehört aber zu seinen Voraussetzungen. Beschreiben und besingen möchte das Buch die Schönheit des Lebens, in dem der Schöpfer-Geist sich verherrlicht und manifestiert. Aber genau das ist unlösbar verbunden mit der Leidens- und Trauergestalt dieser Welt. Wir stehen damit im Horizont biblischer Kreuzestheologie. Ohne sie ist weder die Schönheit des Lebens noch die Teilhabe an der Kraft der Auferstehung noch die Hoffnung auf die große Weltenwende zu haben.

Aber das alles bringt mich nicht von meiner Frage ab! Denn ich kann nicht glauben, daß Unmut, Kleinmut und Schwermut, daß Überforderung und Überanstrengung im Leben vieler Christen automatisch und auf der ganzen Linie nur durch unsere unerlöste Weltwirklichkeit bedingt sind und damit quasi zu rechtfertigen seien; daß sie per se in eins gesetzt werden dürften mit dem „Kreuz“, das Christus den Seinen auferlegt! Und ich will ebenfalls nicht glauben, daß das christus*gewollte* Kreuz, das echte Kreuz also, die Schönheit des Lebens zunichte machen kann oder will! Wenn Gott in unser Leben tritt, dann tut er das immer, um sich darin zu verherrlichen. Wo aber Gott sich verherrlicht, da wird das Leben (auf eine freilich noch zu interpretierende Weise!) – *schön!* Es wird schön im Sinne erfüllten, gotterfüllten Lebens. Schön im Sinne „begeisterten", geistesgegenwärtigen Lebens. Auch unter der Signatur des Kreuzes wird es zu einem für Gott geschmückten, in sich erfüllten und für die Mitwelt anziehenden Leben. Das ist die Voraussetzung, von der ich ausgehe und die im weiteren Verlauf noch begründet und veranschaulicht werden soll.

Ich sagte, Anlaß zu den hier vorgelegten Meditationen über das Leben und die Lebensweise von uns Christen seien konkrete *Beobachtungen.* Es sind Beobachtungen, Erfahrungen und Einsichten aus Beratung und Seelsorge, aus vielen Begegnungen in Gemeinden, auf Freizeiten und Seminaren. Von diesem Wahrnehmungsfeld her möchte ich das, was man „ungewollte Lebensverweigerung" nennen könnte, ein wenig differenzieren und verdeutlichen. Vor Augen stehen mir dabei vor allem die *Schwermütigen*, die *Gedankenlosen* und die *Überverantwortlichen* in der Gemeinde.

Die Schwermütigen

Daß in unseren westlichen Zivilisationen die Zahl seelisch labiler und kranker Menschen zunimmt, ist allgemein bekannt. Die Ursachen dafür sind vielfältig und nicht auf einen Nenner zu bringen. Es gibt krankmachende Lebensweisen und krankmachende Kulturen und Gesellschaften. Es gibt ferner, und das erst recht angesichts nicht wiedergutzumachender ökologischer Katastrophen von globalem Ausmaß, kollektive Depressionen und Angstzustände, die sich zu einem lebenszersetzenden Klima ausbreiten. In einer Zeit, in der bei uns viele Menschen äußerlich besser leben als alle Generationen vor ihnen, macht sich zugleich eine Lebensverknappung breit: eine Verknappung unserer Lebensreserven, die der Verknappung der Lebensreserven in der Natur entspricht. Reich an Gütern und arm an Sinn, reich an übergreifenden Gefahren und arm an Zuversicht, sind wir sozusagen kollektiv dünnhäutiger geworden.

Auch in der Gemeinde, unter Menschen, die den Weg des Glaubens gehen wollen, begegnen wir mehr und mehr Männern und Frauen, aber auch schon Kindern und Jugendlichen, die in tiefen seelischen Krisen stecken. Der latente Bedarf an Lebensberatung, Seelsorge und therapeutischer Hilfe scheint ins Unüberschaubare und nicht zu Bewältigende zu steigen. Es ist, als ob immer mehr Menschen die ganz elementare Frage stellen: Wozu bin ich eigentlich da und wozu bin ich gut? Wer hat mich eigentlich lieb und kümmert sich um mich? Wo finde ich Kraft zum Leben?

In Gemeinde- und Mitarbeiterkreisen sind oft für neue Aktionen und Aktivitäten nur schwer Freiwillige zu gewinnen. Hingegen stoßen seelsorgerliche Angebote und Themen auf breites Interesse. Das signalisiert, wieviel Ängste, Fragen, Probleme und Nöte viele Menschen im Blick auf ihr eigenes Leben unterschwellig mit sich herumtragen. Auch unter Christen gibt es viel mehr Frustrationen, Depressionen, Verzagtheit und innere Müdigkeit, als wir oft vermuten. Manche fühlen sich der ganz schlichten Lebensbewältigung nicht gewachsen. Aber das bleibt oftmals im Verborgenen und wird selten offenbart.

Verantwortungsbewußte, seelsorgerlich sensible und befähigte Christen und Christinnen wissen, daß man dieser Not nicht mit glatten oder platten Glaubensformeln begegnen kann; erst recht nicht mit geistlichen Forderungen und Ansprüchen. Psychische Probleme sind selten damit zu beheben, daß man fragt, ob die Bekehrung wirklich echt gewesen sei, ob das Gebetsleben ernst genommen wird, ob die Bibel und das Eingebundensein in eine christliche Gemeinschaft genügend Raum im Alltag haben. Das Schlimme ist ja, daß das alles der Fall sein kann und man dennoch wie in einem seelischen Verlies feststitzt, ohne herauszufinden! Gar nicht zu reden von der Zahl seelischer Störungen, die durch eine bestimmte gesetzliche und fordernde Verkündigung, durch falsche, krankmachende Gottesbilder und dergleichen allererst *verursacht* werden!

Was aber bedeutet das Evangelium im Blick auf Kleinmut und Schwermut so vieler Christen? Enthält es dafür eine Verheißung oder nicht? Ist es darin als Kraft zu erfahren oder nicht? – Paulus nennt es *„die Kraft Gottes, die rettet alle, die daran glauben“* (Römer 1,16). Damit ist gemeint, daß das Evangelium vom Tod zum Leben zu bringen vermag, vom ewigen Verlorensein zum ewigen Angenommensein, von der Gottestrennung zur Gotteskindschaft. Wenn aber das Evangelium in diesem grundsätzlichen soteriologischen (heilsvermittelnden) Sinn Leben und Rettung aus dem Tod bringt, warum gibt es dann Christen, die, aus der *ewigen* Verlorenheit gerettet, aus *zeitlichen* Verlorenheiten nicht herausfinden? Sie haben gelernt, zu Gott „Vater“ zu sagen, fühlen sich aber dennoch dem Tod und der Beziehungslosigkeit näher als Gott und dem Leben! Ist das Evangelium, das aus dem ewigen Tod rettet, gleichzeitig zu schwach, um in den ganz diesseitigen, irdischen und alltäglichen Fragen der Lebensbewältigung Kraft und Hilfe zu sein?

Seelische Nöte, Krisen und Krankheiten fangen nicht mit nichts an. Sie haben lebensgeschichtliche Gründe und Voraussetzungen im Werdegang des Menschen. Sie haben aber zudem oft auch kollektive gesellschaftliche Ursachen. Darum dürfen wir angesichts der steigenden seelsorgerlichen Bedürfnisse nicht bei Fragen der persönlichen Krisenbegrenzung und der Therapie stehenbleiben oder dort erst einsetzen. Dieses Buch fragt nach einer veränderten Sicht des Lebens und nach Chancen und Geheimnissen der Lebensgestaltung, die früher zu entdecken sind als im Augenblick der Krise.

Mich bewegt dabei die Frage: Haben wir eigentlich die lebengewährende Macht des Geistes Gottes in der Vergangenheit genügend thematisiert, entdeckt und in Anspruch genommen – oder haben wir uns auf die Frage beschränkt, wie der Geist zum *Glauben* verhilft? Er will aber auch zum *Leben* verhelfen, denn er ist auch die Kraft Gottes zur Daseinsgestaltung! Die abendländische Theologiegeschichte hat über weite Strecken den Jenseitsbezug des Evangeliums einseitig zum Thema gemacht. Dann wiederum gab es kritische Gegenbewegungen, die demgegenüber, ebenso einseitig, den Diesseitsbezug hervorhoben, aber dann meistens nur im Sinne eines ethischen Imperativs – sei es im Blick auf die persönliche Heiligung oder die Veränderung der Gesellschaft. Aber beides bedeutet die Mißachtung und Vernachlässigung der Frage, wie Gott denn in unserem *irdisch-kreatürlichen* Leben als *befreiende* Macht erfahren werden kann und inwiefern das seinem ursprünglichen und höchst eigentlichen Liebeswillen entspricht! Seelische Einbrüche und verkümmerte Lebensgestaltung wären so gesehen auch eine Predigtfrucht! Sie erwachsen aus einer mangelhaft entwickelten *Liebe zum Leben*, die aus einem falschen Gottesbild und einem verzerrten Verständnis des Evangeliums resultiert. Darum muß Gott als *Liebhaber des Lebens* entdeckt werden! Gott hilft nicht nur aus der ewigen Verlorenheit, sondern er hilft auch in den zeitlichen Verlegenheiten. Und das tut er nicht nur durch seine Gebote, durch ein forderndes „Du sollst", sondern durch die *Gabe seines Geistes*, dessen Schöpfungs- und Lebensbezug wir im späteren Verlauf dieses Buches entdecken wollen.

Aber wer lehrt uns das alles, bei wem kann man in Sachen Leben in die Lehre gehen? In der Geschichte des Judentums und der christlichen Kirche gab es Zeiten, die Menschen hervorbrachten, die man als „Weise" und „Heilige" bezeichnen könnte. Oft war es in Krisenzeiten und Übergangsepochen, daß solche Lehrer auftraten. Sie waren oft nicht die großen Evangelisten und auch nicht die großen Kirchenpolitiker und Kirchenführer ihrer Zeit. Es waren vielmehr *Seelen*führer: Menschen mit dem Charisma, „Lehrer des Lebens" zu sein. Sie schöpften aus zweierlei Quellen: einmal aus überlieferten Weisheitstraditionen, zum anderen aus unmittelbarer Intuition, die sie aus ihrem Stillesein vor Gott in einem abgeschiedenen Leben gewannen. Es waren Mystiker, deren kontemplatives Leben ihnen eine Trennschärfe und Sehschärfe vermittelte, wie sie nur zustande kommt, wenn jemand am Rand der Gesellschaft steht und Abstand zu den Dingen hat. Aber gerade so wurden sie zu einem Anziehungspunkt für viele Menschen, die manchmal in Scharen zu ihnen strömten. Im protestantischen Bereich mag man etwa an Gerhard Tersteegen oder die beiden Blumhardts in Bad Boll erinnern. Brauchen wir nicht diese Weisheits- und Lebenslehrer heute? Das bedeutet aber, daß Menschen, um das zu werden, in die Wüste gehen und erst einmal kontemplatives Leben einüben müssen! Solche Menschen sind als eine Gabe des Geistes, die er der Kirche Christi schenkt, zu erbeten.

Der Glaube hat nicht nur mit den sogenannten „geistlichen" Lebensbereichen zu tun, mit dem Vollzug von Bekehrung und Heiligung, mit Gebet und Wachsen im Glauben, mit den Früchten des Geistes und der Mitarbeit in der Gemeinde, – sondern mit unserem Fleisch und Blut, unserer Leiblichkeit, Weltverbundenheit und physischen Existenz, mit den banalen Alltagsgeschäften und den natürlichen sozialen Bezügen zur Mitwelt und den Mitgeschöpfen. Wenn diese Felder und Bereiche nicht ganz anders geistlich durchdrungen und vom Geist selbst durchwirkt werden, dann darf man sich über die psychischen Nöte von immer mehr Menschen nicht wundern. Psychische Probleme resultieren nicht aus Glaubensmangel, sondern aus Lebensverlegenheiten.

Was heißt geistgemäßes und befreites Leben in *diesem* Horizont? Wie ist darin der Geist Gottes als der einzige, der uns die Kunst des Lebens zu vermitteln weiß, erfahrbar?

Lebenseinsicht und Lebensweisheit sind aber dem isolierten Individuum allein nicht zugänglich. Darum haben wir zugleich nach Möglichkeiten einer *gemeinsamen* und gemeinschaftlichen Lebenskultur zu fragen. Denn wenn psychische Störungen und Krankheiten auch gesellschaftliche Ursachen haben, dann ist ihnen rein individuell nicht beizukommen. Das ist die notorische Schwäche aller Einzelseelsorge und Individualtherapie: sie kann keine neuen Beziehungssysteme schaffen, die aber nötig sind. Daher zielt alles, worüber wir in diesem Buch nachdenken, zugleich auf die Notwendigkeit und Möglichkeit einer solchen alternativen Lebensgestaltung, die den Charakter einer gemeinsamen Gegenkultur zu unserer Gesellschaft hat.

Die Gedankenlosen

Es gibt auch Lebensverkümmerung aus Leichtfertigkeit und Gedankenlosigkeit.

Bei einer großen Zahl von Christen und Christinnen, deren Bereitschaft zur Nachfolge Christi man durchaus nicht in Frage stellen kann, ist die Lebensgestaltung erstaunlich wenig von eben dieser Nachfolge geprägt. Das ist ein merkwürdiger Befund, aber er läßt sich nicht selten sogar an aktiven Mitarbeitern in der Gemeinde verifizieren. Nimm ihnen ihre Aufgabe, ihren Dienst, ihren Hauskreis, ihr Gremium, ihren Gottesdienstbesuch – und das, was übrigbleibt, erweist sich als seltsam gestaltlos und nichtssagend. Lebenszuschnitte, die wie von irgendwoher abgeschrieben und übernommen aussehen. So wenig Originalität, so wenig Authentisches, so wenig Einfallsreichtum und Kreativität! Es riecht nach Langeweile. Fragt man einen solchen Menschen bei Gelegenheit, wie es ihm gehe, so kann man glatt zur Antwort bekommen: „Man lebt!" Und das sagt alles. Von der Berufsfindung und -ausübung über die Rollenverteilung in der Ehe, den Stil der Kindererziehung, die Gestaltung von Wochenenden und Urlaub bis hin zur Wohnungseinrichtung stellt man nicht nur fest: Alles schon mal dagewesen!, – sondern erkennt überhaupt keinen Bezug zur verheißenen Präsenz des Geistes Gottes als einer schöpferischen Kraft, die ein anderes Menschsein hervorbringen will. Ein nichtchristlicher Beobachter könnte den Schluß ziehen: offensichtlich ist es auch bei Christen nicht anders, als daß Gott, wenn es ihn geben sollte, die realen Lebensverhältnisse nicht verändert! – In einer solchen Daseinsgestalt ist Gott also unkenntlich und im wahrsten Sinne spurenlos; es finden sich von Gott keine Spuren in dem Bereich, auf den es gerade ankäme: in der banalen Alltäglichkeit und in der Profanität des Lebens. – So sieht es immer dann aus, wenn Christen im „normalen" Leben nur das tun, was die Gesellschaft an Möglichkeiten vorgibt.

Auch hier zeigt sich, daß uns „Lehrer des Lebens" in Theologie, Kirche und Gemeinde fehlen, daß uns eine Verkündigung, Lehre und Seelsorge fehlt, die um das Geheimnis der Einwohnung des Schöpfergeistes im „Fleisch", in der Schöpfung, im kreatürlichen Leben weiß und dafür die Augen öffnet. Es fehlt uns, so wäre hinzuzufügen, der lebendige Anschluß an die Überlieferungen der *Weisheit Israels*, wie wir sie vor allem in den Psalmen, im Predigerbuch, in den Sprüchen Salomos und in den apokryphen Weisheitsschriften finden. – Das Ergebnis ist, daß man bereits Hunderte von Predigten und Bibelarbeiten gehört haben kann und doch in den elementaren Lebensvollzügen vor sich hinwuselt oder sich vom breiten Strom der Gesellschaft oder vom jeweils „Naheliegenden“ treiben läßt. „Man lebt!“ – Und *wird* gelebt. In Familie und Nachbarschaft, in Ehe und Ehelosigkeit, in Berufsstreß und Berufseinerlei, in Alltag und Sonntag, in Gesundheit und Krankheit. Jesus sagt dazu: *„Wenn aber das Salz dumm geworden ist, womit soll man salzen?“* (Matthäus 5,13).

Dieser Sog des Gewöhnlichen, dieser Mangel an geistgeweckter schöpferischer Lebensgestaltung tritt besonders zutage an den sogenannten *Lebensübergängen*, an den Nahtstellen der verschiedenen Lebensstadien. Die Zeit des Erwachsenwerdens, die Zeit der vielbeschworenen Lebensmitte mit ihrer „midlife-crisis“, die Zeit, wenn die Kinder aus dem Haus gehen, der Eintritt in den Ruhestand – all dies sind besondere Möglichkeiten, dem Schöpfer-Geist noch einmal weiten Handlungsspielraum zu gewähren und sich auf seine schöpferische Kraft und Führung einzulassen.

Aber das ist es eben: der Geist Gottes! Ihn müßten wir kennen, sein Wesen und Wirken müßten wir verstehen lernen! Hier liegt das wesentliche *theologische* Anliegen dieses Buches. Denn ich bin der Meinung, daß Lebensvernachlässigung und -verkümmerung mit dem abhanden gekommenen Wissen um den Geist Gottes zusammenhängt. Und mit dem Verlust lebt die abendländische Christenheit schon sehr lange, vermutlich schon seit ihrer Trennung vom Judentum an der Schwelle zum zweiten nachchristlichen Jahrhundert. – Abhanden gekommen ist uns vor allem das Wissen um den *Schöpfungsbezug* des Geistes Gottes, das Wissen um den Geist Gottes *in der Schöpfung*. Abhanden gekommen ist uns auch das Wissen um den *messianischen* Bezug des Geistes als der Kraft der Erneuerung und Verwandlung alles Geschaffenen. Mit der Relativierung und Vernachlässigung der hebräischen Bibel, des Alten Testaments also, sind uns diese Zusammenhänge fremd geworden. Und so kann es nicht überraschen, wenn unser diesseitiges, irdisches, kreatürliches Leben wirklich geistlos und stumpf wird wie ein blinder Spiegel. Die Lehre vom Heiligen Geist (Pneumatologie) ist der Schlüssel für das Erlernen des Kunsthandwerks der Lebensgestaltung. Aber damit weisen wir schon weit über dieses Kapitel hinaus.

Die Überverantwortlichen

Solche Christen haben begriffen, daß Nachfolge *Dienst* bedeutet. Christus sucht und beruft *Mitarbeiter*. Und Mitarbeit an und für Gottes Reich bedeutet: Selbstdisziplin, Aufopferung, Verzicht. Nicht umsonst heißt es in 1. Thessalonicher 1,3: *„Ich denke ohne Unterlaß an euer Werk im Glauben und eure Arbeit in der Liebe."* Solche Worte zitieren leistungs- und dienstorientierte Christen gerne. Der heilige Ernst der Sache verlangt Mühe und Opfer. Darum sind die Nachfolgeworte Jesu nicht genügend zu beherzigen: *„Wer mir nachfolgen will, der verleugne sich selbst und nehme sein Kreuz auf sich!" „Wer sein Leben gewinnen will, der wird es verlieren!"* (Markus 8,34.35). Wer anderen Menschen den Herrn des Lebens bezeugen will, der muß dafür auf viel Leben verzichten. Und zu diesem Verzicht sind die Überverantwortlichen bereit.

Was ihnen schwerfällt, ist *Kindschaft, Sorglosigkeit* und *Gelassenheit* im Glauben. Sie sind ein erklärter Feind aller Werkgerechtigkeit, aber sie ist dennoch ihre größte Versuchung. Und was außerhalb ihrer zahllosen Dienste und Verpflichtungen liegt, ist für sie ohne eigentlichen Sinn und Wert. Sie leben nach der Devise: „Streß für Jesus ist der schönste Streß." Dabei passiert es ihnen, daß sie die Anforderungen, die sie an sich selber stellen, ständig auch an andere richten. Die „Pflichten in der Nachfolge" sind ihr Thema, während sie andere Dimensionen wie etwa die „Feier des Glaubens" und das „Fest des Lebens" für unseriösen Luxus halten.

Ich muß mich hinsichtlich der Fragen und Bedenken, die ich gegenüber diesem Nachfolgeverständnis hege, vermutlich gegen Mißverständnisse absichern. Denn es könnte der Verdacht aufkommen, ich wolle einem bequemen Christentum das Wort reden und vernachlässige und mißachte den tiefen Ernst der zitierten Jesusworte aus Markus 8. *Peter Beier* hat mit Recht gegen eine weitverbreitete „Gottesgemütlichkeit" in weiten Teilen des heutigen Christenvolkes polemisiert, die für ihn gleichzeitig verbunden ist mit „unstatthaften Verbilligungsübungen in Predigt und Gespräch".[1)] Ich kann dem nur zustimmen. – Meine kritischen Fragen an die Überverantwortlichen, an die Leistungschristen gewinnen vielleicht (auch im folgenden) deshalb eine gewisse Schärfe, weil ich hier zugleich meine eigenen Versuchungen und meine eigene Gefährdung wahrnehme.

Mir ist vor wenigen Jahren beim wiederholten Betrachten der Jesusgeschichten in den Evangelien jedoch auf einmal die Frage gekommen: Warum macht eigentlich Jesus, der die Worte vom Kreuztragen sprach und der selbst ein Kreuz zu tragen hatte, wie keiner es trug, einen so viel angenehmeren, befreiteren und lebensgesättigteren Eindruck als wir, die wir genau seinem Ruf zur ganzen Hingabe, zur radikalen Nachfolge (wie gern wir dieses Wort benutzen!) und zum tätigen Glaubensgehorsam folgen möchten?! Das Problem dürfte darin liegen, daß wir den Glauben völlig einseitig auf die Mitarbeit an Gottes Sache *reduzieren* – und dabei das gesamte übrige Leben instrumentalisieren, das heißt, nur als Mittel zum Zweck verstehen: Unser Leib und Leben ist nichts als die äußere Bedingung für unser christliches Engagement, und das christliche Engagement ist der innere Sinn unserer irdischen Existenz. Selbst das Gebet, die Stille, die Gemeinschaft und die Feier des Gottesdienstes sind zweckbezogen: sie dienen dazu, daß wir wieder fit, fähig und frisch werden für den Dienst.

Unser Leben ist aber in Gottes Augen nicht Mittel zum Zweck der Arbeit – und handelte es sich bei dieser Arbeit ausschließlich um den reinsten und lautersten Liebesdienst. Gott sagt nicht „Du sollst leben!“ und meint in Wirklichkeit nur „Du sollst dienen!“. Sondern es gehört zu seinem Schöpfungs- und Erlösungwillen, daß bereits unser Dasein ihn verherrlicht. Wir sind eben auch darin für ihn wichtig (und vor der Welt ein Zeugnis), daß wir *Empfangende* seines unerschöpflichen Reichtums und Teilhaber an seiner Freude sind. Jesus sieht das Leben als *Kindschafts*verhältnis. Und über allem steht unsere Berufung, an der Sabbatruhe Gottes teilnehmen zu dürfen. Denn Sabbatlichkeit ist das Ziel aller Dinge. Und diese Sabbatlichkeit will schon hier unser Leben prägen und gestalten.[2]

Armut an Leben, an echter gottgewirkter „Diesseitigkeit“, an geschöpflicher Freude und Entfaltung wird nie und nirgends in der Schrift als Erweis von Christusbezogenheit und Geistesfülle verstanden! Das befreiende Sterben Jesu macht uns nicht zu Un-Geschöpfen, sondern will uns gerade Anteil verschaffen an dem „wahren Menschen“, dem „neuen Adam“, der Christus für Gott und uns ist: Anteil an seinem messianischen Sein. Welt-, leib-, lust- und lebensverachtende Christen können gerade dafür, was Christus uns schenkt, kein Abbild, Vorbild und Zeugnis sein, – dafür nämlich, daß man in der Gegenwart Christi zum „grünenden Baum an Wasserbächen“ (Psalm 1,3) werden soll und daß es einen Lebensstrom gibt, der Land und Leben, Leib und Seele, Inwendiges und Auswendiges, Natur und Kultur, Haus und Familie, Beruf und Freizeit und also das ganze wirkliche konkrete Dasein zum Grünen bringt!

Zur Geburt unseres vierten Kindes kam ein brieflicher Glückwunsch, der die Zusatzbemerkung trug: „Ob es seinen Vater auch ab und zu mal sehen wird?" – Hier ist es nachgerade zur Selbstverständlichkeit geworden, daß jemand, der sich als Christ engagiert, nur ein Rabenvater oder eine Rabenmutter sein kann. Davon ist auszugehen; so ist es eben. Wer Gottes Sache ernst nimmt in Beruf, Weltverantwortung und Gemeinde, kann die Seinen, kann die Allernächsten eigentlich nur um eine gehörige Portion Lebensnähe und Zuwendung betrügen!

Und wie wir derlei dann noch geistlich zu überhöhen verstehen! Sprach doch ein alter, viel gereister und erfahrener Evangelist auf einer Konferenz seines Berufsstandes über das Schicksal eines „Arbeiters im Weinberg des Herrn". Gefragt, wie er in seinem Leben Beruf und Familie in Einklang gebracht hätte, kam die Antwort: *„Diesen* Dienst kann man nicht tun, ohne an der Familie schuldig zu werden!"

Wo steht das geschrieben, in welcher Bibel? Wenn es schon seine Gründe hatte, daß Jesus vom „Verlassen von Haus oder Brüdern oder Schwestern oder Mutter oder Vater oder Kindern oder Äckern um meinetwillen und um des Evangeliums willen" sprechen mußte – und damit erhebliche Einschnitte und Einbußen aufgrund der Nachfolge in Aussicht stellte! –, dann haben wir doch um so mehr Grund, der *Fortsetzung* dieses Nachfolgewortes aus Markus 10,30 eingedenk zu sein, die lautet:

„ . . . der wird es hundertfach wieder empfangen:
jetzt in dieser Zeit(!) Häuser
und Brüder
und Schwestern
und Mütter
und Kinder
und Äcker mitten unter der Verfolgung (!) –
und in der zukünftigen Welt das ewige Leben!"

Das bedeutet gesättigtes Leben im Dienst für Gottes Sache! Es trieft geradezu von alttestamentlich anmutender Segensfülle. Das Leben in der Nachfolge Christi ist in diesen Worten dessen, dem nachzufolgen ist, verbunden mit lauter Gutschriften auf unseren Namen. Dem, *„der zuerst nach Gottes Reich trachtet und nach seiner Gerechtigkeit, wird ‚das alles' zufallen"* (Matthäus 6,33).

Vor diesem Hintergrund des Versprechens Jesu muß es doch höchst traurig und bedenklich stimmen, wenn just auf jener erwähnten Konferenz hauptberuflicher Evangelisten (Frohbotschafter!) ein Psychotherapeut davon berichtet, wie viele engagierte Christen, Männer und Frauen, hauptberuflich und ehrenamtlich Tätige, in seiner Praxis nach Lebenshilfe suchen!

Es ist nicht der Wille Gottes des Schöpfers, des Versöhners und Erlösers, daß es in unseren Kirchen, freien Werken, Gemeinden und Gemeinschaften Funktionäre der christlichen Sache gibt, die in freiwilliger oder unfreiwilliger Ämterhäufung, in nicht endenden Verpflichtungen und Diensten, in nimmermüdem Einsatz „vorbildlich“ vorangehen, während sich ihre Kinder frustriert von allem „Christlichen“ abwenden und ihre Ehepartner an Schwermut, Traurigkeit und Depression bei Psychiatern Rat holen. Es ist nicht Gottes Wille, daß eine Frau, Ende vierzig, sagen muß: Mein Mann und ich haben seit zwanzig Jahren nicht gelebt und uns darum innerlich verloren; wir waren eigentlich beide nur mit der Gemeinde verheiratet.

Erlöst von vielerlei Lasten und Spannungen in der Nachfolge sind wir alle *nicht*, aber wenn *überhaupt kein* Hauch von Erlösung mehr über unser Leben streicht und bereits die Nachbarn es begriffen haben, was unser „Christsein“ aus uns macht – nämlich zum Beispiel schlechte Nachbarn! –, dann haben wir uns vom Willen Gottes entfernt. Wir sind dann genau dort angelangt, wo jener Arzt angelangt ist, von dem *Rolf Zerfaß* in seinem Buch „Menschliche Seelsorge“ folgendes berichtet: *„In einer Diskussionsrunde um das Profil kirchlicher Krankenhäuser erzählt ein Chirurg von dem Streß, dem er sich Tag für Tag in der Chirurgie ausgesetzt sieht: Stationsbesprechung, Visite, OP, Ambulanz. Dann sagt er: ‚Ein Jahr vor meinem Abitur, als mein vielbeschäftigter, tüchtiger Vater mich wieder einmal wegen meiner schlechten Noten und meines genüßlichen Lebenswandels zur Rede gestellt hatte, habe ich ihn, um ihm zu demonstrieren, wie wenig mich sein Lebensstil überzeugte, gefragt: „Vater, hast du in den letzten Jahren irgend etwas erlebt?“ Ich muß ihn voll auf dem falschen Fuß erwischt haben: Ihm fiel überhaupt nichts ein! – Inzwischen geht es mir schon genauso.‘“*[3)]

Es wird Zeit, daß wir aufhören, Gott zu mißtrauen, wenn Er sagt: Du sollst leben! Gott hat damit nicht im Grunde etwas ganz anderes sagen wollen. Er meint, was er sagt. In seiner Nähe entsteht Freiheit, finden wir Luft zum Atmen, beginnt ein Fest. Wir leben unter einem offenen Himmel und auf einer von Gott beschlagnahmten Erde. Unter diesem Himmel und auf dieser Erde ist unser Leben in sich selbst für Gott wertvoll.

ERSTER TEIL
Grundlegendes

KAPITEL 2

Der Geist Gottes in Schöpfung und Welterneuerung

Seitdem die charismatische Bewegung sich in den vergangenen zwanzig Jahren weltweit sehr stark ausgebreitet und auch inner- und außerhalb unserer Kirchen in Deutschland viele Menschen erfaßt oder wenigstens beschäftigt hat, ist die Frage nach dem Wirken des Heiligen Geistes viel stärker als früher zum Thema geworden. Ob die vielfältigen Erfahrungen mit dem Geist ausreichend reflektiert werden und ob es auch zu einer erneuerten und vertieften Theologie des Heiligen Geistes kommt, ist manchen aufmerksamen Beobachtern eine Frage. Ich selbst habe den Eindruck, daß das biblische Gesamtzeugnis über das Wirken und Wesen des Geistes Gottes in der Tat immer noch nicht genügend erfaßt wird. Das merkt man daran, welche Texte und Aussagen der Schrift eine Rolle spielen, wenn es um Fragen der *Pneumatologie* (Lehre vom Heiligen Geist) geht - und welche nicht. Ob man einen „Charismatiker" fragt oder ein „traditionelles Gemeindeglied" – in Erwägung gezogen und zitiert wird oft nur eine schmale Auswahl von Bibelstellen: die Pfingstgeschichte, die Charismenlehre des Paulus, die Aussagen über das „Trostamt" des Geistes im Johannesevangelium und ähnliche Texte. Im Vordergrund steht dabei immer die Frage nach dem Glauben, nach Bekehrung und Heilsgewißheit, nach den Früchten und Gaben des Geistes und nach dem geistgewirkten Gemeindeaufbau. Hinzu kommt das Thema der Anbetung und der inneren und äußeren Heilung.

Es kann keine Frage sein, daß damit Schlüsselthemen und -texte im Blick auf das Wirken des Geistes aufgegriffen sind. Es fällt aber auch auf, daß meistens nur das Neue Testament die Grundlage ist, während die hebräische Bibel und das Zeugnis Israels weithin unberücksichtigt bleiben. Zugleich müßten damit auch Fragen der Trinitätslehre neu bedacht werden; aber auch das erweckt allgemein keinerlei Interesse. Vorherrschend ist ein erfahrungsbezogener Pragmatismus, auch in der charismatischen Bewegung. Damit bleibt alles im Rahmen des Glaubens- und Gemeindebezuges, während die Bedeutung des Geistes für die sonstigen Lebensbereiche sowie für Natur und Geschichte, Schöpfung und Weltgeschehen gar nicht thematisiert wird. Die individuelle Ebene und die Ebene der Gemeinde scheinen gegenüber der kosmischen Ebene von Schöpfung und Reich Gottes einseitig in den Vordergrund zu treten.

Ich sehe hierin eine Verarmung und willkürliche Verengung der Pneumatologie. Sie entspricht einer unreflektierten *heidenchristlichen* Sichtweise, die das Zeugnis Israels und die Geist- und Glaubenserfahrung des Alten Testaments außer acht läßt. Überblickt man aber das Gesamtzeugnis der Bibel, dann ergeben sich ganz neue, ungleich weitere Perspektiven und Bezüge, in denen das Wesen und Wirken des Geistes Gottes in der Welt zu sehen und zu verstehen ist. Dann zeigt sich: Der Geist ist vor allem und in grundlegender Weise im Horizont von *Schöpfung und Welterneuerung* zu sehen! – Das sollte so überraschend nicht sein, wenn wir uns nur einmal vergegenwärtigen, daß schon die frühe Kirche dem Geist den Titel „Creator Spiritus" gegeben hat: *Schöpfer* Geist! Schöpfungs-, Welt- und Reich-Gottes-Bezug sind ausschlaggebend, um den Geist Gottes in seinem Wirken zu verstehen.

Wir können hier keine ausführliche Darstellung und Entfaltung einer so ausgerichteten Lehre vom Geist Gottes vorlegen. Wir müssen uns mit knappesten Hinweisen begnügen. Aber sie sind unverzichtbar, denn sie bilden die theologische Grundlage dieses Buches.

Nach dem Zeugnis des Alten Testaments ist der Geist Gottes zuerst und allem anderen voran der Urheber und die *Lebenskraft der Schöpfung*. Der Geist ist *Gott als der schöpferisch Handelnde*. Im Geist geht Gott aus sich heraus und erschafft die Welt. *„Sendest du aus deinen Geist, so werden sie geschaffen, und du machst neu die Gestalt der Erde"*, heißt es in Psalm 104,30. Und in Hiob 34,14f lesen wir: *„Wenn Gott nur an sich dächte, seinen Geist und Odem an sich zöge, so würde alles Fleisch miteinander vergehen, und der Mensch würde wieder zu Staub werden."* Hier wird deutlich, was Schöpfung ist und worin sie besteht: Gott gibt seinen Geist in die tote Materie hinein und erweckt sie zum Leben! Leben ist immer Kraftwirkung und „Einwohnung" des Geistes Gottes – und zwar in der Materie! – Solche Sätze stoßen bei uns freilich sofort auf Befremden. Das hat nicht zuletzt damit zu tun, daß unser abendländisches Denken viel stärker von der griechischen Philosophie beeinflußt ist als vom Zeugnis der hebräischen Bibel. Im griechischen Denken herrscht ein unüberwindbarer *Gegensatz* zwischen Geist und Natur, Geist und Materie. Leben kann hier immer nur Befreiung aus der Materie sein, und der Geist ist die Kraft der Überwindung unseres leiblich-irdischen Gebundenseins. Daß Gott sich dem *Staub* zuwendet und mitteilt, daß der Geist in der *Materie* seinen Gestaltungs- und Entfaltungsort sucht, – das ist für den Griechen undenkbar.

Im hebräischen Denken ist es jedoch genau umgekehrt: Unsere irdische Leiblichkeit ist keine Verlegenheit, aus der wir zu befreien wären, sondern höchst eigentlicher Schöpfungsgedanke Gottes. Tote Materie, lebloser Stoff wird von ihm angenommen, erwählt und dazu bestimmt, Gefäß, Träger und Wohnort seines Geistes zu sein! – Mit einem tiefen Gespür für diese Wahrheit haben darum die Kirchenväter gesagt: „Was nicht inkarniert ist, das ist auch nicht erlöst"; was nicht verleiblicht ist, ist nicht befreit; was keine Gestalt angenommen hat, hat auch kein Leben! Und mit der gleichen Betonung konnte *Friedrich Oetinger* fast provozierend sagen: „Leiblichkeit ist das Ende aller Werke Gottes."

Aber diese Einwohnung des schöpferischen, lebenspendenden Geistes in der Materie betrifft keineswegs nur unser Menschsein, es ist vielmehr das Geheimnis der gesamten Schöpfung: *„Der Erdkreis ist erfüllt vom Geist des Herrn"*, heißt es in Weisheit Salomos 1,7. Und in leidenschaftlichem Ausruf formuliert Weisheit 11,24–12,1 die Worte: *„Du liebst alles was ist, und verabscheust nichts von dem, was du gemacht hast . . . Du schonst alles; denn es gehört dir, Herr, du Freund des Lebens, und dein unvergänglicher Geist ist in allem!"* – Wenn das stimmt, dann bedeutet jede Weltverneinung, Leibfeindlichkeit und Lebensverachtung, den Geist Gottes zu betrüben und ihm sein ureigenstes Wirken zum Vorwurf zu machen!

Aber, so meldet sich ein neues Bedenken zu Wort, ist das übernehmbar: zu sagen, „Gottes Geist ist in allem"?! Riecht das nicht verdächtig nach – Pantheismus? Im Pantheismus ist Gott die aller Schöpfung innewohnende Lebenskraft, ist aber nicht mehr Subjekt und Gegenüber zur Schöpfung und damit *Herr* der Welt! Gott und Welt werden zuletzt *identisch.* Die Philosophiegeschichte lehrt uns, daß ein solches Denken notwendigerweise im *Atheismus* endet! Wenn nämlich Gott in jedem Stein, in jedem Kristall, in jedem Gänseblümchen und jedem Sonnenuntergang wohnt und aufgeht, wer sagt dann, daß Stein, Kristall, Gänseblümchen und Sonnenuntergang nicht . . . Gott *sind* und daß Gott sozusagen darin „untergeht"?! Dieser Allgottglaube hebt zum Schluß Gott als Subjekt auf. Aus einer „natürlichen Religion" wird ein „Gott der Natur" geboren, der im Handumdrehen zum „Gott Natur" werden kann: die Natur selbst ist Gott.

Das Alte Testament hat mit dieser Sicht der Verschmelzung von Gott und Welt, von Geist und Natur nichts gemein. Denn wenn es bekennt, daß Gott dem Menschen, aus Erde vom Ackerboden gemacht, den Odem (was stets als Äquivalent für *Geist* gebraucht wird!) des Lebens *„in seine Nase blies"* (Genesis 2,7), dann ist hier von einer *freien Gabe*, einer freien Selbstmitteilung Gottes die Rede, in der Gott, so wahr und wirklich er in die Schöpfung eingeht und seinen Geist zu ihrer Lebenskraft macht, *freies Gegenüber* bleibt. Er ist nicht abhängig von und erst recht nicht identisch mit seiner Schöpfung, wohl aber ist die Schöpfung abhängig von ihm und hat in seiner Geistesgegenwart ihre Identität! Darum heißt es in Hiob 34 – wie bereits zitiert –: *„Wenn er nur an sich dächte, seinen Geist und Odem an sich zöge, so würde alles Fleisch miteinander vergehen, und der Mensch würde wieder zu Staub werden.“* Gott identifiziert sich zwar mit seiner Schöpfung und geht insofern wirklich in sie ein!, – aber er geht nicht in ihr auf und ist nicht abhängig von ihr.

Mit dieser Abgrenzung gegen jedes geschlossene Weltsystem, gegen jedes reine Immanenzdenken und gegen die Identifikation von Gott und Natur müssen wir aber nun zurückkehren zu den biblischen Akzenten, die doch nun auch die andere Seite betonen: Gott gibt sich im Geist als Lebenskraft in die Schöpfung hinein. *„In ihm leben, weben und sind wir“* (Apostelgeschichte 17,28). Und das gilt nicht etwa für irgendeinen idealen Urzustand vor dem Sündenfall, sondern das gilt uneingeschränkt auch danach. Unser Kreatursein ist nicht aufgehoben, und es besteht nach wie vor in der Einwohnung des Geistes im Kosmos, in der Natur und im Menschen. Dieser Schöpfungsgeist durchdringt, belebt und beseelt die Welt. Wenn das geleugnet wird, wie es mit dem Aufkommen des neuzeitlichen, mechanistischen Weltbildes geschah, und wenn Gott nur noch eine jenseitige Wirklichkeit ist, dann wird das Diesseits im gleichen Augenblick geistlos und gottlos. „Ohne Wahrnehmung des Schöpfergeistes gibt es keine Schöpfungsgemeinschaft im Frieden zwischen Mensch und Natur“, sagt Jürgen Moltmann[4)], – und es gibt dann auch keine Beziehung zwischen Gott und dieser geschaffenen Welt. Dann ist die Natur bloßes Material. Sie kann als Steinbruch herhalten. Als Partnerin kommt sie nicht in Betracht. – Wenn aber der Geist Gottes allem Geschaffenen das Leben gibt, indem er ihm einwohnt, dann besteht zwischen allen und allem eine fundamentale Beziehung. Gott, Mensch und Natur treten in eine von Gott gesetzte, von ihm geschaffene und gewollte Beziehung. Und „Beziehung“ ist geradezu Synonym für „Leben“, so wie „Beziehungslosigkeit“ das Wesen des Todes ist. Wer diese Beziehung aufkündigt, bereitet den ökologischen Tod vor – und das ist nicht mehr eine nur theoretische Konsequenz, sondern bereits die Realität, in der wir stehen.

Alles Geschaffenwerden ist schon Geistesgabe: „Der pneumatologische Horizont ist ein Horizont, der Himmel und Erde dem Schöpfer einbringt, ein Erntehorizont. Und dieser Horizont ist ein Horizont der

Freude", – womit wir *Rudolf Bohren* zitieren.[5] Es kann keinen Zweifel geben: Wie wir Schöpfung und Geist, Geist und Schöpfung zusammensehen (oder nicht zusammensehen), so sehen wir auch Gott, so sehen wir die Schöpfung, so sehen wir uns selbst, – und so gehen wir dann auch mit Gott, der Schöpfung und uns selbst um: entweder geistlos oder geistesgegenwärtig und geisterfüllt.

Es wird nach dem Gesagten deutlich, daß die Wirklichkeit des Geistes Gottes in Schöpfungskategorien zu begreifen ist: Der Geist ist die Schöpfungsmacht Gottes *und* die Lebensgabe Gottes, – beides! Und umgekehrt ist unser Leben (nicht erst unser Glaube!) bereits Geistesgabe und Geistesgegenwart. Alles, was Gottes Geist wirkt, trägt den Charakter eines Schöpfungsgeschehens. Und alles, was geschaffen ist, trägt die Handschrift des Geistes. Schöpferisch wirkt der Geist also bereits in unserer physischen, unserer leibseelischen, unserer irdischen Existenz. In diesem Sinne reden wir vom *Schöpfergeist.* Schöpferisch handelt er dann auch noch einmal auf der ganz anderen Ebene, der Ebene der *Bundes*gemeinschaft mit Gott, des Glaubens, der Christusgemeinschaft und der Gemeinde. In diesem Sinne ist er der *Heilige Geist.* Aber es ist *„ein* Geist"! (1. Korinther 12,4). Und das, was er im Horizont der Bundes-, der Christus- und der Glaubensgeschichte wirkt, ist nicht weniger in Schöpfungskategorien, in Kategorien des Erschaffens aus dem Nichts zu deuten wie sein Handeln an und im Kosmos. (Nicht von ungefähr parallelisiert Paulus in 2. Korinther 4,6 das Erwecktwerden zur Christuserkenntnis mit dem schöpferischen Weckruf Gottes bei der Erschaffung der Welt: *„Denn Gott, der sprach: Licht soll aus der Finsternis hervorleuchten, der hat einen hellen Schein in unsere Herzen gegeben, daß durch uns entstünde die Erleuchtung zur Erkenntnis der Herrlichkeit Gottes in dem Angesicht Jesu Christi.")*

Von hier aus ergibt es sich zwangsläufig, daß wir den Geist auf unser ganzes kreatürliches Leben zu beziehen haben. Denn dieses Leben lebt von seiner Gegenwart und soll seine Handschrift tragen. Der Schöpfergeist will unser ganzes geschöpfliches Dasein zur Entfaltung bringen und gestalten. Und das haben wir gerade als Christen neu zu lernen. Es bedeutet die Ermächtigung und Befreiung zu einem schöpferischen Lebensvollzug auf allen Gebieten und in jeder Hinsicht.

Nun lautet aber unsere Überschrift: „Der Geist Gottes in Schöpfung und *Welterneuerung*". Wir wenden uns damit jenem zweiten Pol zu. Nach Aussage des Alten Testaments ist der Geist Gottes nicht nur die Kraft der Schöpfung, sondern auch die Kraft der eschatologischen Weltverwandlung. Er steht also nicht nur am Anfang, sondern auch am Ende – und bildet durch seine Einwohnung in der Schöpfung die Brücke zwischen Urzeit und Endzeit, Anfang und Ziel. Wie er die Schöpfungskraft der vergehenden Welt ist, so ist er auch die Schöpfungskraft der kommenden, unvergänglichen Welt. Er ist die Kraft jenes zweiten „Es werde!", das Gott sprechen wird. Altes und Neues Testament bezeugen ihn übereinstimmend als die Kraft der Totenauferweckung (Ezechiel 37 und Römer 8,11). Es ließe sich eine lange Liste von Aussagen und Texten aus der prophetischen Überlieferung Israels anführen, die sagen, daß die messianische Welterneuerung heraufgeführt wird durch ein neues Ausgegossenwerden des Geistes in die kranke, todgeweihte Welt hinein. Gott sendet seinen Schöpfungsgeist also noch einmal neu – und verwandelt die Sterblichkeit in Unvergänglichkeit und den Kosmos in das Reich der Herrlichkeit. *„Über euch wird ausgegossen der Geist aus der Höhe. Dann wird die Wüste zum fruchtbaren Lande . . . Und das Recht wird in der Wüste wohnen und Gerechtigkeit im fruchtbaren Lande"* (Jesaja 32,15–18). Man darf also sagen: Der Schöpfergeist schafft und erhält die Schöpfung auf den Tag ihrer Erneuerung und Vollendung hin und ist selber die Kraft dieser Erneuerung und Vollendung!

Es ist die Botschaft der alttestamentlichen *Heilsprophetie*, die dieses künftige Handeln des Geistes Gottes bezeugt und damit seine grenzenlose kreative Kraft deutlich macht. Das wäre allerdings erst reine Zukunftsmusik, die uns verborgen und unzugänglich wäre, zumal uns Menschen in der Völkerwelt, die nicht zu Israel gehören. Es muß darum ein drittes Element des Geistwirkens hinzutreten, das uns diese Zukunft erschließt. Und das ist die Erweckung und Sendung des *Messias,* des Geistträgers schlechthin, dem die Kraft der Erneuerung, Heilung und Verwandlung der Welt verliehen wird. Diesen Messias erkennt die Gemeinde in Jesus. Und seit der Erhöhung dieses messianischen Geistträgers erfährt sie ihn als den endzeitlichen Geist*geber*, der uns in der Gabe des Heiligen Geistes schon Anteil gewährt am Prozeß der Heimbringung und Heilung der Schöpfung. Darum kann der Hebräerbrief sagen, daß diejenigen, die *„Anteil bekommen haben am heiligen Geist", die „Kräfte der zukünftigen Welt schmecken"* (6,4–5). Aber es heißt erst: Anteil, Angeld! Noch ist damit das Ziel nicht erreicht. Ja, derselbe Geist, der uns schon Anteil gibt an den Kräften der zukünftigen Welt, nimmt gleichzeitig teil am Seufzen der Kreatur nach Erlösung und an der Sehnsucht der Kinder Gottes nach der letzten großen Befreiung (Römer 8,19–26)!

Zusammenfassend können wir nun sagen: Der Geist Gottes ist zum einen die Bewegung Gottes, die zur Erschaffung der Welt führt und in die Welt einzieht. Das ist der *Schöpfungsbezug des Geistes.* Sodann ist er die Bewegung Gottes, die zur Berufung und Sendung des Messias führt und über ihm als Kraft der endzeitlichen Erneuerung ausgegossen wird. Diese Erneuerung beginnt in der Sammlung der messianischen Gemeinde, die darum den Geist Gottes als den Geist *Christi* erfährt. Dies ist der *Christusbezug des Geistes.* – Und schließlich ist der Geist die Bewegung Gottes, die zur Neuschöpfung des Himmels und der Erde führt und in der Gott für immer in die Welt einzieht, so daß es zur ungebrochenen Gemeinschaft zwischen Schöpfer und Geschöpf kommt. Dies ist der *eschatologische Bezug des Geistes.* Die Bewegung verläuft von der Schöpfung über Christus und seine Gemeinde hin zur Neuschöpfung aller Dinge. Der Heilige Geist, so sagt *Hendrikus Berkhof,* erstreckt sich auf das Ganze der Schöpfung, „indem er weitere und weitere Kreise um den stellvertretenden Einen (Christus) zieht, bis das letzte Ziel erreicht ist und alle Dinge ... in die große Erneuerung hineingezogen worden sind." In seinem eschatologischen Bezug ist also der Geist „die Bewegung von Christus zur Vollendung, von den ersten Früchten zur vollen Ernte." Denn „wenn Christus die erste Frucht der eschatologischen Wirklichkeit ist, gilt dasselbe folgerichtig von allem, was aus seiner Erscheinung, seinem Werk und seiner Auferstehung hervorgeht. Alle diese Wirkungen sind die ‚Kräfte des kommenden Äons'; sie alle sind in dem Werk des Heiligen Geistes zusammengefaßt."[6)]

Wir haben mit diesem Überblick über die gewaltigen und kaum auszulotenden Aussagen der Bibel in bezug auf das Wesen und Wirken des Geistes Gottes den Grund gelegt für unsere Frage nach der geistgewirkten Lebensgestalt und Lebensgestaltung, die Gott für uns bereithält. Und um das möglichst rasch anschaulich und konkret zu machen, so daß wir umgehend die praktische Relevanz dieses umfassenden Geistverständnisses erfassen, gehen wir schon einmal – ansatzweise – ein wenig ins Detail. Der nachfolgende Brief ist so etwas wie die Auswertung und Anwendung dieser biblisch-theologischen Grundlegung. Zugleich ist er bereits ein kleiner „Reiseprospekt" für die späteren Kapitel dieses Buches, ein Aperitif, bei dem man sich nach diesen Gedankengängen ein wenig entspannen kann!

KAPITEL 3

Lebensgestaltung in der Kraft des Geistes
– Ein Brief an Freunde –

Liebe Regina!
Lieber Markus!

Gerne denke ich an den Besuch bei Euch zurück. Übrigens war der trockene Rotwein wirklich ausgezeichnet! Und der rustikale „Hirtentopf" aus dem Backofen nicht minder! Was mich aber noch mehr erfreut hat, war die Tatsache, daß wir sofort nahtlos, wie in unseren schönen Göttinger Semestern, ins Gespräch kamen, obwohl wir uns über ein Jahr nicht gesehen hatten. So mit Freunden „spinnen" und „träumen" zu können, gehört für mich zu den erfrischendsten Momenten des Lebens. Ich glaube, wenn wir mit unseren Gedanken nicht mehr über unseren Alltagskram hinauseilen können, dann können wir auch nicht mehr unser Leben wirklich gestalten. Dann gestaltet das Leben uns.

Unser Gespräch bis tief in die Nacht hat in mir eine ganze Kettenreaktion von Überlegungen ausgelöst, fast, als sei bei mir innerlich ein Knoten geplatzt. Ich habe mich nachher bei der Heimfahrt gefragt, wieso wir mehrfach auf den Heiligen Geist zu sprechen kamen. Und zwar an ganz überraschenden Punkten. Zum Beispiel, als Ihr von der Gestaltung Eurer Ehe erzähltet. Oder als wir – wieder einmal – über unsere politischen Überzeugungen sprachen und das Gefühl, daß wir unserer Gesellschaft mit all ihrem Flachsinn manchmal wie Fremde gegenüberstehen. Und dann erzähltet Ihr von der alten pensionierten Lehrerin in Eurer Gemeinde, die mit ihren 83 Jahren noch so „geistesgegenwärtig" und aufgeschlossen sei – und Regina bemerkte, echte Geistesgegenwart habe wohl auch etwas mit Gottes Geist in unserem Leben zu tun.

Ich habe bislang beim Thema „Heiliger Geist" immer nur an Beten und „Zeugnis geben" und Glaubenserfahrungen gedacht, von denen ich offenbar gar nicht so vollmundig und direkt sprechen kann wie manche Christen.

Aber nach unserem Gespräch kam mir folgender Gedanke: Wenn Paulus sagt, unsere Leiber seien der „Tempel" des Heiligen Geistes, dann ist das doch eigentlich eine ungemein konkrete Aussage, die ja wohl nicht nur für die sogenannten „geistlichen" Aspekte von Bedeutung ist. Mit meinem Leib – oder besser noch: *als* Leib – gehe ich durchs Leben. Und wenn der Geist Gottes in meinem leiblichen Leben „drin" ist, dann legt Gott doch ungeahnte Möglichkeiten da hinein. Der Geist Gottes war bei der Erschaffung der Welt aktiv – und er ist zugleich die Kraft Gottes, die eines Tages die ganze Welt erneuern und verwandeln wird! Und dieser Geist nimmt Wohnung in meinem dürftigen Leben und meinem zerbrechlichen Leib (– ich bin übrigens am Montagmorgen *wirklich* zum Zahnarzt gegangen!). – Und da kam mir der Gedanke: Mit dem Geist legt Gott seine ganzen schöpferischen Möglichkeiten in mein Leben! Dann muß es doch eigentlich möglich sein, daß unser Leben ein kleines „Kunstwerk" werden kann! Und dann bedeutet „geistlich leben" doch in Wahrheit: veränderbar leben; leben in ständiger Verwandlung – oder einfach: *leben!* Ich habe bisher immer Angst davor gehabt, immer festgelegter zu werden, vielleicht ohne es zu merken. Jetzt dämmert mir, daß es ja vielleicht auch ganz anders sein kann. Wie bei Eurer alten Lehrerin! Wenn Gottes Geist wie ein Architekt oder Künstler unser Leben zu einem Kunstwerk machen will, dann möchte ich zum Beispiel gerne genauer auf die „Bauabschnitte" achten.

Bisher habe ich es immer besonders wichtig gefunden, „jung" zu sein; gleichzeitig denke ich aber auch oft daran, was ich alles noch „hinter mich bringen" muß, damit's richtig losgeht. Nun wird mir klar, daß der Heilige Geist unsere gesamte Lebenszeit heiligen will. Und daß jede Phase unverzichtbar und wichtig ist. Nur so kann dann ein neuer „Bauabschnitt" folgen. Dabei kam mir sogar der verrückte Gedanke, ob unser Leben nicht eine einzige Vorbereitung ist, „alt" zu werden! So wie die Inder die Abschnitte des Lebens einteilen in die Phase des „Schülers", des „Haushalters" (Familiengründung; Etablierung usw.), des „Suchers oder Waldbewohners" (neuer Aufbruch in unbekannte Gefilde; so etwa zwischen 30 und 45) – und schließlich des „Weisen". Ein toller Gedanke! Das heißt: ständige Verwandlung und Vertiefung!

Und dann hab' ich weitergesponnen. An den Jesus-Geschichten im Neuen Testament kann man beobachten, daß der Heilige Geist dem Leben einen Rhythmus verleiht: den Rhythmus von Arbeit und Stille. Immer wieder wird Jesus vom Geist in die Einsamkeit geführt, um von dort mit neuer Vollmacht und Ausstrahlung zurückzukehren. Wie Ebbe und Flut, Sommer und Winter sich abwechseln, so schafft der Geist in unserem Leben Wechsel und „Gezeiten". Ich glaube, was uns heute so niedergeschlagen, müde und pessimistisch macht, ist das völlige Fehlen dieses Rhythmus'. Wir leben in unserer Konsumwelt ständig „sonntäglich", aber wir wirken immer „alltäglicher".

Ich übe jetzt z.B., den Sonntag wirklich zu feiern wie die Israeliten, die den Sabbat als „Königin“ begrüßen! Und ich möchte gerne jedes Jahr drei oder vier Tage in die „Wüste“ gehen, in die absolute Einsamkeit. Von Jesus heißt es, daß er dort zwar den Dämonen begegnete, daß ihm aber gleichzeitig die Engel dienten! Ich habe den Verdacht, daß wir ohne Wüstenzeiten unter notorischen „Nachschubproblemen“ leiden werden und unser Leben immer geschwätziger und belangloser wird.

Ja – und denkt: dann habe ich sogar über den Heiligen Geist und meinen *Körper* nachgedacht! Und wißt Ihr, was ich zuerst gemacht habe? Ich hab' mir ein ganz tolles neues Rasierwasser gekauft (total verrückt, ich weiß!). Und ich mache seit langem wieder meine Waldläufe. Und das tut *nicht* nur dem Heiligen *Geist* in mir gut, wie ich deutlich spüre!

Beim letzten Waldlauf habe ich dann – à propos Körper – auch noch einmal ganz neu über „Zucht“ und „Keuschheit“ meditiert. Im Sport gilt „Zucht“ als alles entscheidend, aber beim Thema „Sex“ finden das alle verklemmt. Ich finde, da lohnt es sich fast schon wieder, mit sportlichem Ehrgeiz so etwas wie eine „Kultur der Keuschheit“ zu entwikkeln. Jedenfalls glaube ich, daß Christen, die eine Kultur des *Verzichtes* und gleichzeitig eine Kultur des *Genießens* entwickeln, eine ganz andere Ausstrahlung bekommen.

So – damit ich Euch mit meinen geistigen Galoppsprüngen nicht zu sehr strapaziere, sage ich nur noch schnell, daß ich außerdem auch über das Verhältnis von Heiligem Geist und körperlichem und seelischem *Leiden* nachdenke und über den Heiligen Geist und unser *Unbewußtes*. Mich befremdet der immer stärker werdende Gesundheitskult, obwohl auch für mich Gesundheit ein großes Geschenk ist. Aber ich habe genausogut schon Menschen sagen hören, daß die Zeit einer Krankheit für sie eine Zeit gewesen ist, wo sie viel intensiver gelebt haben als sonst. Kann nicht der Heilige Geist sein Kunstwerk auch so tun, daß er kranke und beschädigte Menschen „schön“ macht und segnet?

Und zum *Unbewußten*: Ich vermute inzwischen, daß der Heilige Geist auch in unserem Unbewußten wirkt. Zum Beispiel nachts. Ich achte seit kurzem viel stärker auf meine Träume. Unsere Träume sind ja Aufräumarbeiten in der Rumpelkammer unseres Unterbewußtseins. Ich glaube, nachts, wenn wir schlafen, ist der Heilige Geist besonders aktiv. Darum haben sich die Menschen früher Gott immer besonders für die *Nacht* anbefohlen. Wenn ich sehe, wie leicht man seelischen Störungen erliegt, weil man sich weigert, Dinge aufzuarbeiten und sie statt dessen verdrängt, bis die Türe nicht mehr zugeht, – dann möchte ich doch lieber dem Heiligen Geist als meinem „Hausmeister" das Aufräumen gestatten und ihm nicht noch *mehr* Gerümpel vor die Füße werfen als unbedingt nötig! Zum Beispiel, indem ich öfter konkret um Vergebung bitte, Kritik besser ertragen lerne und auf meine Masken verzichte. Ich möchte immer weniger „aus mir machen", dafür aber immer mehr den Impulsen des Geistes folgen, der der einzige wirkliche „Lebenskünstler" ist.

So, jetzt hoffe ich, daß nicht wieder ein Jahr vergehen muß, bis wir uns sehen. Ich lade Euch hiermit schon ein zu gutem „Badischen", Lammgeschnetzeltem und einem weiteren Nachtgespräch!

Euer Wolfgang

KAPITEL 4

„... daß Gott schön werde!" Lebensgestaltung im Horizont der Kunst

„Herr, mein Gott, du bist sehr herrlich; du bist schön und prächtig geschmückt", so spricht der Beter in Psalm 104, 1 Gott an.

Wenn Gott schön ist, dann muß im Blick auf einen gottförmigen Lebenswandel notwendigerweise nachgedacht werden über ... – ich zögere, das Wort auszusprechen; denn ich weiß, daß selbst einige meiner engsten Freunde dann die Jalousie herunterziehen und zum nächsten Kapitel weiterblättern. – Das Wort heißt: Ästhetik! Was vom Begriff der Ästhetik am besten bekannt ist, sind die Mißverständnisse und Fehldeutungen, die er erfahren hat. Aber gerade darum sollten wir darüber reden. Darum beginne ich meinen Satz noch einmal:

Wenn Gott schön ist, dann muß im Blick auf einen gottförmigen Lebenswandel notwendigerweise über Ästhetik nachgedacht werden; dann hat die Nachfolge Christi wie die Anbetung Gottes wie die Empfänglichkeit für den Geist etwas Ästhetisches.

„Ästhetik" – mehr noch „Ästhet" – ist aber im Volksmund eher ein Spottwort. Ästhet zu sein – dazu bedarf es zumindest eines leichten Spleens. Der Ästhet gilt als abgerückt – oder leicht *ent*rückt. In kühler Distanz zum breiten Volk und zu den schmucklosen Banalitäten des

Lebens ist er den schönen Künsten hingegeben, dem Musischen oder sonstigen Phantasien, vielleicht auch einem verspielten (wenn nicht gar zwanghaften) Hängen an Idealen, pingelig, mit sauber gebürsteten Fingernägeln und einem Gedichtband unter dem Arm. Ein Kauz also, den Spitzweg hätte malen können, wenn er es nicht getan hat. Für nichts und niemanden zu gebrauchen außer für sich selbst, ein gesellschaftlicher Parasit ...

Wird aber das Leben vom Geist her gedacht und entworfen, damit das Leben zu einem Entwurf des Geistes werde, – und ist dieser Geist die Kraft der Selbstverherrlichung Gottes in seinen Geschöpfen und in seiner Schöpfung, dann wird die Kategorie der Ästhetik, des Sinnenhaften, des Schönen und Gestalteten, der Kunst und Symbolik auf einmal zu einem verbindlichen geistlichen Prinzip, das der Offenheit für Gottes Geist entspricht. – Wir bleiben mit diesen Worten freilich noch sehr im Vorläufigen; insbesondere der Begriff des „Schönen" und der Kunst bedarf noch der Klärung.

Ein weiteres Mißverständnis, das der landläufige Verstand von Ästhetik kolportiert, versteht Ästhetik als die Beschäftigung mit einer abstrakten, unwirklichen, einseitig geistigen Welt der Harmonie und Unversehrtheit; einer Welt, die es nur erdacht oder vorgetäuscht, also erlogen, gibt, – als Traumgebilde, in das man sich flüchten kann, um dem wahren Antlitz der Erde und des Lebens nicht standhalten zu müssen.

Paßt Ästhetik zum Kreuz Christi? Das ist die Prüffrage. Denn wer über den Geist nicht angesichts dieses Kreuzes und von diesem Kreuz her nachdenkt, verfällt dem Heidentum und verfehlt die Offenbarung Gottes. Ästhetik hat aber, wenngleich sie – auch! – mit Schönheit zu tun hat, nichts zu tun mit Ästhetizismus und einer aufs Harmonische und Makellose zurechtgestutzten Wirklichkeitswahrnehmung. Ästhetik, wenn sie von Gott her gedacht wird, hat gerade ungemein viel zu tun mit dem Leidensantlitz der Erde und dem Seufzen der Kreatur, mit der Armut des Menschengeschlechts und der Versehrtheit der Geschöpfe. Denn genau auf *dieses Antlitz* fällt ja ein Licht und ein Glanz von oben. Denn Christus, der „oben" ist, ist zugleich der in die tiefste Tiefe, in die häßlichste Häßlichkeit und in die ärmste Armut hinabgestiegene Christus. Um dieses Christus willen wird der Geist zur Kraft der Verherrlichung, denn er rückt alles in die Perspektive der in Christus fleischgewordenen Liebe Gottes. „Liebt man, was schön ist, oder wird schön, was man liebt? Zur Schwäche des Menschen gehört, daß er oft Schönes braucht, damit seine Liebe sich entzünden kann. Gottes Stärke dagegen ist's, daß seine Liebe Schönes schafft, wo zuvor nichts Schönes oder überhaupt nichts war" (Kurt Marti).[7] – Ästhetik entsteht dort, wo etwas eintaucht in die Liebe des dreieinigen Gottes. – Ich nenne dafür ein Beispiel:

Am Rande Sowetos, auf einem Kirchengrundstück, steht eine Blechhütte. Die Kirche, neu errichtet, bescheiden bis dürftig, steht auf einem großen freien Grundstück, von einer Mauer umgeben, – und in der Ecke dieser Verschlag. Fünf junge Männer haben dort Asyl gefunden, junge Arbeiter aus Mosambik, einer von ihnen studierter Ingenieur – und alle arbeitslos. Man hat sie nach fünf Jahren Arbeit in einem der Goldbergwerke Südafrikas gefeuert. Um einer vertraglich geregelten Lohnerhöhung aus dem Weg zu gehen. – Nun: kein Obdach, kein Geld, keine Freunde. Die Gemeinde hilft. Sie dürfen sich die Hütte bauen, häßlich und primitiv genug: eben aus Abfall, Bauschutt und rostigem Blech. Aber immerhin: Kirche als Asylort! Die fünf bekommen Strom in ihre Hütte. Und ein Darlehen für eine winzige Autoreparaturwerkstatt im Freien. Die Gemeinde, eine Gemeinde der Armen, hat selber kaum Geld. Und abends, zunächst noch im Schein der Kerosinlampe, bevor die Stromleitung verlegt ist, sitzen zwei Gemeindeglieder bei diesen Fremden und schließen Freundschaft. Sie kaufen Bibeln in ihrer Stammessprache, die eines der Gemeindeglieder versteht und spricht. Im dürftigen Licht sitzen sie über ihren Bibeln. Draußen ist es um diese Zeit bitterkalt. Und drinnen daher auch. Darum werden Wolldecken gesammelt. – Erbärmliches Elend, hundsgemeine Ungerechtigkeit der Minengesellschaft, Kälte, Armut und Wut. Doch dahinein Decken, Strom, Freundschaft und Bibeln. Und bald eine primitive Werkstatt für Stoßdämpfer- und Zündkerzenprobleme. Lebenshilfe für Blechhüttenmänner.

Das ist die Weise, wie Gott schön wird und der Geist zur Kunst! Mit Armutsidylle hat das nichts, rein gar nichts zu tun, aber mit Gestaltwerdung des Geistes und der Liebe, die schön macht. – „Ästhetik des Widerstandes", nennt es *Kurt Marti* im Anschluß an Peter Weiss.[8]

Das Beispiel macht vielleicht hinreichend klar, daß dieses Kapitel von der „Schönheit Gottes im Leben" und von der „Lebensgestaltung im Horizont der Kunst" nötig ist, um alle Überlegungen dieses Buches vor der Gefahr oder dem Mißverständnis der *Bürgerlichkeit* zu bewahren! Vielleicht ließ die Überschrift das Gegenteil befürchten! Aber der Geist ist kein Spießer und macht uns nicht zu Spießern. Und er ist ebensowenig ein „Bildungsbürger", der sich ein „schönes Leben" leisten kann, oder macht uns zu solchen. Vielmehr geht er hinein in die Ausweglosigkeit und in die Verlegen- und Verlorenheit unseres Lebens, um dort sein Kunstwerk zu beginnen.

Reden wir also von Ästhetik, so meinen wir, daß Gott im Leben reflektiert wird, daß er sich im Leben widerspiegelt, und zwar in seiner alles verwandelnden Schönheit! Diese Schönheit Gottes, von deren Ruhm die Hymnen, Visionen und Bekenntnisse der Bibel erfüllt sind, wird mit den hebräischen Worten „hadar" (= Glanz, Erhabenheit, Herrlichkeit) und „kabod" (= Herrlichkeit) ausgesagt. – Aber wer von uns hat diese Herrlichkeit je zu sehen bekommen? Wir sind nicht die Engel im Himmel. Darum kann sich eine Ästhetik der gottförmigen Lebensgestaltung auf diese himmlische Herrlichkeit Gottes schlecht beziehen wollen. Es gibt aber eine uns zugängliche Wahrnehmungsmöglichkeit der Schönheit Gottes, nämlich in ihrer *Kondeszendenz* (Herablassung) in der Schöpfung und vor allem in der geschichtlichen Existenz Israels, die in der Fleischwerdung Christi und seinem Kreuz gipfelt. Es ist dies die Schönheit der *Liebe* und des *Erbarmens* Gottes, die Schönheit, in der er sich dem Sünder zuwendet und in ihm seinen Verbündeten, seinen Bundespartner sucht. Im Horizont dieser geschichtlichen Offenbarung Gottes finden sich nach *Gerhard von Rad* „die höchstgesteigerten Schönheitsaussagen des ganzen Alten Testaments".[9] Gottes Schönheit besteht hier in seiner Liebe zum Häßlichen und Verlorenen, das er annimmt, heilt und in die Gemeinschaft mit ihm erhebt. Dies ist der Ausgangspunkt einer Ästhetik geistgewirkter Lebensgestaltung.

Nun besagt das griechische Wort *aisthesis* ursprünglich „sinnliche Erfahrung, Empfindung, Gefühl". Ästhetik hat mit den Sinnen zu tun, erweckt unsere Sinne, heilt unsere Sinne. In dieser Hinsicht muß Jesus als der Ästhet schlechthin gesehen werden: er gibt den Menschen ihre Sinne wieder! Der aber dem Blinden das Augenlicht gibt, heilt nicht nur seine Sinne, stellt nicht nur seine Erlebnis- und Wahrnehmungsfähigkeit wieder her, sondern er verleiht ihm damit auch wieder – Sinn! „Kein Sinn ohne Sinne! ... Je weniger Sinnlichkeit, desto weniger Leben" (Kurt Marti)[10] – und umgekehrt! Ästhetik geisterfüllter Lebensgestalt heißt also: Leben mit geheilten Sinnen und mit geschenktem Sinn! Denn das ist das schöpferische Werk des Geistes Gottes in uns: er öffnet unsere Sinne für Gott und damit für das Geschenk unseres gottgeliebten Lebens. Er läßt uns auch in Elend, Schwachheit und Armut die Liebe Gottes leuchten und in dieser Liebe aufleben. In diesem Sinne macht uns der Geist Gottes *schön*, schön in der Liebe des Vaters.

Aber in der Erweckung unserer Sinne und in der Verleihung von tiefem Lebenssinn muß nun wirklich auch nach der entsprechenden *Lebensgestaltung* gefragt werden. Damit kommt über das Empfangen der schönmachenden Liebe Gottes hinaus ein *aktives* Element zur Geltung. Es handelt sich dabei um die Aktivität des Geistes Gottes, der uns nicht nur zu der inneren Gewißheit unseres Geliebtseins führt, sondern zugleich in nicht endendem kreativen, schöpferischen Handeln unser Leben so gestaltet und entfaltet, daß es mehr und mehr Gottes Schönheit und Liebe widerspiegelt. Das geschieht zuerst darin, daß er uns zu tiefer *Lebensfreude* erweckt, denn Gott selber ist der Freund des Lebens und freut sich an unserem Leben. Aus Lebensfreude aber erwächst die Kraft zur Gestaltung des Lebens. Und damit bewegen wir uns im Horizont der *Kunst.*

„Kunst" kommt ursprünglich von „kennen/können", steht aber auch in Zusammenhang mit „kühn", das wiederum seinem Ursprung nach „wissend, erfahren, weise" meint. Auf dem Hintergrund von „Wissen, Weisheit und Kenntnis" entwickelte sich dann die Bedeutung von „Kunst" im Sinne von „Können, Geschicklichkeit und Fertigkeit". Daraus entstand schließlich „Kunst" als „schöpferisch-gestaltende Umsetzung innerer und äußerer Erfahrungsinhalte in ein diese transzendierendes Werk, das vom Betrachter als ästhetischer Wert empfunden wird" – so der „Große Brockhaus". Als Wurzel der Kunst gilt „die Kreativität, die schöpferische Kraft des Künstlers". – Ist der Geist Gottes der *„Creator* Spiritus", ist ihm – wie wir in unserer biblisch-theologischen Übersicht sahen – Schöpferkraft, Kreativität zu eigen, dann liegt es mehr als nahe, Geist und Kunst aufs engste in Beziehung zu setzen. Die Schöpfung ist ein Kunstwerk des Geistes, und unser Leben soll es nicht minder sein.

Nur Narren, Glückspilze oder ausgesprochen oberflächliche Zeitgenossen würden sagen: „Das Leben ist keine Kunst!" Und ob es eine Kunst ist! Aber wird es auch zum Kunstwerk? Zum Kunstwerk als „schöpferisch-gestaltende Umsetzung innerer und äußerer Erfahrungsinhalte in ein diese transzendierendes Werk"? Dazu kann es nur kommen, wenn es in der Kraft des schöpferischen Geistes gelebt wird.

Als „Kunstwerk" verlangt es das „Kunsthandwerk", verlangt es „Wissen, Weisheit und Kenntnis", „Können, Geschicklichkeit und Fertigkeit". Worum geht es dabei? Es geht um das Wissen, aus welchen Quellen unser Leben gespeist wird. Damit denken wir zurück an den Geist als Kraft der Schöpfung und Neuschöpfung aller Dinge, der uns nicht nur kreatürliche Lebenskraft verleiht, sondern darüber hinaus Anteil gibt an den „Kräften der zukünftigen Welt". Wer von dieser Zusage weiß, der geht mit seinem Leben anders um und gewinnt schöpferischen Spielraum zur Lebensgestaltung. Es heißt dann nicht mehr „Man lebt", sondern „Ich darf leben"! Das Leben ist dann nicht mehr ein Sichgehenlassen, sondern wird zum Kunsthandwerk, das Gott verherrlicht. Es wird dann gerade in den Tiefen des Lebens, in den Brüchen und Schicksalsschlägen, in Unglück und Leid in der Kraft der Auferstehung Christi zu einem *Aufstehen* kommen und zu schöpferischen Durchbrüchen und Aufbrüchen. Die Liebe Gottes führt genau in den Rissen, Tälern und Trümmern des Lebens zur Ästhetik geistgewirkter Lebensgestaltung. In der „Liturgie an den Trümmern Jerusalems", die wir von keinem anderen so lernen können wie vom Exilspropheten Deuterojesaja, lernen wir die schöpferische Macht des Geistes kennen, in der Gott schön wird. Denn *„die Herrlichkeit des Herrn soll offenbart werden"* – wo? Am menschlichen Leben, das wie *„Gras ist, und alle seine Güte wie die Blume auf dem Felde. Das Gras verdorrt, die Blume verwelkt, aber das Wort unseres Gottes bleibt ewiglich!"* – Darum sage zu den (Trümmer-)Städten Judas: *„Siehe, da ist euer Gott! Er kommt gewaltig, und sein Arm wird herrschen. Siehe, was er gewann, ist bei ihm, und was er sich erwarb, geht vor ihm her!"* (Jesaja 40,5ff). – Welche Paradoxie! Verdorrtes Gras! Und an ihm wird die Herrlichkeit des Herrn offenbar! Denn *„ich will Wasser gießen auf das Durstige und Ströme auf das Dürre; ich will meinen Geist auf deine Kinder gießen"* (44,3). – Nicht Lebenskünstlern ist dieses Wort gesagt, sondern Schuldigen und Verlierern. *Ihr* Leben wird in der Ausgießung des Geistes zur Doxologie (Verherrlichung Gottes). Und wo es zur Doxologie wird, haben wir es mit Kunst und Ästhetik zu tun, in der Gott schön wird und mit ihm das Leben. Leben im Horizont der Kunst ist Leben in Veränderung auf Gott hin.

„Ich heile ihre Abkehr – ich liebe sie freiwillig.
Ich wirke wie Tau für Israel:
es soll aufblühen wie eine Lilie,
soll seine Wurzeln schlagen wie der Libanon,
seine Triebe sollen sich ausbreiten,
damit seine Pracht wie der Ölbaum sei,
sein Duft wie der Libanon . . .
Ich, ich erhöre, und ich achte auf ihn.
Ich bin wie eine saftige Zypresse –
an mir ist deine Frucht zu finden . . ."

Spruch Jahwes. Nach Hosea 14,5–9

Dieser Text erhellt unnachahmlich, was wir mit unserer Formulierung meinen: „. . . daß Gott schön werde! – Lebensgestaltung im Horizont der Kunst"! Gott wird schön: in der Schöpfung und im Kreuz Jesu, und darum will er schön werden auch in unserem Leben.

daß Gott schön werde

Gott –
tau der lilie
pracht dem ölbaum
saft der zypresse
wenn der sommer naht
reift schönheit ihm zu
Gott wird sommerlich schön
wo das leben reift
wo der kreuzesstamm
ausschlägt und grünt
und als lebensbaum
früchte darreicht
dem Ewigen

KAPITEL 5

Arbeit – Stille – Fest
Dimensionen eines befreiten Lebens

Unsere moderne Gesellschaft bestimmt uns bis in den letzten Winkel unseres Privatlebens, aber sie *formt* uns nicht: sie vermag dem Leben des einzelnen keine Gestalt zu geben. Vielleicht ist es gut, daß viele gesellschaftlichen Normen und Formen, Traditionen und Konventionen nicht mehr den vorgegebenen Rahmen abgeben, den man zu respektieren hat. Aber einfacher ist das Leben dadurch nicht geworden, denn der nahezu unbegrenzte Individualismus, der heute bestimmend ist, stellt enorme Anforderungen an den einzelnen. Sein „Kleinunternehmen Leben" fordert von ihm eine Multikompetenz für jeden Lebensbereich. Das scheint viele Menschen zu überfordern. Es ist inzwischen wirklich so, daß jeder dazu verurteilt ist, seines eigenen Glückes Schmied zu sein. Und nicht nur sein eigenes Glück muß er schmieden, sondern auch seine eigenen Werte und Maßstäbe, seine Handlungsziele und Verhaltensweisen, seine moralischen Prinzipien, seinen persönlichen Lebensstil, seine Beziehungen und seine Weltanschauung.

Jeder ist eine Person eigenen Rechtes und weitestgesteckter Freiheit. Und genau diese Möglichkeit grenzenloser Freiheit und Selbstbestimmung entwickelt sich für viele zu einem unterschwelligen Alpdruck. Es ist wie bei jenem Kindergartenkind, das seine freizügige Erzieherin gefragt hat: „Müssen wir heute wieder tun, was wir wollen?“ Freiheit kann sehr anstrengend sein, wenn sie bedeutet, daß der Mensch sich darin selber überlassen ist und alles selber entscheiden und verantworten muß. Freiheit bedeutet eben immer zugleich Eigenverantwortung. Was aber ist, wenn ich scheitere oder die falschen Entscheidungen treffe? Und ist dieser Freiraum wirklich frei? Wenn er nur ein Vakuum ist, dann wird sich dieses Vakuum bald füllen! Genau das spüren wir längst: Wir haben uns zwar aus vielen Bevormundungen befreit, Bevormundungen gesellschaftlicher, religiöser und kultureller Art, aber zugleich werden wir immer manipulierbarer durch Technik, Wirtschaft, Werbung und Medien. Wie werden wir damit fertig? Wie können wir uns davor schützen? Und wie können wir wirklich unser *eigenes* Leben leben, ohne gleichzeitig in der Isolation zu versinken?

Ein anderes Problem für die Gestaltung unseres Lebens sind die rasanten Veränderungen in der Freizeit- und Arbeitswelt. Die Freizeit wird immer ausgedehnter. Bereits die Hälfte der uns zur Verfügung stehenden Zeit ist Freizeit, ist also von uns selbst zu gestalten. Gleichzeitig wird die Arbeit immer mörderischer. Es wird ein Maximum an Tempo erwartet, aber nur ein Minimum an Fehlern und Versagen gestattet. Unsere Fähigkeit zu ständiger Verbesserung aller möglichen Lebensbedingungen scheinen zu versagen, wenn es um die Reduzierung von Schicht- und Fließbandarbeit geht. Im Pflegebereich, der sich angesichts der steigenden Zahl der Opfer unserer Zivilisation und unseres Lebensstils immer mehr ausdehnt und immer höhere Kompetenz und Einsatzfähigkeit verlangt, können bald nur noch ausgesprochen belastungsfähige Menschen durchhalten. Im Bereich der Dienstleistungen und der Freizeit- und Vergnügungsindustrie arbeitet eine stetig wachsende Zahl von Menschen in Abend-, Nacht- und Wochenenddiensten, also dann, wenn andere „frei haben“. Sie müssen ihr Leben und ihre Beziehungen völlig neu und anders organisieren als der übrige Teil der arbeitenden Bevölkerung. Mit all diesen Entwicklungen scheint ein stetiger Prozeß der Enthumanisierung vonstatten zu gehen. Unsere technische Zivilisation scheint alles ermöglichen zu können, nur nicht den Raum zur Stille, zur Ruhe, zur Begegnung, zur Selbstfindung. Unsere Welt ist dorthin zurückgekehrt, von wo sie in Zeiten finsteren Heidentums ihren Ausgang nahm: zur Welt ohne Sabbat! Die Devise lautet: „Viel leisten, um sich viel leisten zu können!" Die Welt der Freizeit erfordert so viel Arbeit, daß Zeitökonomie für die meisten Menschen zur schwierigsten Aufgabe geworden ist.

In dieser Welt der Zweiteilung von „pain-area" (= Arbeit) und „play-area" (Freizeit), wie amerikanische Soziologen es nennen, gerät nichts so unter Druck und unter die Räder wie das Aufbauen und Aufrechterhalten von verläßlichen Beziehungen, in denen der einzelne Sinn, Halt und Heimat findet, die ihn stützen, schützen und Geborgenheit erfahren lassen. Inzwischen spricht man von der „Verinselung" der menschlichen Existenz. In Großstädten sind etwa die Hälfte aller Haushalte 1-Personen-Haushalte, und ein Drittel aller Kinder wächst bereits ohne Geschwister auf. In der nächsten Generation haben diese Menschen bereits keine Onkel, Tanten, Cousins und Cousinen mehr, also keine Verwandtschaft. Es scheint, als herrsche ein unumkehrbares Gefälle vor von Überlastung im Beruf hin zur Kompensation durch Genuß- und Konsumverhalten in der Freizeit und von dort aus zur Isolation und Vereinzelung in der privaten Lebenswelt. Und Isolation und Vereinzelung führen wiederum zu noch grenzenloserem und kritikloserem Konsum, vor allem zum Medienkonsum. Beziehungen, Freundschaft, Nachbarschaft, Kollegialität und feste Partnerschaften sind zwar nach wie vor höchste Werte, aber sie scheinen immer unerreichbarer zu werden. Zum Schluß begnügt man sich mit „Beziehungen auf Zeit" und nach Maßgabe augenblicklicher Bedürfnisse, was aber bedeutet, daß Beziehungen selber zum Konsumartikel werden. Sie vermitteln dann nicht mehr, was man sich eigentlich von ihnen erhofft: Geborgenheit und Erfüllung. Denn Geborgenheit und Erfüllung gibt es nicht ohne Hingabe und Verläßlichkeit.

Vor diesem Hintergrund fragen wir nach der Möglichkeit, *Menschen* zu werden, befreite, erfüllte und „gestillte" Geschöpfe Gottes! Gottes Offenbarung in dieser Welt und alles, was Gott tut, schafft und schenkt, trägt ein menschliches Antlitz. Unser missionarischer Auftrag in unserer Gesellschaft hängt darum davon ab, ob wir, die wir Gott kennengelernt haben, selber zu Menschen werden. Ob wir die Erlaubnis ernst nehmen, unser Leben vom Geist Gottes entfalten zu lassen angesichts vielfältigster Lebensverkümmerung, die oft ironischerweise auch noch als „Selbstverwirklichung" zu Markte getragen wird. Lebensentfaltung entsteht immer aus Hingabe: aus der Hingabe und Öffnung unseres ganzen Daseins an Gottes schöpferischen Geist im Horizont der Nachfolge Jesu Christi – und aus der Hingabe an das Leben selber in verbindlicher Beziehung zu den Menschen, die uns brauchen und die uns lieben, sowie zur außermenschlichen Mit-Schöpfung.

Ein Leben, das in eine solche Befreiung hineingezogen wird, enthält aber immer drei Dimensionen: die *Arbeit*, die *Ruhe* und das *Fest*. Das sind Fundamentalkategorien für eine Lebensgestaltung in Einklang mit Gottes Willen. Recht betrachtet sind wir ja schon schöpfungsmäßig so disponiert! Denn die fundamentalen Lebensakte und Daseinsweisen des Menschen sind *Arbeiten* als *schöpferische Dimension, Essen* als *lebenserhaltende und festliche Dimension* und *Schlafen* als *ruhende Dimension.*

Jesus lebte wie kein anderer im Einklang mit Gottes Willen. Das Markusevangelium schildert uns gleich auf den ersten Seiten, wie diese drei Lebensdimensionen bei Jesus aussehen: es zeigt uns den *Diakon* Jesus in seinem Dienst an den Menschen (Markus 1,21–33; vgl. unten S. 62f.), den *ruhenden* und *betenden* Jesus in der Einsamkeit und Stille vor Gott (1,35ff.; vgl. S. 64f.) und den *feiernden* Jesus in Feststimmung (2,15–16.18–19).

Das Johannesevangelium läßt Jesu Weg mit dem messianischen *Fest* beginnen, der Hochzeit in Kana, beschreibt dann den *Dienst* Jesu in Heilung und Verkündigung, um schließlich Jesu Einkehr und Einssein mit dem himmlischen Vater im sogenannten hohepriesterlichen *Gebet* zu schildern. – Es ist schier unmöglich, aus dem Leben Jesu auch nur eine dieser drei Dimensionen wegzudenken.

Eng verbunden mit diesem Lebensrhythmus bewegt sich Jesu Weg zugleich auch innerhalb dreier *Beziehungen:* der Beziehung zu *Gott*, der Beziehung zu seinen *Jüngern* (in Gestalt einer Wanderkommunität) und der Beziehung zum *Volk*. Und das Erstaunliche ist, daß sich auf jeder dieser drei Beziehungsebenen der Dreiklang von Arbeit, Stille und Fest noch einmal auf eine spezifische Weise wiederholt:

- Im Verhältnis zu Gott ist Jesus der betende, der gehorsam dienende und der verklärte Sohn.
- Im Verhältnis zu den Jüngern vollzieht sich die Gemeinschaft im gemeinsamen Dienst, in der gemeinsamen Stille und im gemeinsamen Mahl.
- Im Verhältnis zum Volk fallen uns bei Jesus seine *Heilungen* auf, die als endzeitliche Kampfhandlungen Jesu gegen die Werke der Zer-

störung geschöpflichen Lebens durch die Sünde, durch Krankheit und die Kräfte der Finsternis zu verstehen sind, ferner seine in der Stille geführten *seelsorgerlichen Gespräche* und schließlich seine *messianischen Tischgemeinschaften* und Speisungswunder. In diesen drei Wirkungsweisen haben wir es mit der Dimension der (wiederhergestellten) *Schöpfung,* der (zugesprochenen) *Versöhnung* bzw. Vergebung und der (im Vorgriff gefeierten) *Erlösung* zu tun. Jesus repräsentiert Gott den Schöpfer in seinem Heilungsdienst, Gott den Versöhner in seinem Vergebungs- und Sühnedienst und Gott den Erlöser in seinem Fest für die Armen, die er „Schwerarbeiter und Lastenträger" nennt.

Das alles erweckt sehr stark den Eindruck der beginnenden Erfüllung jener großen und großartigen messianischen Verheißung für das Ende der Tage, wie sie die sogenannte große Jesaja-Apokalypse (Jesaja 24–27) in Kapitel 25,6–8 anspricht. Dort ist von der *Gottesbeziehung*, von der *Heilung des beschädigten Lebens* und vom großen *Festmahl für alle Völker* die Rede:

„Und der HERR Zebaoth wird auf diesem Berge allen Völkern
ein fettes Mahl machen, ein Mahl von reinem Wein, von Fett,
von Mark, von Wein, darin keine Hefe ist.
Und er wird auf diesem Berge die Hülle wegnehmen, mit der alle Völker
verhüllt sind, und die Decke, mit der alle Heiden zugedeckt sind.
Er wird den Tod verschlingen auf ewig. – Und Gott der HERR wird die
Tränen von allen Angesichtern abwischen und wird aufheben
die Schmach seines Volkes in allen Landen; denn der HERR hat's gesagt."

Im Leben der Jünger wird sich diese Struktur, die das Leben Jesu prägt, abbilden und widerspiegeln. Denn Gott will ja auch in unserem Leben und in unseren Taten durch seinen Geist zum „Vor-Schein" kommen und aufstrahlen. Ist es ein Leben in Glaube, Liebe und Hoffnung, so erweckt uns der Glaube zur Gotteskindschaft, die Liebe zur Hingabe an die Menschen und die Hoffnung zur festlichen Vorfreude auf das messianische Fest im Reich Gottes. In der Apostelgeschichte schildert Lukas das Leben der Urgemeinde genau in diesem Dreiklang. Er besteht aus der

- Hinkehr zu Gott (Taufe, Mahlfeier, Gebet),
- Hinkehr zum Nächsten (Heilung, Diakonie, Verkündigung),
- Hinkehr zueinander im Fest der Geschwisterlichkeit (gemeinsames Essen, Güterteilung, geschwisterliche Liebe), worin sich die Hoffnung und Naherwartung der Christen verleiblicht.

Wenn diese Dimensionen sich in der Balance befinden, dann ist unser Leben christusgemäß und gotterfüllt. Und wenn es christusgemäß und gotterfüllt ist, dann leben wir aus der Fülle und geben aus der Fülle, dann kommen wir selber zurecht und bringen andere zurecht, dann können wir mit uns identisch und mit anderen solidarisch leben.

Wir verletzen aber diese Balance ständig, nicht aus Mutwillen freilich, sondern weil uns entweder diese an Jesus orientierte Sichtweise fehlt, oder aus der Meinung heraus, daß wir aus bestimmten Gründen und Umständen so nicht leben können, selbst wenn wir es wollen.

Es wird nie anders sein, als daß wir in einer christusgemäßen Lebensweise mit vielfältigen Hindernissen zu kämpfen haben. Wenn diese Hindernisse jedoch „Sachzwänge" genannt werden, dann sollte man innerlich auf der Hut sein. Zum einen, weil es die Sprache des Unglaubens ist, wenn man Faktoren, die einen behindern, als „Zwänge" bezeichnet; zum anderen, weil die schöpferischen Möglichkeiten des Geistes Gottes dann von vornherein darauf reduziert werden, was wir in unserem Leben für möglich und „realistisch" halten. Schließlich ist es oft genug so, daß wir etwas nicht meinen verwirklichen zu können, weil wir es gar nicht wirklich *wollen*. Innere Weigerung kleiden wir gerne in das Gewand äußerer Verhinderung. Was uns nämlich am meisten daran hindert, ein Leben im Rhythmus von Arbeit, Stille und Fest zu führen, sind drei Grundeinstellungen oder Grundbedürfnisse, die mit unserem sündhaften und ichbezogenen Leben gegeben sind; – Paulus würde sagen: die zu unserem „Fleisch", unserer fleischlichen Existenz gehören. Diese drei aus unserer Sündhaftigkeit herrührenden Grundbedürfnisse lauten: *Unentbehrlichkeit, Beliebtheit* und *Macht.*[11)] Und genau diese drei höchst problematischen Bedürfnisse und Sehnsüchte stellen sich einem Lebensrhythmus von Arbeit, Stille und Fest übermächtig in den Weg.

Wenn man dieses Problem einmal eingehend meditiert, dann entdeckt man folgendes: Bei „Arbeit – Stille – Fest" wird *ein* Element durch jeweils zwei andere „begrenzt", so daß es nicht über seinen gottgewollten Stellenwert hinauswuchern kann (jeder kann das einmal in Gedanken durchspielen!). Aber bei der Trias „Unentbehrlichkeit – Beliebtheit – Macht" haben wir es nicht mit unterschiedlichen Elementen zu tun, die sich gegenseitig kritisch begrenzen, sondern, im Gegenteil, mit einem höchst gefährlichen Gemisch, mit einer Art „Komplott". Ein Element erfordert und fördert das andere! Und das macht aus dieser Trias eine diabolische Struktur. Sie findet sich nämlich haargenau in den „Vorschlägen" des Satans in der Versuchungsgeschichte Jesu nach Matthäus und Lukas, der sich in das Gewand eines Messias-Beraters hüllt, der Jesus sagt, wie er es „richtig machen soll" mit seinem Leben und seinem Auftrag. Jesus soll *unentbehrlich* sein („Sprich, daß diese Steine Brot werden"), er soll sich *beliebt* machen (durch ein Schauwunder: „Wirf dich von der Zinne des Tempels hinab!") – und er soll zu uneingeschränkter *Machtentfaltung* kommen („Alle Reiche der Welt will ich dir geben").

Die Versuchungen des Satans sind aber nichts anderes als ein Spiegel unserer eigenen Versuchlichkeit als Sünder: sie haben in unserem Leben „von Natur aus" eine Entsprechung, nur daß wir ihnen nicht wie Jesus sieghaft widerstehen, sondern in der Regel erlegen sind. Was die Versuchungen Jesu (und damit auch die unseren) so gefährlich, so „teuflisch" macht, besteht darin, daß sie „Erfolg" versprechen, ja geradezu garantieren. Und wer möchte nicht erfolgreich leben? In Wahrheit funktioniert aber alles wie beim Sündenfall Adams im Paradies: die Schlange *verspricht* das Leben und das Sein-wie-Gott, aber das *Ergebnis* ist der Tod und die Gottestrennung. So auch hier: das Bemühen um Unentbehrlichkeit, Beliebtheit und Macht würde keineswegs zum Erfolg führen, sondern zum glatten Gegenteil:

- Der Versuch, unentbehrlich zu sein, führt zur *Überlastung*,
- der Versuch, beliebt zu sein, führt zur *Anpassung*, und
- der Versuch, mächtig zu sein, führt zur *Einsamkeit* und zum schleichenden Beziehungstod!

Am Ende steht der somatische, der psychische und der soziale (zwischenmenschliche) Kollaps.

Stellen wir nun der diabolischen Trias von Unentbehrlichkeit, Beliebtheit und Macht die geistliche Lebensgestalt von Arbeit, Stille und Fest gegenüber, dann merken wir, daß sie ein eindeutiges Korrektiv darstellt:

- Im Fest der Versöhnung und Geschwisterlichkeit kommt alles Streben nach Macht mit der Konsequenz von Einsamkeit und Beziehungstod an ein Ende. Statt Einsamkeit erfahren wir Gemeinschaft.
- In der Stille vor Gott wird unsere Eitelkeit und unser Verlangen, beliebt zu sein, durchbrochen. An die Stelle von Anpassung tritt geistliche Einfalt und die Kraft zum Widerstand.
- Wird schließlich unsere Arbeit durch Stille und Fest begrenzt, dann hören wir auf, uns unentbehrlich zu machen. Wir lernen Demut und echte Dienstbereitschaft.

Wenn wir diese Zusammenhänge recht bedenken, dann wird deutlich, daß wir es bei „Arbeit, Stille und Fest" als einer geistlichen Grundordnung mit dem Horizont der *Umkehr* und der *Befreiung* zu tun haben, in den uns Gottes Geist hineinstellt. Eine solche Lebensgestalt bedeutet die ständige Umkehr und Abkehr von unseren eigenen Werken und von dem Streben nach Erfolg. Sie bedeutet wahre Befreiung und wachsende Christusebenbildlichkeit und ermöglicht gottgewirkte *Frucht* anstatt selbstgemachtem Erfolg. Sie befreit vom Mythos der Leistung und vom Wahn der Allzuständigkeit und erweist sich darin zugleich als eminent gesellschaftskritisch. Sie bewahrt aber auch vor einseitigem Selbstverwirklichungsstreben und Narzismus, denn sie befreit zugleich zum wahren Dienst und zur Geschwisterlichkeit.

Doch dieser Lebensstil ergibt sich nicht von selbst. Denn es ist bezeichnend, daß er nicht nur durch unser sündhaftes Wesen be- oder verhindert wird, sondern auch durch unsere *„fromme“* Unerlöstheit. Dafür hält uns das Evangelium aufs deutlichste den Spiegel vor die Augen in Gestalt der (frommen) Pharisäer und der (frommen) Jünger. Die Pharisäer nehmen Anstoß an Jesu Festgesinnung und nennen ihn „Fresser und Weinsäufer“ (Matthäus 11,19); und die Jünger nehmen Anstoß an Jesu Rückzug in die Einsamkeit und ins Gebet (Markus 1,37; vgl. unten S. 67f.). Den Pharisäern feiert Jesus zuviel und den Jüngern tut er zuwenig. Die Pharisäer verlangen mehr Disziplin, und die Jünger fordern mehr Einsatz!

Wie kommen wir zu einem neuen Lebensstil in der Entsprechung zu dem, was Jesus uns vorgelebt hat? Die Lebensstruktur von „Arbeit, Stille und Fest“ ist auf zwei Ebenen einzuüben: auf der Ebene unserer *Daseinshaltung* und unserer *Beziehungen*. Oder anders: Wir dürfen unser eigenes Ich mit seinen Werten und Zielvorstellungen durch Gottes Geist umgestalten lassen; und zugleich bedarf dieser Lebensdreiklang der gemeinsamen Einübung in verbindlichen Nachfolgegruppen.

Gottes Geist möchte uns zum einen also in unserem ganz persönlichen Menschsein umgestalten. „Arbeit, Stille und Fest“ bedeuten dabei, daß wir fähig werden zum *Empfangen* (Stille), zum *Geben* (Arbeit, Dienst) und zum *Loslassen* (Feiern). In Teil II dieses Buches wenden wir uns ausführlich dem Thema „Stille“ zu, bei dem es um die Daseinshaltung des *Empfangens* geht. Die Teile III und IV kreisen um die Festdimension unseres Lebens, einmal in Gestalt dankbarer und befreiter Geschöpflichkeit, zum anderen in Gestalt der gemeinschaftlichen Feier des Glaubens in Anbetung, Doxologie und Liturgie. Ein solcher „Rahmen“ befreit uns zum dankbaren und gelassenen Dienst, zum tapferen Einsatz und zur gehorsamen Hingabe an die Aufgaben und Pflichten in der Familie, im Beruf, in der Gemeinde und in der Gesellschaft.

Aber Gottes Geist führt uns zugleich aus aller Privatheit unserer Existenz hinaus in das geschwisterliche Leben mit anderen Christen. In bezug auf unsere Fragestellung können wir dabei jedoch nicht einsetzen mit den vorfindlichen Gemeindeveranstaltungen oder den üblichen Formen der Mitarbeit in einer Gemeinde, sondern wir müssen der Tatsache Rechnung tragen, daß der Glaube und seine entsprechende Lebensgestaltung einer verbindlichen, überschaubaren Nachfolgegruppe bedarf. Jesus lebte nicht nur vor Gott und inmitten seines Volkes, sondern auch in der Gemeinschaft einer kleinen Kommunität, die er gründete, indem er zwölf Männer berief, die ihm auf seinem Weg folgen sollten. Dieser kommunitäre Rahmen wurde nicht nur zum Grundstein der Kirche, war also nicht nur aus einem „strategischen" Interesse geboren, sondern er stellt *in sich* das Grundmuster für ein geschwisterliches Leben dar, in dem sich die Befreiungsgeschichte des Geistes Gottes verleiblicht. Arbeit, Stille und Fest bedürfen daher der gemeinsamen Lebenspraxis und der Weggemeinschaft.

ZWEITER TEIL

Leben aus der Stille

KAPITEL 6

Können wir Menschen uns verändern?

Die Kunst des Lebens ist aufs engste verbunden mit dem Geheimnis geistgewirkter Verwandlung unseres Lebens. Denn zum Kunstwerk wird unser Leben nicht, wenn wir es selbst in die Hand nehmen, sondern wenn wir es aus der Hand *geben*, damit der Geist Gottes es durchwirken, durchwehen und gestalten kann. Die grundlegende Lebenshaltung ist darum nicht die des aktiven Bemühens, sondern des passiven Empfangens. – Von Maria hören wir, daß sie auf das, was Gottes Geist in ihr entstehen läßt, mit den Worten antwortet: *„Mir geschehe, wie du gesagt hast!"* (Lukas 1,38). Soll unser Leben für die Gestaltungskraft des Geistes offen sein, dann muß das Leben zur *Passion* werden – im doppelten Sinne des Wortes: Von Passion reden wir zum einen im Sinne von „Begeisterung und Leidenschaft", zum anderen im Sinne von „Passivität, Wehrlosigkeit und Leiden". Im passiven Wirkenlassen des Geistes „erleiden" wir die Veränderungen und Verwandlungen, die er bewirkt, um so „begeistert" leben zu lernen. Auf der anderen Seite setzt der Geist Gottes schöpferische Kräfte in uns frei und möchte uns zur bewußten und aktiven Gestaltung unseres Lebens animieren und befähigen. Und wir werden eine Reihe von Lebensfeldern daraufhin bedenken, wie sie bewußt zu gestalten sind.

Aber das ist immer erst der zweite Schritt. Darum hängt alles daran, daß wir lernen, Empfangende zu werden. Jedes Wirken des Geistes ist ein Zeugungsakt im Verborgenen, in der Stille, in der Nacht, da unsere eigenen Werke ruhen. Und darum müssen wir zunächst lernen, still zu sein, stillzuhalten und uns zu öffnen.

Dieses Kapitel zielt daher auf den Ort der Wüste, des Schweigens, der Stille und des Alleinseins vor Gott, denn dies ist der Ort, der dem schöpferischen Wirken des Geistes entspricht. Das ist für uns keine einfache Lektion. Unser modernes Leben verhindert nichts so erfolgreich wie den Weg in die Wüste. Wer darum an dieser Stelle am liebsten schnell zu den späteren Kapiteln dieses Buches weiterblättern möchte, in denen es um die aktive Lebensgestaltung geht, der verkennt bereits, worum es im tiefsten gehen muß: um das Wunder unserer *inneren Verwandlung*, die allein Gottes Geist zu vollbringen vermag. Wenn die äußere, aktive Lebensgestaltung nicht aus diesem „Erleiden" kommt, dann wird sie alles mögliche sein, nur nicht das Ähnlichwerden mit Christus.

Wir stellen uns aber nun zunächst die ganz elementare Frage: „Kann der Mensch sich ändern?" Ich meine damit nicht jene Veränderungen, die das Leben sozusagen automatisch mit sich bringt, etwa im Zuge des Älterwerdens. Und auch nicht jene Art der Veränderung, die sich damit ergibt, daß wir durch Erlebnisse und Geschicke, durch Erfahrungen und Einflüsse von außen ungewollt einem Wandlungsprozeß unterworfen sind. In dieser Hinsicht verändern wir uns fortlaufend, aber so, daß wir es nicht beinflussen können. Und dieser Prozeß bringt uns ja auch keineswegs von selbst unserer Berufung näher, Christus ähnlicher zu werden. Es könnte das Gegenteil der Fall sein.

Also: Kann der Mensch sich ändern? – Ich habe diese Frage in verschiedenen Gemeindegruppen zur Diskussion gestellt. Jedesmal kam zunächst die spontane Antwort: „Aber selbstverständlich!" Es war interessant zu beobachten, wie dieser Brustton der Überzeugung bald einer eher kleinlauten Unsicherheit wich, als ich nur folgendes zu bedenken gab:

- Der Volksmund (der oft Wahrheiten ausspricht!) sagt: „Das Bäumchen biegt sich, aber der Baum nicht!" Was sagt das über die Möglichkeit unserer Veränderung?
- Wir wissen inzwischen alle, daß die ersten Kindheitsjahre einen tiefprägenden Einfluß auf unsere gesamte Persönlichkeitswerdung haben, auf unsere Eigenschaften und Eigenarten, unsere Emotionalität, unsere Verhaltenweisen, unsere Persönlichkeitsstruktur usw.... Ich bin weitgehend das „Ergebnis" erfahrener oder vorenthaltener Liebe, andressierter oder unbewußt übernommener Rollen, verarbeiteter oder unbewältigter Erlebnisse, – und das alles hat sich tief in meine unbewußten Schichten eingegraben!
- Was im Menschen latent angelegt ist, kommt im Alter oft erst an den Tag. Manche haben den Eindruck, im Alter seien es gerade die Schwächen, Eigenarten und Fehler des Menschen, die besonders ausgeprägt hervortreten, anstatt daß Gutmütigkeit, Gelassenheit, Zufriedenheit und Toleranz bestimmend würden. Aus dieser Sorge heraus hörte ich eine Frau zu ihren bereits erwachsenen Kindern sagen: „Wenn ich anfange, so schrullig, egoistisch und verschroben zu werden wie Oma, dann sagt mir rechtzeitig Bescheid!" – Die Frage lautet also: Gibt es einen Punkt im Leben, von dem ab Veränderungen nicht mehr möglich sind und der Mensch nur noch ausleben kann, was er vorher bereits verkörpert hat?
- Zahllose gesellschaftliche Einflüsse prägen und beeinflussen unser Leben in einem beängstigenden Maße und in einer Weise, die unserer Kontrolle und Steuerung entzogen ist. Kann uns nicht be-

reits diese Tatsache die Hoffnung rauben, unser Leben und Denken selber bestimmen und lenken zu können?
Kann der Mensch sich also aktiv und positiv verändern und wandeln?

Wir sehen, welche Einschränkungen zu machen sind. Wenn ich darüber nachdenke, wer ich sein will und wie ich sein will, *bin* ich schon längst jemand. Wenn ich anfange, mir Gedanken über meine Lebensweise zu machen, liegt ein erheblicher Teil meines Lebens bereits hinter mir: zwanzig, dreißig, vielleicht fünfzig Jahre. Ich bin kein unbeschriebenes Blatt mehr. Die Persönlichkeitsstruktur und Wesensart, die sich seit meinen ersten Lebensjahren bei mir herausgebildet hat, haftet mir an. Ich komme aus meiner Haut nicht heraus. Optimismus oder Ängstlichkeit, Redseligkeit oder Introvertiertheit, Dickfelligkeit oder überstarke Nervosität, Selbstsicherheit oder Menschenscheu – das alles sind keine Kleider, die ich jederzeit auch genausogut gegen andere auswechseln könnte. Hinzu kommt der Bereich der schmerzvollen Erfahrungen, der ungeheilten Verletzungen, der eintrainierten Verhaltensmuster – und nicht zuletzt bestimmter ... Erbanlagen! Keine dieser Seiten kann ich aus dem Heft meines Lebens herausreißen oder kann einfach in einem neuen Heft mit blütenweißen Blättern weiterschreiben. – Was heißt auf diesem Hintergrund *Veränderung* und *Lebenswandlung?*

Wir merken: in der Frage nach unserer Wandlungsfähigkeit wird viel tiefer anzusetzen sein als bei den Möglichkeiten, die wir von Hause aus mitbringen, und bei den Spielräumen, die uns unsere innere und äußere Disposition läßt. Und was im übrigen von der Kraft unseres *Willens* und dem Wirkungsgrad unserer guten *Vorsätze* zu halten ist – darüber weiß jeder seine eigene Geschichte zu erzählen.

Mit drei Fragen können wir uns die Möglichkeit und die Bedingungen für Veränderungen in unserem Leben verdeutlichen:

1. In welcher *Kraft* können Veränderungen und Verwandlungen in unserem Leben möglich werden? Diese Frage führt uns zur Wahrnehmung der Möglichkeiten des *Heiligen Geistes*. Denn wir möchten das Leben als Handlungsfeld des Geistes Gottes entdecken. Er schafft, was niemand sonst schafft: Neuwerdung, schöpferische Umgestaltung. Die „Kunst des Lebens" kann in nichts anderem bestehen als im „Praktischwerden des Geistes", in seiner Verleiblichung in unserer Lebensgeschichte.

2. In welcher *Hinsicht* kann es zu geistgewirkten Veränderungen und zur Verwandlung unseres Lebens kommen? Diese Frage führt uns zu

einer wichtigen Differenzierung im Blick darauf, *was* und *wie* der Geist Gottes verändert: Er löscht unsere „Natur“, unsere „Anlagen“ und unsere Lebensgeschichte nicht aus, vielmehr gebraucht er sie geradezu, um uns Christus ähnlicher zu machen! Wir werden also nicht „anders“ hinsichtlich unserer leiblichen, psychischen und lebensgeschichtlichen Disposition, sondern diese Disposition wird einem neuen Ziel zugeordnet, in eine befreitere Lebensweise eingebettet; ihre schlummernden Energien werden aktiviert und positiv kanalisiert. Nicht unsere Lebensbedingungen ändert der Geist, sondern unsere Einstellung dazu und unseren Umgang damit. Was festgelegte Konditionierungen zu sein scheinen, wird unter seinem Weckruf zu schöpferischen Möglichkeiten! Ungeheiltes wird geheilt, bloß „Erlebtes“ wird zur „Erfahrung“, Grenzen werden dehnbar, – und selbst unsere „Schatten“ bekommen Farbe und werden so zum Akzent eines geglückten Gemäldes.

3. Auf welche *Weise* vollzieht sich dieser geistgewirkte Verwandlungsprozeß in unserem Leben? – Er vollzieht sich *nicht* automatisch! Er ist gebunden an Bedingungen, die der Geist Gottes selber schafft und herbeiführt. Welche Bedingungen das sind, das erfahren wir aus der Heiligen Schrift, die uns nicht nur die Israel- und die Christusgeschichte erzählt, sondern auch die Geschichte des Geistes Gottes in seinen Manifestationen im Leben vieler Menschen – und vor allem: im Leben Jesu selbst. Diese Bedingungen sind vielfältig. Wir aber wollen hier diejenige Bedingung bedenken, die weithin vernachlässigt wird oder in Vergessenheit geraten ist: die einsame Stille vor Gott in der *Wüste*!

KAPITEL 7

Ungeschriebene Briefe vom Rande der Wüste

Erster Tag und der erste Brief

Ich bin allein. Endlich! Lange habe ich mich danach gesehnt und mir diese Tage schon vor über einem Jahr im Terminkalender gesperrt. In den letzten Wochen kam gespannte Erwartung und eine Mischung aus Ängstlichkeit und Vorfreude in mir hoch. In den vergangenen Jahren ist es mir immer klarer geworden: Du brauchst die Stille, die Einsamkeit, das Schweigen und den Weg hinaus aus allem, um wirklich leben zu können! Ich brauche die Stille, denn ich brauche Gott. – Aber es hat lange gedauert, mein Leben danach einzurichten. Auch wenn dies wenigstens nicht mein erster Schritt in diese Richtung ist.

Ich habe mich sogar auf diese Tage vorbereitet, wenn auch eher unbewußt und ohne genauen Plan. Seit einem Jahr habe ich in den Schriften berühmter Wüstenväter gelesen. Und doch muß ich ein wenig darüber lächeln. Vielleicht bin und bleibe ich ein Einfaltspinsel. Was sind die Tage, die jetzt vor mir liegen, verglichen mit den zwanzig Jahren, die der heilige Ambrosius in einem Felsengrab in vollkommener Einsamkeit verbrachte?

Manches, was ich gelesen habe, wirkte wie eine Warnung: Paß auf, die Stille ist gefährlich! Vielleicht ist es besser, sie zu meiden. Die Stille wühlt dein Leben auf. Du weißt nicht, welche Gedanken und Geister dabei entfesselt werden! Die Wüste ist voll wilder Tiere, und in der Nacht können sie zu Dämonen werden!

Daher habe ich in den vergangenen Wochen immer wieder nur die eine Stelle aus dem heiligen Evangelium gelesen und meditiert, in der es heißt: *„Und er war bei den wilden Tieren, und die Engel dienten ihm“* (Markus 1,13).

Ich bin stundenlang gelaufen. Wie lange, weiß ich nicht. Meine Uhr habe ich abgelegt.

Zuerst waren meine Gedanken entsetzlich flatterhaft. Es war, als würden unablässig dreiste Krähen um meinen Kopf schwirren, jede mit einem herausgerissenen Fetzen meines Terminkalenders im Schnabel! – Was war doch noch gestern ...? – Ach ja, und diese elende Sitzung am Mittwoch ...! – Und dann der Vortrag am vergangenen Wochenende; eine schlechte Figur habe ich abgegeben, was war bloß los? – Was ist die nächste Verpflichtung, wenn du wieder nach Hause fährst ...?

Es nahm kein Ende. Terminkalenderfetzen vor meinen Füßen, auf meinen Haaren, auf dem Ärmel – wie Vogeldreck ... Ich wollte beten, aber daraus wurde nichts ...

Nach ein paar Stunden riß der Himmel auf. Die Spätnachmittagssonne durchflutete den regennassen Novemberwald. Ich merkte, daß meine Gedanken zur Ruhe gekommen waren. Ich wachte wie aus tiefer Versunkenheit auf und hörte mich plötzlich laut sagen: „Mein Gott! Diese nassen Bäume! Diese Sonne! Diese Stille!“

man sagt
ich tue nichts
und rede bloß
recht habt ihr, ihr täter
mag sein
daß Gott bereits
die hände gnädig euch gefüllt
zu kecker tat
die wegweisung bedeuten kann
für viele
doch ich –
bevor ich meine hände fülle
bloß mit geschäftigkeit
und mit getue lediglich
streck ich sie lieber aus
entleert
von eignen oder fremden
ererbten oder schlecht kopierten werken
und warte
        bete
        leide
und hoffe, daß
wenn Gott mir nächtens ein gesicht geschenkt
er auch an irgendeinem morgen
mich erweckt
zu einem fremden, frischen tun
das er zuvor bereitet
und in der stille wachsen ließ
ein faulpelz also?
bewahre Gott
ich streiche nur
um Gottes haus
wie der
den hungert
nach einer neuen zeit.

Auf einmal konnte ich beten. Ich habe einfach angefangen, für alles, was mir einfiel, zu danken. Es nahm kein Ende ...

Am Abend spürte ich plötzlich, daß ich wirklich allein war. Ich hatte nach der stundenlangen Wanderung in meinem winzigen Zimmer gesessen und an – nichts gedacht. Dann sah ich durchs Fenster die Sterne am Himmel und bin hinausgegangen. Immer noch dasselbe Gefühl wie in meinen Kindertagen: eine Mischung aus Schwindel, Ohnmacht, Faszination, Verlorenheit und Geborgenheit.

Dann habe ich bis Mitternacht in der Kapelle gesessen. Nur das winzige Öllämpchen kratzte an der Dunkelheit und warf seinen geringen Schein auf die Ikone an der Wand. Alles war still. Doch plötzlich begrüßte mich mit einem rüpelhaften Schlag auf die Schulter grinsend mein schlechtes Gewissen. „Hier sitzt du also – feige, faul und verlogen, und markierst den Heiligen! Die Welt draußen gleicht einem einzigen Lazarett voller Todkranker, und während andere sich dort abmühen, um zu helfen, läufst du durch den Wald, sitzt im Zimmer oder hier in der Kapelle! ..."

Ich habe einfach nichts erwidert. Eine Antwort hätte ich vielleicht auch nicht gewußt. Nachher hat sich der grinsende Besserwisser verzogen, und ich war wieder allein. Wie gut das tut! Ich bin geborgen eingeschlafen.

Zweiter Tag
und der zweite Brief

In der Nacht habe ich viel geträumt. Kunterbuntes Zeug, das ich nur schwer deuten kann. In der Frühe habe ich das ganze Markusevangelium gelesen. Dann bin ich wieder gelaufen, ein paar Stunden lang.

Und auf einmal diese Fragen:

Bist du, der du zu sein meinst?

Bist du, für den man dich hält?

Das und das hat man dir eingeredet von Kindheit an. Und endlich hast du es geglaubt. Welches Ich ist wahr und welches falsch? Hast du angefangen, ein falsches Ich zu lieben, aufzubauen, großzuziehen, zu pflegen und zu präsentieren, bloß weil die anderen dir dieses Bild aufschwatzen? – Aber sie haben dich gleichzeitig auch kritisiert, wenn du diesem Bild zu entsprechen versuchtest. Dem wolltest du entgehen, indem du die Rolle besser lerntest, perfekter spieltest.

Ich gab den Dingen, die mir dabei einfielen, Namen. Und gewann das Gefühl, daß ich Kleidungsstücke, die ich lange getragen, ablegen kann, ohne frieren zu müssen. Warum merke ich das erst jetzt? Warum gab es Bereiche, in denen ich nicht ich war? Wie kommt es zu so plötzlichen Erkenntnissen? Oder haben sie lange schon vor der Türe gelegen und geklopft, ohne daß ich sie gehört oder hereingebeten habe?

Identität. Was ist Identität? Identität ist Freiheit. Die Bilder eines falschen Ich dürfen fallen. Warum nur kann man Jahre und Jahrzehnte eingesponnen sein in Vortäuschungen und Irrtümer über sich selbst? Und ist das jetzt vorbei, bloß weil mir diese Gedanken kommen?

Es ist wirklich, als sei ein Knoten geplatzt. Aber ich bin mißtrauisch. Und doch empfinde ich eine ungeheure innere Befreiung. Denn ich weiß ja genau, um welche Dinge es geht. Und ich habe mit diesem Tag die Gewißheit, daß sich etwas ändern wird mit mir.

Am Nachmittag ließen mich die Eindrücke noch nicht los. Am liebsten hätte ich eine symbolische Beerdigung gefeiert: weg ins Grab mit falschen Rollen, Etiketten, Verhaltensweisen ... Und statt Blumen ein Berg von abgelegten Zwängen, denen ich nicht mehr gehorchen möchte.

Bis zum Einbruch der Dunkelheit habe ich in der Kapelle gesessen. Ich mußte nichts mehr denken und beten. Gott war ja den ganzen Tag in Hirn und Herz dabei.

Dies ist kein Fastentag! So habe ich am Abend eine Flasche französischen Landwein aufgemacht und Nikos Kazantzakis' „Mein Franz von Assisi" angefangen.

Dritter Tag
und der dritte Brief

Ich bin zum Frühgottesdienst gegangen. Draußen regnete es. Die Feier der Eucharistie war wohltuend. Sie wird mir immer wichtiger. Und wie viele Jahre konnte ich rein gar nichts damit anfangen! Es fehlte einfach an Verstehenshilfen und vor allem an positiven Erfahrungen.

Seit diesem befreienden „Sockelsturz" gestern nachmittag habe ich das Gefühl, erst richtig auf meinen eigenen Füßen zu stehen. Wann ist man eigentlich erwachsen? Ich bin vielleicht wenigstens ein Stück näher dran.

Wie von selber habe ich heute fast nur über meine Lebensziele nachgedacht. Ich muß – und darf! – ja jetzt alles noch einmal neu ordnen. Es ist wie ein Spiel mit schöpferischen Möglichkeiten. Zum erstenmal spüre ich die Erlaubnis, leben zu dürfen. An wie vielen Gaben des Lebens bin ich bislang vorbeigelaufen, sei es, weil ich sie für verbotene Paradiesfrüchte hielt, sei es, weil ich „zum Tempeldienst" eilen mußte und mich von meinen frommen Pflichten nicht abhalten lassen durfte ... Zwanghafter Levitendienst, der mich zugleich für andere eher ungenießbar machte ...

Unter einer riesigen Buche, wo sich zwei Waldwege kreuzten und große Stapel frischgeschlagenen Holzes aufgeschichtet waren, bin ich plötzlich stehengeblieben. Ich sah mich mit einem Mal von einem großen Kreis unterschiedlichster Gestalten umgeben, die wie aus dem Erdboden aufgetaucht zu sein schienen. Und im selben Augenblick hörte ich Gott in meinem Innern sagen: „Schau sie dir alle an, begrüße sie und schließe Freundschaften mit ihnen! Denn es sind deine Freunde, und du sollst sie aus meiner Hand nehmen!" – Da erst merkte ich, daß sie mich alle freundlich und lächelnd anblickten, ja, die meisten von ihnen waren alte Bekannte, nur hatte ich mit vielen schon seit geraumer Zeit nichts mehr zu tun gehabt. So blickte ich sie der Reihe nach an, wagte aber noch nicht, mich zu bewegen und ihnen die Hand zu geben. Da war der Himmel, der erhabene Beschützer, und neben ihm, mütterlich und gutmütig, die Erde. Jeweils an ihrer Seite nickten mir der Ackerboden, aus dem ich ja selbst gemacht bin und zu dem ich werde, und die Luft, die ich atme, freundlich zu. Mein Genosse, der Körper, und sein Begleiter „Schlaf" setzten den Reigen fort. Neben ihnen die beste Bekannte, Frau „Arbeit" die mir verführerisch zublinzelte, als hätte sie immer noch nicht genügend Zuwendung von mir erfahren. Neben ihr stand, ein bißchen blaß, die stille Begleiterin Gesundheit. Ich fühlte mich leicht erröten, als ich ihr in die Augen blickte. Meinen Beistand hat sie nur selten erfahren.

Ich hatte die Runde kaum beendet, da traten aus dem Hintergrund plötzlich weitere Bekannte hervor und erweiterten den Kreis um mich zu einem großen Rund. Ihre Exzellenz, Frau „Kunst", suchte meinen Blick und wies dann mit einer leichten Handbewegung auf eine ganze Schar von Begleiterinnen, die sie mitgebracht hatte: auf „Lyrik", „Musik", „Malerei" und „Literatur". Ein junger Mann namens „Sport" war ebenfalls in den Kreis getreten, seine Freundin „Tanz" an der Hand. – Da vernahm ich ein zweites Mal die leise Stimme Gottes. „Du staunst, wie viele Freunde ich dir gab, nicht wahr? Aber verstehst du jetzt ..." – Plötzlich kam neue Bewegung in den Kreis, und zwischen den Gestalten hindurch kamen alle, die zu mir gehören, und bildeten einen inneren Ring für sich: meine Frau und meine Kinder, Eltern und Geschwister, Freunde und Weggefährten ... – und sie faßten mich bei den Schultern und an den Beinen, hoben mich in die Höhe und trugen mich davon – und der ganze Troß der übrigen Gestalten zog mit. –

Eben schien Gott sich zu räuspern, um mir noch einen bedeutungsvollen Hinweis zu geben – da zerrte ein Wind an der großen Buche über mir, und kalte Tropfen von den Ästen fielen mir aufs Haupt.

Seltsame Einsamkeit!

Als ich abends wieder im Schein des Öllämpchens in der Kapelle saß, legte sich eine seltsame Last auf meine Schultern: es war die Schwere und die Fülle des Lebens. So voller Güte, daß es fast schmerzt! Ach Gott, warum habe ich so selten wahrgenommen, daß du mir das Leben gönnst und mich in all den Freunden und Gefährten selber anlächelst?

Als ich in meiner kleinen Clausura zu Bett gegangen war, schlief ich wohl schnell ein. Doch wachte ich nach Mitternacht wieder auf und lag lange wach.

Vierter Tag
und der vierte Brief

Heute habe ich den ganzen Vormittag lang die Natur bestaunt. Nein, Wüste darf ich das nicht nennen, was diese Tage mir bescheren. Die Wüste blüht! – Oft bin ich wie angewurzelt stehengeblieben vor einem Sonnenstrahl, einem Zweig, einem sich wiegenden Tannenwipfel. Was man von Gottes Bäumen lernen kann! So fest verwurzelt und doch so biegsam! – Ich habe meine Nase in den Wind gehalten und Gottes Luft gerochen.

Am Nachmittag habe ich viel über Vorbilder nachgedacht. Im allgemeinen und im besonderen. Ich könnte eine lange Ruhmesballade schreiben auf Menschen, die mich prägten. Ich habe vielen viel zu verdanken. Wohl dem, der Vorbilder hat. – Aber es war gleichzeitig wie ein großes Abstandnehmen. Ich merke längst, daß Vorbilder, Lehrer, Väter und Mütter mir nicht mehr ohne weiteres den Weg zeigen können, den ich gehen muß. Und ich muß sogar darauf verzichten, von ihnen Verständnis zu erwarten. Das schmerzt und ist doch befreiend.

Fünfter Tag
und der fünfte Brief

Dieser Tag war schrecklich. Schon am Morgen, als ich aufwachte, fühlte ich mich leer und mißgestimmt, als hätte ich statt der wunderbaren

Durchbrüche und Befreiungen nur bittere Enttäuschungen erfahren. Erst gegen Mittag merkte ich, daß ich einfach nur erschöpft war. Ich habe dann bis in den Nachmittag einfach geschlafen.

Den Rest des Nachmittags habe ich in der Kapelle verbracht. Aber besonders gut ging es mir immer noch nicht. Ich hatte schon geglaubt, mir wären in den wenigen Tagen Flügel der Freiheit gewachsen, und jetzt fühlte ich eher Sandsäcke an meinen Beinen. Zugleich quälte mich etwas in meinem Inneren.

Am Morgen schon hatte ich mich ständig in eigentlich ganz sinnlosen inneren Zwiesprachen mit den verschiedensten Menschen befunden: Freunden, Kollegen, Bekannten. Und ständig befand ich mich mit ihnen im Streit. Ich überschüttete sie mit den unhaltbarsten Vorwürfen. Selbst in der Kapelle gingen diese häßlichen Auseinandersetzungen weiter. Bis ich plötzlich auffuhr und merkte, was in meinem Inneren offenbar wurde ... – In diesem Augenblick hätte ich gerne einen Beichtvater gehabt. Aber ich war allein mit dem Öllämpchen, der kleinen Ikone an der Wand und den letzten Sonnenstrahlen, die durch das schmale bunte Fenster fielen.

Kann ich eigentlich lieben? Liebe ich die Menschen? Liebe ich wenigstens meine Freunde? Gott, du willst mich gerade die Liebe zum Leben lehren, aber was ist diese Liebe ohne die Liebe zu den Menschen? Ein Trug, ein Gespinst. Hilf mir zu lieben, Herr!

Ich bin schon um neun Uhr schlafen gegangen.

Sechster Tag
und der sechste Brief

Heute hatte ich den ganzen Tag lang Besuch. Es war wunderschön. Der Friede kam. Ohne anzuklopfen. Ja, er saß schon am Bett, als ich aufwachte. Wir haben den ganzen Tag miteinander verbracht. Es war wie ein Stück Paradies. Dabei haben wir fast kein Wort miteinander gesprochen. Wir haben uns nur angeschaut und gelächelt. Alles war still um uns. Und ich habe wie nie zuvor erfahren, was Gelassenheit ist, das, was mir in meinem Leben am meisten fehlt. – Wenn dieser Besuch doch bleiben würde!, habe ich im stillen gedacht, – und mitgehen nach Hause! Dann wäre vieles leichter.

Während wir so zusammensaßen, habe ich mir eine Situation nach der anderen vorgestellt, in der ich anders reagieren und handeln würde, wenn dieser Besuch zum Hausbewohner würde.

Am Abend, als ich schon im Bett lag, habe ich ihn „guter Geist“ getauft und ihn gebeten, bei mir zu übernachten.

Siebenter Tag und der siebente Brief

Wie noch nie zuvor vermochte ich heute die Stellen im Evangelium zu verstehen, in denen davon die Rede ist, daß wir vor Gott wie Kinder sein sollen und sein dürfen. Und genau dieses Bewußtsein erfüllte mich. Ich weiß nicht, ob ich darüber mit jemandem sprechen könnte. Ich empfinde eine Art Verlegenheit oder Schamgefühl dabei. Aber das liegt vermutlich nur an meiner ganzen Prägung durch diese Gesellschaft, in der ich großgeworden bin. Ein Mann hat kein Kind mehr zu sein. Er muß stark, leistungsorientiert und sachlich sein, seine Gefühle jederzeit unter Kontrolle haben. Selbst in der Gemeinde ist es oft nicht anders. Wir sind eben vor allem „Mitarbeiter".

Heute kann ich zum erstenmal für mich selbst bejahen, was ich schon hundertfach gehört und anderen gesagt und zugesprochen habe: Vor Gott zählt nicht unsere Leistung. Er hat sein Wohlgefallen einfach an *uns*, an uns selbst!

Ich habe mich einfach aufs Bett gelegt, als ich mir über diese Zusage klar wurde, und habe meinen Atem beobachtet. Ich bin da! Ich lebe! Es gibt mich! Welche Gnade. Ich bin es Gott wert, mehr zu sein als nur Staub. Gott hat es für sinnvoll befunden, daß es mich geben sollte. Kann man freier sein als mit dieser Gewißheit?

Ich konnte heute lange beten, ohne müde oder unkonzentriert zu werden. Aber nachher war alles gesagt. Ich habe nur still dagesessen, und jeder Atemzug war ein Gebet, das Gott pries.

Morgen fahre ich nach Hause. Vor dem Alltag fürchte ich mich nicht, höchstens vor dem Lärm. Aber die Freude überwiegt, weil ich zutiefst spüre, daß die „geplatzten Knoten" auch Wirkungen haben werden.

Heute abend möchte ich noch lange die Sterne beobachten. Aber vermutlich wird es kalt werden. Es ist schon beinahe Winter. Und bald ist Advent.

KAPITEL 8

„... und er ging an eine einsame Stätte und betete dort“ – Meditation zu Markus 1,32–39 –

Eine ungewöhnliche Stimmung herrscht an diesem Sabbat in Kapernaum. Ausnahmsweise kann niemand es erwarten, daß der Sabbat zu Ende geht! Mit Einbruch der Dämmerung und dem ersten Stern am Himmel wurde der Sabbat gestern abend begrüßt. Aber da ahnte noch niemand, daß er einem lang werden könnte.

Im Westen hat sich der Himmel gold-rot gefärbt, schon ist die Sonne hinter den Bergen Galiläas verschwunden. Nun stehen sie auf den Türschwellen ihrer Hütten und Häuser, angestrengt gen Himmel blickend, wann der erste Stern sich zeigt. – Was läßt die Menschen heute den Sabbat so bald zu Ende wünschen?

Am Morgen lief eine Kunde von der Synagoge aus wie ein Lauffeuer durch den sabbatverträumten Fischerort. Im Lehrhaus war es zu einem ... Eklat? oder einer Sensation? – nein, zu einem *Wunder* gekommen! Ein umherwandernder Rabbi hatte die Versammlung besucht, ein gewisser Jeschua aus Nazareth, und hatte die Predigt gehalten. Es war eine Predigt, die helles Entzücken (oder eher: helles Entsetzen!) ausgelöst hatte. Kaum habe er geendet, so hieß es, da sei ein besessener Mann aufgesprungen (eine Plage ist das mit diesen Kreaturen!) und habe sage und schreibe versucht, den Rabbi tätlich anzugreifen! „Was willst du von uns, Jeschua aus Nazareth“, habe er wie von Sinnen gebrüllt, „du bist gekommen, uns zu vernichten!“ Es war, als ob der Dämon persönlich aus ihm sprach: „Ich weiß, wer du bist: der Heilige des Allerhöchsten!“ – Plötzlich war alles still. Nur einen Satz soll der Rabbi gesagt haben – und der Besessene sei völlig normal gewesen, nachdem es wie ein Reißen durch seinen Körper gegangen sei, als sei der Dämon leibhaftig aus ihm gefahren.

Binnen einer Stunde hatte diese Kunde in Kapernaum bereits die Runde gemacht. Aber sie war kaum in die letzte Fischerhütte gedrungen, als schon die nächste Meldung durch die Gassen lief: Der Rabbi ist im Haus des Simon gewesen! Ihr wißt doch: dessen Schwiegermutter hat das böse Fieber! – Er hat sie gesund gemacht! Sie sagen, einfach bei der Hand gegriffen habe er sie – und schon hätte sie vor ihm gestanden wie das junge Leben. Und eben noch den Tod im Leib!

In Kapernaum gab es viele Mühselige und Beladene: Kranke, Sieche, Behinderte und solche, denen man nachsagte, sie hätten den bö-

sen Geist. Die wollte man natürlich jetzt alle zum Rabbi bringen. Aber es war Sabbat. Kein unnötiger Schritt war erlaubt. *Darum* standen die Leute schon am Nachmittag an den Türpfosten und spähten nach dem ersten Abendstern. Und dann ... – endlich, endlich! Zum Glück war der Rabbi nicht schon weitergezogen.
„Am Abend aber, als die Sonne untergegangen war, brachten sie zu ihm alle Kranken und Besessenen. Und die ganze Stadt war versammelt vor der Tür. Und er half vielen Kranken, die mit mancherlei Gebrechen beladen waren, und trieb viele böse Geister aus ...“ (Markus 1,32–34). – Welch ein Anblick! Eine Stadt wie ein Lazarett. Nur dieser eine Hoffnungsfunke, das Gerücht vom Rabbi, – und eine Flut von Elend quillt aus den Häusern hervor, die niemand vorher vermutet hatte.

Dies ist eine der vielen Szenen, wo wir Jesus bei der Arbeit sehen. Sie sind uns wohlvertraut. Jesus ist also aus der Wüste zurückgekommen und hat sozusagen seinen Dienst angetreten. Am Anfang stand die Bevollmächtigung (Taufe und Ordination; – Markus 1,9–11), dann folgte eine Zeit der Stille, der Prüfung, der Zwiesprache mit Gott, aus der er tief verändert herausging (Markus 1,12–13) – und nun kann es „endlich losgehen“!

Um so überraschender ist der Fortgang unseres Textes! Kaum hat Jesus seine öffentliche Wirksamkeit begonnen, da zieht er sich aufs neue zurück in die Stille! Und diese Szene ist nun höchst beredt, denn sie zeigt nicht nur, wie Jesus sein Leben und seinen Dienst gestaltet, sondern es treten hier zum erstenmal auch seine Jünger in Erscheinung und in Aktion, wobei sie allerdings eine peinliche Figur abgeben. – Wir sehen also, daß nicht nur das Thema „Jesus und die Wüste“ überraschend schnell wieder akut wird, sondern daß nun dieses Thema auch seine Jünger betrifft. Daß sie sich dabei als schlechte Schüler erweisen, ist ein besonderer Grund, den Text sorgfältig zu bedenken.

Wir lesen zunächst den Text, der sich an die eben erzählte Geschichte anschließt:
„Und am Morgen, noch vor Tage, stand er auf und ging hinaus.
Und er ging an eine einsame Stätte und betete dort.
Simon aber und die bei ihm waren, eilten ihm nach.
Und als sie ihn fanden, sprachen sie zu ihm: Jedermann sucht dich.
Und er sprach zu ihnen: Laßt uns anderswohin gehen, in die
nächsten Städte, daß ich auch dort predige; denn dazu bin ich gekommen.
Und er kam und predigte in ihren Synagogen in ganz Galiläa
und trieb die bösen Geister aus“ (Markus 1,35–39).

„Und am Morgen, noch vor Tage . . .“

Am *Abend* hatte Jesus geheilt, am *Morgen* geht er hinaus, um zu beten. Das liest sich wie eine ganz normale Notiz über verschiedene Tageszeiten. Aber das ist nur die Oberfläche. Darunter findet sich eine Tiefendimension, die weit mehr aussagt und bedeutet.

Es gibt in der Bibel Worte, die mehr sagen als ihre Lexikonbedeutung; es sind Symbolbegriffe von hoher theologischer Dichte. Solche Worte kennen wir; – zum Beispiel „Wasser“ oder „Berg“, „Wüste“ oder „Licht“, „Weinstock“ oder „Türe“ . . . – Auch „Abend“ und „Morgen“ sind solche geheimnisvollen Symbole. Sie verweisen auf eine *heilsgeschichtliche* Wirklichkeit und meinen keineswegs nur Tageszeiten, sondern – *Weltzeiten!* Der „Abend“ ist die letzte Phase des vergehenden Äons der Vergänglichkeit, Sündhaftigkeit und Sterblichkeit. Es ist die Zeit, da die Schatten in der Welt länger und das Seufzen der leidenden Kreatur lauter wird. Es ist *apokalyptische Zeit*. Dies ist die Zeit, in die Jesus hineinkommt mit der Botschaft: *Die Zeit ist erfüllt und das Reich Gottes ist herbeigekommen. Tut Buße und glaubt an das Evangelium!*“ (Markus 1,15). Am apokalyptischen Abend der Welt sagt Jesus den Anbruch der neuen Welt an. Es ist dies die Zeit, in der er die Leidenden, Kranken und Besessenen heilt und aufrichtet.

Dementsprechend ist der *Morgen* die Zeit des Anbruchs des Reiches Gottes. Es ist die *messianische Zeit*. Jesus steht auf der Grenze dieser beiden Weltzeiten. Er stellt den Abend der vergehenden Welt in den Horizont des ewigen Morgen der Erlösung und Neugeburt des Kosmos. Das Geheimnis dieses Zeitgefälles finden wir schon auf der ersten Seite der Bibel, wo es heißt: *Und es ward Abend und Morgen – der erste Tag!*“ (Genesis 1,5). Warum heißt es nicht – nach unserer Logik –: „Morgen und Abend“? Weil unsere Logik die Logik des Todes, der Todeswelt ist. Von Anbeginn der Schöpfung verrät aber nach biblischer Sicht jeder Tag bereits das Geheimnis des göttlichen Heilsplans: Es geht auf den Morgen zu! Auf das Reich des ewigen Lichtes, von dem es in der Offenbarung heißt: *„Und die Stadt bedarf keiner Sonne noch des Mondes, daß sie ihr scheinen; denn die Herrlichkeit Gottes erleuchtet sie . . . Und es wird keine Nacht mehr sein, und sie bedürfen keiner Leuchte und nicht des Lichts der Sonne; denn Gott der Herr wird sie erleuchten“* (Offenbarung 21,23; 22,5).

Nun heißt es bezeichnenderweise, Jesus ging „am Morgen, *noch vor Tage*“ an den einsamen Ort, um zu beten. Das markiert genau die Zeit des Übergangs zwischen apokalyptischer und messianischer Zeit. Noch ist der Tag nicht da, aber Jesus wandert schon in seinen Morgen, in seinen Anbruch hinein! Dieser nicht endende ewige Tag ist es, der das Wesen Jesu bestimmt und ihm Richtung und Kraft für sein Wirken verleiht. Aus dem Abend der Welt, der sein Kampf- und Arbeitsplatz ist, zieht er sich zurück in den Morgen, aus dem er seinem Wesen und seiner Berufung nach kommt.

Wir beginnen, das *Geheimnis der Stille* zu begreifen. Stille heißt: *Anschluß an die Kräfte der zukünftigen Welt!* Darum wird die Stille zum „Ort“, an dem Neues ins Dasein kommt, an dem ein schöpferisches Geschehen sich vorbereitet. Die Rabbinen lehren, daß der Erschaffung der Welt ein *großes kosmisches Schweigen* voranging. Dieses Schweigen kündet die Schöpfung an, und umgekehrt hat die Schöpfung dieses Schweigen zur Voraussetzung. Dieses urgeschichtliche Geschehen kehrt in der Endzeit wieder. Die Offenbarung sagt, daß nach Abschluß aller Endereignisse, die durch das Öffnen der ersten sechs Siegel ausgelöst wurden, das siebente Siegel eine große Stille heraufführt: *„Und als das Lamm das siebente Siegel auftat, entstand eine Stille im Himmel etwa eine halbe Stunde lang“* (Offenbarung 8,1). Diese Stille ist der Auftakt für die Erschaffung des neuen Himmels und der neuen Erde!

Geht Jesus also in die Stille des messianischen Weltenmorgens hinein, dann werden in dieser Stille die Kräfte der Heilung und Erneuerung in ihn hineingelegt. – Welche Verheißung liegt auf dieser Stille! Welche Verheißung auch für unser Leben!

„... stand er auf und ging hinaus ...“

In die Stille führt ein *Weg*. Die Stille ist nicht zu finden ohne Aufstand, ohne daß ich aufstehe, mich aus meinem Gehäuse entferne und hinausgehe. Das versuchen wir jedoch aus Eile und Bequemlichkeit nach Möglichkeit zu umgehen. Wir reden von der „Stillen Zeit“ am Morgen, auf der Bettkante, am Frühstückstisch, zwischen Zahnpasta und Marmelade. Wir, die Fast-food-Generation, wollen auch die Stille im Eilverfahren erledigen. Und so betrügen wir uns selbst.

Jesus bleibt nicht in Kapernaum, am Ort seines Wirkens, an seinem „Arbeitsplatz“ gewissermaßen. Er verläßt ihn. Wohnung, Küche, Schreibtisch und Büro – oder wie immer unser Alltags- und Arbeitsort lauten mag – sind nicht der Ort, wo wir zur Stille finden. Denn die Stille liegt nicht innerhalb unserer vier Wände, sie liegt auch nicht vor der Tür, sondern sie liegt draußen in der Ferne, an einem „einsamen Ort“. Das ist wörtlich zu nehmen, dieser topographische Hinweis auf den Gebetsort Jesu. Für Jesus bedeutet das einen stundenlangen Weg. Und ging es nicht in die einsamen Berge Galiläas, sondern im Boot über den See Genezareth ins Ostjordanland, dann waren sechs Stunden Ruderfahrt nötig!

Zur Stille gehört der Weg. Der Ortswechsel. Der Abstand. Der äußere Abstand verschafft inneren Abstand. Man denkt anders, wenn man *woanders* denkt. Man betet anders, wenn man woanders betet. Man sieht und erkennt die Dinge anders, wenn man sie vom *Rand* aus betrachtet. – Was Jesus nötig hatte, kann für uns nicht unnötig sein.

„... an eine einsame Stätte ...“

Die einsame Stätte ist der Ort, wo niemand sonst anwesend ist, wo ich niemandem begegne, wo kein Telefon und keine Türklingel tönt, wo mich niemand und nichts ablenkt.

Das Geheimnis der Einsamkeit ist nicht zu verwechseln mit dem Rückzug in die Privatwelt, in ein paar ruhige Stunden, von denen wir wissen, daß sie uns guttun. Allein lebende Menschen müßten dann in diesem Sinne ihren Bedarf mehr als gedeckt sehen! – Einsamkeit ist die Abkehr von der Welt und die Hinkehr und Einkehr in die Gegenwart Gottes. Sie ist die Rückkehr zur Stunde meiner Geburt und der Vorgriff auf die Stunde meines Sterbens.

Aber was ist dieser einsame Ort, wo finden wir ihn? – Wiederum ist es nicht etwas Beliebiges, daß wir uns Jesus abseits aller Siedlungen, außerhalb aller Häuser, irgendwo unter freiem Himmel in der Natur vorstellen müssen. Das hat nichts zu tun mit Naturfrömmigkeit, mit jenem „Da zieht die Andacht wie ein Hauch durch alle Wipfel leise!“ Es hat aber etwas zu tun mit der Begegnung von Schöpfer und Geschöpf. Die Schöpfung ist Gottes Raum. Sie gewährt uns die *Möglichkeit*, den *Raum* und die *Zeit* zur Einkehr bei Gott.

Das ist nicht gesetzlich zu verstehen. Der Raum der Stille als besonderer Raum in unseren Privat- und Gemeindehäusern ist ebenso wichtig, hilfreich und gut. Die Frage ist nur, warum wir weder die Stille draußen vor den Toren unserer mörderischen Zivilisation suchen, *noch* Räume der Stille innerhalb dieser Tore schaffen. Die meisten Kirchen sind verschlossen. Andachtsräume sind Luxus; man baut heute statt dessen multifunktionale Gemeinderäume. Die Stille vor Gott ist uns weder den langen Weg an einen wirklich einsamen Ort wert, noch ist sie uns eine Kapelle wert, – von einer Kathedrale ganz zu schweigen.

„Kein Raum ist ohne Gott, gewiß, aber offenbar gefällt es Gott, dem alle Gleichmacherei zutiefst zuwider ist, sich an bestimmten Stellen deutlicher zu manifestieren“ (Reinhard Deichgräber)[12].

„Und er ging an eine einsame Stätte und betete dort.“ Die einsame Stätte und das Gebet sind der Ort, wo wir nichts und niemanden mehr haben als alleine Gott, wo wir nackt sind und bloß, so daß Gott uns mit seiner Gerechtigkeit umkleiden kann; wo wir nichts und niemand mehr verlassen können und so erfahren, daß wir nie und nimmer verlassen sind.

„Simon aber und die bei ihm waren, eilten ihm nach ...“

Das liest sich so, als hätten die Jünger kein sehnlicheres Interesse, als an der Erfahrung der Stille und der Gemeinschaft mit Gott teilzuhaben. Oder als pilgerten sie Jesus nach, wie in späteren Jahrhunderten gottsuchende Menschen zu den Wüstenvätern pilgerten. – In Wahrheit aber heißt es im Urtext wörtlich: „Sie spionierten ihm nach“! Noch begreifen sie nichts vom Geheimnis der Stille und werden uns darin zum Spiegel, in dem wir uns selbst erkennen. Noch sind sie völlig gefangen in der Welt der Aufgaben und Pflichten. Ihr Horizont ist der Horizont der Diesseitigkeit, des Pragmatismus, der Zweckrationalität. Aber bald wird Jesus auch sie einweisen und einführen in ein Leben aus der Stille vor Gott (vgl. Markus 6,30–32.45), in den Rhythmus von Arbeit und Stille, von Kampf und Kontemplation, von Geben und Empfangen, in das Gebet als *Unterbrechung der Sachzwänge* und vermeintlichen Pflichten, in den inneren Aufbruch nach vorn: in die messianische Verwandlung des Menschen und der Welt. – Und auch dann noch werden sie damit ihre liebe Not haben und merken, daß ihnen *„der Wind entgegensteht“* (6,48) und sie sich abplagen müssen, das andere Ufer, das Ufer der Einsamkeit und Gottesgegenwart, zu erreichen.

„Und als sie ihn fanden, sprachen sie zu ihm: Jedermann sucht dich!“

Das genau offenbart die Motivation ihrer Suche nach Jesus. Der Ton des Vorwurfs ist nicht zu überhören. Im Klartext heißt das: „Wie kannst du nur!? – Alle Welt sucht dich, braucht dich, ruft nach dir ... – und du gönnst dir Urlaub oder – sei's drum! – den Rückzug in Frömmigkeitsübungen und private Erbauung! Merkst du nicht, Jesus, daß dies eine Stunde ist, in der die Pflicht ruft? Aller Augen warten auf dich! Und außerdem ist dies deine (unsere!) große Chance!“

Es ist fast wie ein ironischer Zug in der ganzen Geschichte, daß da, wo wirklich viel zu tun, überall zuzupacken und vielen unter die Arme zu greifen war, nämlich am vorangegangenen Abend, von der Mitarbeit der Jünger mit keinem Wort die Rede ist – als seien sie gar nicht vorhanden! Aber nun, da Jesus in der Stille die Gemeinschaft mit seinem himmlischen Vater sucht, sind sie das Pflichtbewußtsein in Person!

Ich höre heute viele Christen, viele Mitarbeiter und Mitarbeiterinnen in der Gemeinde über das Übermaß an Aufgaben, Erwartungen und Verpflichtungen klagen: „Wir tun zuviel!", „Wir übernehmen uns!", „Wir können nicht so weitermachen mit unserem bedürfnisorientierten Arbeiten!", „Die Arbeit frißt uns auf!". Nichts scheint uns aber schwerer zu fallen, als wirklich einmal die Arbeit aus der Hand zu geben, klarere Prioritäten zu setzen und uns von Gott für eine Weile gnädig aus dem Verkehr ziehen zu lassen. „Segne unser Tun und Lassen", so beten wir, aber wir glauben an nichts weniger als daran, daß auf dem Lassen, dem Loslassen Segen liegen könnte. Dafür glauben wir um so unerbittlicher an die sogenannten Sachzwänge. Wir hassen zwar die „Schmutzwelle unserer Termine" (Rolf Zerfaß), aber in Wahrheit handelt es sich um eine Haß*liebe*. Vielmehr als unsere eigene Betriebsamkeit fürchten wir möglicherweise, entbehrlich zu sein oder uns ins Abseits gestellt zu sehen. Am Ende sind wir dann zwar reich an Taten, aber arm an Frucht. Wir haben dann zwar viel getan, aber nichts oder wenig verändert.

„Und er sprach zu ihnen: Laßt uns anderswohin gehen . . ."

Ich lese diesen Satz so, daß Jesus hier antwortet: „Ja, wenn das so ist, wie ihr sagt, daß jeder mich sucht, dann wird es Zeit, daß wir weggehen!" Eine ungemein provozierende Antwort. Können wir sie akzeptieren?

Sie offenbart die Sichtweise seines Auftrages, wie sie Jesus offensichtlich soeben im Gebet zuteil geworden ist. *Das* ist es, was in der Einsamkeit, im Abstand, im Einswerden mit Gott geschieht: *Freiheit* von den Erwartungen der Menschen, um ihnen gerade so wirklich dienen zu können. In der Stille entstehen neue Maßstäbe. Ohne inneren Kampf ist das kaum vorstellbar: ohne jenes Sterben und Neugeborenwerden, von dem wir bereits sprachen. Offensichtlich liegt die Hilfe, die Gott schenkt, nicht ohne weiteres auf der Linie der Bedürfnisse, Erwartungen und Vorstellungen der Menschen, die Gottes Hilfe suchen. Das bedeutet nicht, daß Gott diese Bedürfnisse übersieht und übergeht – genau das hat Jesus *nicht* getan. Es bedeutet aber, daß es einen Unterschied gibt zwischen bloßen innerweltlichen Reparaturen und dem heilenden und erneuernden messianischen Wirken Jesu. Und dieses Wirken, das Wirken in dieser Qualität, entsteht nirgendwo anders als „an der einsamen Stätte“ und im Gebet.

Erstaunlich ist die Pointe am Schluß unserer Geschichte: „Und er kam und predigte in ihren Synagogen *in ganz Galiläa* und trieb die bösen Geister aus.“ Was also zunächst aussieht wie Rückzug, wie Abschied vom Dienst, wie das Verpassen eindeutiger Möglichkeiten – das erweist sich zum Schluß als Auslöser weit größerer Ausstrahlung und viel weitreichenderer Hilfe. So ist es eben: dem schöpferischen Tun geht das schöpferische Schweigen voraus. Die Stille ist ein messianisches Atemholen, das zu großen Veränderungen befähigt.

schweigen

es
tropft
und hallt
im innern

von fernher
raunt
der weltverkehr
beleidigt

doch
innen
weitet sich
der enge
höhlenschacht
zum festsaal
der echo gibt
von
andern klängen

DRITTER TEIL

Befreiung zu dankbarer Geschöpflichkeit

was bedeutet ihnen
schönheit
fragte der journalist
hildegard knef
die von schwerer krankheit
gezeichnete

und aus den schatten
ihres gesichtes
kam es hell
„was bedeutet schönheit
gemessen an der gnade
leben zu können?“

singen möchte ich das
lied
vom leben
wohl eingedenk
der schatten
der fragen
der grenzen

gnade aber
ist es auch so
und was gnade ist
ist zu besingen
zu rühmen
hochhinaus

über tiefen
hochhinaus
sing ich
dem schöpfer
droben
tief
drinnen

Vorbemerkung:
In den nachfolgenden Kapiteln geht es nicht um abgerundete Thesen und ausgeführte Konzepte, sondern um An-Sätze, um ein An-Denken von Lebensdimensionen und Lebensbereichen, in denen das Leben als eine unbegreifliche Gabe und Gnade Gottes zum Vorschein kommt und als Aufgabe bewußten Er-lebens und kreativer Gestaltung ergriffen werden will. Aus einer Haltung der Andacht und des Dankes denken wir an, was es heißt, Geschöpf Gottes zu sein. Wir spüren der Frage nach, inwiefern uns die Gabe unserer Geschöpflichkeit zu kindlichem Empfangen und zu königlichem Herrschen aufruft. Im „Empfangen" kommt es zur Dankbarkeit als alles bestimmender Daseinshaltung, und im „Herrschen" geht es um die Ermächtigung zum bewußten, freien Gestalten. Beides setzt das Wissen um den Geist voraus, der selber der schöpferische Gestalter unseres Lebens ist, so wie er uns auch zu Kindern Gottes macht, die Gott „Abba", „Papa" nennen. – Alles Gesagte möchte als Lobpreis verstanden werden, in dem die Freude am Leben wächst und in dem Gott vergegenwärtigt wird. Im Lobpreis lernen wir, alles von Gott her und auf ihn hin zu sehen.

KAPITEL 9

Gestalten als Ausdruck von Geistesgegenwart

Ich erinnere mich an manche Besuche bei Menschen, die einen engen Angehörigen verloren hatten und die ich nun beim Trauergespräch um einer möglichst konkreten und persönlichen Beerdigungsansprache willen nach dem Leben des Verstorbenen fragte. – Es konnte durchaus vorkommen, daß den engsten Hinterbliebenen überhaupt nichts einfiel!

Als Seelsorger weiß ich, daß das verschiedene Gründe haben kann, etwa, daß einfach noch kein innerer Abstand da ist, der das Erzählen und Darstellen eines Lebens erst möglich macht. Aber bisweilen hatte ich doch den starken Eindruck: hier ist gar nichts zu erzählen! Hier ist ein Leben einfach „abgelaufen", im Sande verlaufen, zerronnen. – Ich sage das ohne moralischen Vorwurf. Es ist dies vielmehr ein besonderer Grund zur Klage und zur Trauer um einen solchen Menschen. Sind ihm alle Möglichkeiten der Lebensentfaltung verwehrt geblieben? Hat er sie selbst nicht wahrgenommen? Wir wissen es nicht. Nur mußte ich in solchen Situationen oft an den letzten Satz aus Psalm 1 denken, den *Martin Buber* so übersetzt hat: „... aber der Gottlosen Weg *verliert sich.*" Wie kann ein lange gelebtes Leben so spurlos vergehen?

Diese Frage führt uns zum Thema der Lebens*gestalt*, des gestalteten Lebens. Das Gegenteil zum Leben als Gestaltwerdung würde lauten: „Wie gewonnen, so zerronnen." Das kann es offenbar geben. Man kann ein Leben in Nichtigkeit verbringen, womit nicht gesagt ist, daß nicht auch ein solches Leben umhüllt ist von der Liebe Gottes und sein besonderes Erbarmen weckt. Aber am Beispiel eines zerronnenen Lebens kommen wir zu einer verschärften pneumatologischen Wahrnehmung: zur Wahrnehmung der unterschiedlichen Wirkweisen des Schöpfergeistes. Denn er handelt auf zwei Ebenen. Zunächst auf der rein physisch-kreatürlichen Ebene: er gibt dem Menschen das Leben, das physische Dasein, den lebendigen Leib. Insofern ist auch ein bloßes Dagewesensein nicht möglich ohne den schöpferischen Anhauch des Geistes Gottes. Auf einer zweiten Ebene geht es aber um mehr als um bloßes Existieren: um Gestaltwerdung. Und Gestaltwerdung ist Ausdruck von *Sinn*. Es entsteht eine *erzählbare Geschichte*, ein unverwechselbares Wesen, ein Charakter, ein Bild, eine beschreibbare und bedeutungsreiche Gestalt. Wo das Leben Sinn und damit Gestalt gewinnt, wird es zu einer Botschaft und zu einem Dienst, wird es zu einem Zeugnis und Hinweis, das über sich hinausweist. Geistgewirkte Lebensgestalt bedeutet: das Leben eines Menschen empfängt eine Form, eine Struktur, ein *Antlitz*.

Das Geheimnis der Gestaltwerdung des Lebens kann man sich an den Schöpfungsaussagen der Bibel verdeutlichen. Hier wird erkennbar, daß Gottes schöpferisches Handeln auf Gestaltwerdung zielt und nicht auf bloße Existenz. Wir berühren dabei noch einmal grundlegende biblische Erkenntnisse aus Kapitel 2. Zunächst heißt es: *„Da machte Gott der Herr den Menschen aus Erde vom Acker und blies ihm den Odem (= Geist) des Lebens in seine Nase. Und so ward der Mensch ein lebendiges Wesen"* (Genesis 2,7). Der Schöpfungsakt ist ein Akt der Gestaltung und Gestaltwerdung. Der Gegensatz zu „Gestalt" ist der ungeformte Erdkloß, die amorphe Masse, der Klumpen. Wo Schöpfung einsetzt, kommt es zur Gestalt. Gott begegnet im Bild des Kunsthandwerkers; mehr als einmal wird er in der Bibel als „Töpfer" beschrieben.

Nun geht aber Gottes Schöpfungsgeschichte mit dem Menschen weiter: er schafft für den Menschen eine Um- und Mitwelt und überträgt ihm dafür sogleich ein Mandat von außerordentlicher Würde: den Auftrag zur Namensgebung aller Geschöpfe. Namensgebung ist ein Herrschaftsakt. Der sich im Auftrag Gottes betätigende Mensch entdeckt sein Wesen und wird zum *Mitgestalter* einer nicht endenden

Schöpfungsgeschichte, zum Taufpaten gewissermaßen, der die Namenlosigkeit des bloß Vorhandenen, bloß Existierenden überwindet. Dieser Herrschaftsakt ist gemeint, wenn im ersten Schöpfungsbericht der Mensch „Gottes *Bild*" genannt wird (Genesis 1,27). Der Herrschaftsakt wird dort umschrieben mit den Worten „fruchtbar sein und sich mehren", „die Erde füllen und sie sich untertan machen".

Das ist der Mensch: Gestalt und Gestaltgeber, Bild Gottes und Namengeber. Denkwürdig ist dabei im ersten Schöpfungsbericht der Zusammenhang von „Wort" und „Bild". So wie der Mensch in Genesis 2 durch den Atem Gottes von einem Klumpen zur Gestalt wird, so wird er hier durch das *Wort* Gottes zum *Bild* Gottes. Das Wort Gottes wird Fleisch und im Fleisch zum – Bild Gottes. Dies ist die einzige Stelle, an der das Judentum das „Bild" gelten läßt: als Bild in Form von Lebensgestalt, die auf Gott hinweist und etwas von Gott abbildet. „Bild" sind wir, indem wir selber zum Bildner werden. Zur Gestalt kommt es durch Gestaltung. Das ist der tiefste Grund, warum Lebensgestaltung Geistesgegenwart bedeutet. In der Gegenwart des Geistes wird das Bild lebendig und die Gestalt zur Geschichte, die Gott widerspiegelt und in sich aufnimmt. Es ist von schlüsselhafter Bedeutung für das biblische Verständnis von Gottes Geist, daß er immer zugleich *am* bzw. *im* Menschen wirkt und *durch* bzw. *mit* dem Menschen. Passives Empfangen und Ermächtigung zu aktivem Tun durchdringen sich vollständig. Darum ist Lebensgestaltung immer gleichzeitig ein Wirken des Geistes in uns und ein geistgemäßes Wirken von uns selbst. Das liegt daran, daß wir durch das Wirken des Geistes nicht zu Objekten, sondern zu befreiten Subjekten werden. Das meint der erstaunliche und bisweilen mißverstandene Satz in Genesis 1, daß wir im Leben *herrschen* sollen. Dieses Mandat verleiht unserem Leben Gestalt. In seiner Wahrnehmung gestalten wir unser Leben und das Leben in dieser Welt.

Es hat vielleicht selten eine Epoche vor uns gegeben, in der die Möglichkeiten freier Lebensgestaltung so unbegrenzt waren wie in unserer modernen westlichen Zivilisation. Und zugleich war noch keine Zivilisation ein solcher Angriff auf Gestaltwerdung des Lebens wie die unsere. Eine erschreckende Paradoxie, die nicht aufzulösen ist! Unsere technische Zivilisation hat zur Auflösung fast aller Strukturen, Formen und Traditionen geführt, die das Leben des einzelnen formgebend prägten. Wir sagten bereits: Der Individualismus, der unsere Kultur prägt, hat alle Formen möglich gemacht; aber er hat auch alle Formen zerstört. Die Industrialisierung und Technisierung des Lebens hat darüber hinaus den Menschen in eine entsetzliche

Entfremdung von der Natur, von der Mitschöpfung hineingestoßen. Das Leben ist machbar geworden und damit künstlich. Unser Leben trägt ein Plastikgesicht. Die Rhythmen und Zyklen des geschöpflichen Lebens sind außer Kraft gesetzt. Mit der beginnenden Industrialisierung wurden die Rhythmen der Schöpfung, die Rhythmen der Jahreszeiten und der Tageszeiten von den Fabriksirenen abgelöst. Heute bestimmen Steckkarte und Rush-hour den Takt. Alles andere rutscht in die Beliebigkeit und ist unseren Augenblicksbedürfnissen ausgeliefert. Nächte werden zum Tag, im Winter kann man den sonnigen Süden aufsuchen, Trauer und Leid werden nur noch in Therapiezentren, Spezialkliniken oder hinter verschlossenen Türen zugelassen; der Alltag wird zum Sonntag, während man den Sonntag verschläft; die Gemeinschaft der Generationen ist aufgekündigt, und Beziehungen hängen in der Luft. Der Rest sind unvermeidbare Zwänge.

In einer solchen Kultur muß sich erweisen, ob hinter dem biblischen Zeugnis von der Schöpferkraft des Geistes eine Realität steckt. Schöpfung ist biblisch gesehen immer voraussetzungslos. Gottes Geist ist nicht auf günstige Umstände angewiesen. Ja, mehr noch: Schöpfung versteht das Alte Testament strenggenommen nicht als „Schöpfung aus dem Nichts“, sondern als „Schöpfung aus dem Chaos“. In das Ungeformte hinein fährt der Geist und stellt seine kreative Potenz unter Beweis. Wo der Geist weht, entsteht ein Kosmos inmitten des Chaos, entsteht lebendige Gestalt inmitten amorphen und toten Stoffes. Das ist die Dynamik und Ästhetik der Schöpfung als Gestaltwerdung.

Beziehen wir das alles auf unser eigenes Leben, um zu Konkretionen zu kommen, dann ist eine Voraussetzung zu klären, ohne die wir nicht zu einer schöpferischen Lebensgestaltung in der Kraft des Geistes gelangen können. Diese Voraussetzung ist die fundamentale Wechselbeziehung von Innenwelt und Außenwelt bei uns Menschen. Diese Wechselbeziehung besagt, daß unser Inneres und unser Äußeres, also unsere psychische Innenwelt und unsere äußeren Lebensbedingungen bzw. unsere äußere Lebenswelt, aufeinander Einfluß haben. Zum einen ist unsere äußere Lebensgestalt Spiegelbild und Produkt unseres inwendigen Lebens. Aber das alleine ist nicht die Wirklichkeit. Das wäre *platonisch* gedacht. Es gilt zugleich das Umgekehrte: Unsere äußeren Lebensbedingungen bestimmen auch unser inneres Menschsein. Würde man *diese* Seite absolut setzen, hätte man den *marxistischen* Ansatz. *Biblisch* gesehen gelten *Schöpfungs*kategorien. Sie wissen um den Zusammenhang von innerem und äußerem Kosmos. Darum bedürfen unser inneres und unser äußeres Leben gleichermaßen der Gestaltung. Das Leben gestalten muß darum heißen:

- Ich muß zu mir selber kommen in der Gegenwart Gottes,
- ich bedarf der Begegnung mit einem „Anderen", einem „Du", einem Gegenüber, das prägend auf mich einwirkt,
- ich muß die profansten und materiellsten Bereiche des Alltags, also meine Außenwelt, bis in die Details einem gestaltenden Wollen unterziehen.

Diese Korrelation von innen und außen läßt sich beispielsweise in folgenden Sätzen aussagen – und damit entsteht bereits ein „Prospekt" der Lebensgestaltung:
Räume gestalten mich. Ich gestalte Räume.
Beziehungen gestalten mich. Ich gestalte Beziehungen.
Lebensstadien gestalten mich. Ich gestalte meine Lebensstadien.
Alleinsein gestaltet mich. Ich gestalte mein Alleinsein.
Mein Leib ist meine Gestalt. Ich „gestalte" meinen Leib.
Pflichten gestalten mich. Ich gestalte meine Pflichten – usw. usf.

Wenn das begriffen ist, dann merken wir, daß unser Thema der „Lebensgestaltung als Ausdruck von Geistesgegenwart" therapeutische Relevanz hat: Die meisten Lebensprobleme hängen mit einem unterentwickelten Willen oder mit nicht erlernter Fähigkeit zu kreativer, schöpferischer Gestaltung zusammen.

Doch um das alles nicht nur auf einer abstrakten Ebene bewußtzumachen, greifen wir nun zu Beispielen: Ich wähle diese Beispiele ohne irgendeine Systematik, um auf ganz unterschiedlichen Ebenen zu zeigen, was Lebensgestaltung bedeutet und inwiefern sie ein schöpferisches Leben ist, in dem sich der Geist als Lebenskünstler verherrlicht und in dem *wir* den Geist in der Liebe und Leidenschaft zur Gestaltung unseres Daseins verherrlichen.

Trauer im Festgewand

Wir beginnen mit einem prekären Beispiel, nämlich mit einer menschlichen Krisensituation sondergleichen, um die Kraft geistgewirkter Gestaltung anschaulich zu machen: Ein Mensch trauert um einen seiner liebsten und engsten Gefährten! Es ist ein Zustand eingetreten, den ein alttestamentlicher Psalmbeter in die Worte kleiden würde: „Verdorrt sind alle meine Gebeine!" Ein Lebensnerv ist durchschnitten, die Lebensfreude verronnen, Sinnlosigkeit und existentielle Leere breiten sich aus. – Sind da nicht alle Aufrufe zur „Gestaltung des Lebens" blanker Hohn?

Erstaunlich ist zunächst, daß ein trauernder Mensch, der einen erschütternden Beziehungsverlust hinnehmen muß, im Kreise seiner Freunde und Angehörigen schlagartig tiefe Ehrerbietung, Zuwendung und Würde empfängt! Vielleicht ist er nie zuvor von soviel Respekt, Beachtung und Liebe umgeben gewesen. Zugleich kommt es im Prozeß der Trauer zu einem hochentwickelten und komplexen System von Ritualen. Das Gefühl, in einen Abgrund zu stürzen, wird geradezu mit einem kulturellen Kunstwerk von Inszenierungen sozialer und ritueller Art aufgefangen. Man trägt eine bestimmte Kleidung am Tag der Beisetzung. Es ist *Fest*kleidung (bei uns schwarz, in anderen Kulturen weiß). Ein Gottesdienst wird abgehalten für diesen einen Verstorbenen. Blumen und Kränze bergeweise – keine Hochzeit ist mit einer solchen floristischen Pracht versehen! Und dann der berüchtigte „Leichenschmaus" – ein festlicher Akt im Angesicht des Todes, tiefes Symbol von Lebensbejahung.

Natürlich sind diese Formen heute auf das Nötigste reduziert. Das ist die Konsequenz unserer knapp beschriebenen industriellen Zivilisation. Aus meiner Kindheit könnte ich Trauerrituale beschreiben, die von einer bewegenden und tief therapeutisch wirksamen Gestalt waren! – Ich frage nur: warum am Ort der Sinnlosigkeit, der Trauer, der Verzweiflung das Aufgebot eines – Festes? Offensichtlich wird die *Bürde* mit *Würde* umkleidet! Alles wird inszeniert, damit es nicht zum Zerbrechen, sondern zum Sich-Aufrichten kommt. Jedoch geben die gesellschaftlichen Konventionen, die die Trauerrituale bedeuten, uns nur einen ersten eindrucksvollen Hinweis darauf, daß das *Negative schlechthin* eine ungemeine Gestaltungskraft nötig und möglich macht.

In einer Zeit des verdrängten Todes, der zu überspielenden Trauer und der wegrationalisierten Formen der Trauerarbeit kommt jetzt alles darauf an, daß wir den verlorengegangenen Gestaltungswillen wiedergewinnen und gefüllte Formen finden! Die paradoxe Nähe von Trauer und Fest, von Bürde und Würde, von Verzweiflung und Achtung ermöglicht uns die Einsicht in die Möglichkeit und Notwendigkeit gestalteter Trauerarbeit, in der dem Tod standgehalten, der Tote geehrt und das eigene Leben wiedergewonnen wird. Die „Ästhetik von Trauerritualen" sollten wir nicht sarkastisch kommentieren, denn sie weist uns auf die Möglichkeit geschöpflicher Daseinsbewältigung hin.

Im Akt der bewußten Trauer und des gestalteten Trauerprozesses wird ein „festlicher Rand" offenbar, der auf die lebensgewährende Kraft des Geistes verweist.

Das alte Ehepaar im Park

Ich gehe durch den Stadtpark und erblicke ein altes Ehepaar, das sich liebevoll bei den Händen hält wie ein verliebtes junges Paar. Ein Bild von tiefer Liebe und Verschmelzung zweier Lebensgeschichten. Ich sehe die runzeligen Landschaften ihrer Gesichter – und meine fast, daß sie sich ähnlich sehen. Wie kommt es zu solcher Schönheit, die weit erhaben ist über die lust- und jugendbetonten Fotos auf der Plakatwand gegenüber?

Immer mehr Menschen meinen heute, alles, was währt, sei dem Zahn der Zeit ausgeliefert. Je länger eine Beziehung dauert, desto weniger lebendig und echt könne sie eigentlich sein. Die gängige Perspektive ist eigentlich die: Zuerst hat man Mühe, den richtigen Partner zu finden, und wenn man ihn dann endlich gefunden hat, dann macht es Mühe, das Zusammenleben zu gestalten und sich gegen die Kräfte der Abnutzung zu behaupten. Routine und Selbstverständlichkeit, Gedankenlosigkeit und Langeweile sind scharfe Attacken auf jede Form von verbindlicher Gemeinschaft. – Die Verheißung, die auf der Ehe ruht, ist aber die, daß sie zum Kunstwerk wird. Im Horizont der Kunst bedeutet sie harte Arbeit und Schönheit, steiniger Acker und ein Stück wiedergefundenes Paradies. Dabei darf der Faktor „Zeit" auf keinen Fall, wie es üblich ist, als Negativum veranschlagt werden. Ein Kunstwerk braucht nämlich Zeit, und zwar viel Zeit. Nur Kitsch läßt sich schnell herstellen. Die Zeit ist für gestaltete Beziehungen nicht der Zerstörer, sondern ein höchst notwendiger Faktor: je länger, desto tiefer und reicher kann eine Beziehung erfahren werden. Sie reift, wie alter Wein gereift ist. Doch fehlt dieser Metapher die aktive Seite. Denn es ergibt sich nicht von selbst, daß das alte Ehepaar noch Hand in Hand durch den Park geht. Gestaltung im Horizont des Kunsthandwerks heißt für die Bewahrung und Bewährung von Beziehungen: auf Polarität achten! Nur zwischen zwei Polen kann sich eine Spannung entwickeln, die die Beziehung bleibend spannend macht und damit auch belastungsfähig. Diese Pole lauten:

Nähe und Distanz,
Alleinsein und Beisammensein,
Feiern und Arbeiten,
Vergangenheit erinnern und Neues planen,
gute Gewohnheiten pflegen und gelegentlich etwas Verrücktes tun,
Rituale schaffen und Rituale sprengen,
füreinander dasein und ein übergeordnetes Ziel haben.

Es handelt sich bei der Gestaltung von Beziehungen immer um die Polarität von *Struktur* und *Bewegung*. Wenn diese Polarität nicht gepflegt und gestaltet wird, ist das Ergebnis entweder die erstarrte Form oder die Bewegung voneinander weg.

Die eingeholte Zeit

Über den schöpfungsgemäßen Umgang mit der Zeit werden wir im folgenden Kapitel eigens nachdenken müssen. Aber ein Aspekt soll uns jetzt schon zu denken geben, da wir über „Gestalten als Geistesgegenwart" nachdenken. Denn auch die Zeit ist Gestaltungsaufgabe. Was wir allgemein über die „Zeit" sagen, verrät ein besonders erschreckendes Maß an Gottvergessenheit. Wir betrachten die Zeit als ein namenloses Ungetüm, eine Art reißenden Strom, der uns fortschwemmt in schwindelerregendem Tempo. Wir reden von ihr wie von einem mythischen Wesen, das „fliegen", „eilen", „davonjagen" kann und uns dabei mitreißt wie ein wildgewordenes Pferd, das seinen Reiter zwar abgeworfen hat, aber im Fortsprengen noch irgendwie hinter sich her durch den Staub schleift. Man kann sich ihrer nicht bemächtigen, noch ist sie zu „zügeln". Diesem heidnischen Denken stellen wir einen anderen Umgang mit der Zeit entgegen: die *zyklisch* gestaltete Zeit. Im Rhythmus zyklischer Zeitgestaltung wird die Zeit „eingeholt" und „angehalten". Dies geschieht in Form der „Vergegenwärtigung vergangener Zeit", und das bedeutet im Klartext zum einen: durch *Erinnern*, zum andern: durch *Feiern*. In der Erinnerung und in geschichtsbezogenen Festen gehen wir mit der Zeit um und verfügen über sie. Banalste Beispiele sind der Geburtstag und der Altjahresabend. Dies sind die wenigen Relikte eines vergegenwärtigenden und geistesgegenwärtigen Umgangs mit vergangener Zeit, falls sie entsprechend gestaltet und wahrgenommen werden. Alle alten Kulturen der Welt brachten eine Ordnung zyklischen Lebens hervor, das entweder am Naturkreislauf, also an den Jahres*zeiten*, oder an geschichtlichen Ereignissen haftete. Mitten im Fluß der Zeit findet auf der Ebene der Wahrnehmung eine „Wieder-Holung" von Zeit statt. Und mit der Zeit wird auch das Geschehen, das diese Zeit ausmachte, wiedergeholt. In der Zeitspanne solchen Gedenkens wird die gerade verlaufende Zeit, also die augenblickliche Gegenwart, gefüllt mit der wiedergebrachten Vergangenheit. So wird die Zeit ihres Mythos als eines höchst flüchtigen Gespenstes entkleidet und immer wieder neu erlebt. Darum ist im Alter das Erinnern, Erzählen und Gedenken so wichtig!

Eine gesteigerte Form der erinnernden Vergegenwärtigung der Vergangenheit ist das Fest. Es ist nicht nur ein Innehalten, Wahrnehmen und Vergegenwärtigen, sondern es ist *gefeiertes Nacherleben*. Und je verbindlicher der Festtagskalender und die „Kunst der Erinnerung" in einer Gesellschaft oder im persönlichen oder familiären Leben eingeübt ist, desto geistesgegenwärtiger leben wir. In jedem festlichen (oder auch trauernden oder bußfertigen) Gedenken verdoppelt sich die Zeit, an die gedacht wird. Nichts ist in unserer struktur- und traditionsarmen Zeit wichtiger für den gestaltenden Umgang als diese „Kultur des Nachempfindens und Nacherlebens" im Rhythmus eines festgelegten Zyklus. Im Zyklus macht das lineare Zeitgefälle sozusagen eine Schleife, Vergangenes kommt aus dem Grab, Verflogenes kehrt zu uns zurück. Eine zyklische Ordnung des Gedenkens und des Feierns macht uns zum Bezwinger der zerrinnenden Zeit. Sie führt zu einer Lebensvertiefung, wenn wir sie recht und geistesgegenwärtig gestalten. In einer wiedergewonnenen zyklischen Lebensgestalt gelangen wir dahin, daß wir nicht nur mit der Zeit gehen (und vergehen), sondern daß die Zeit mit *uns* geht. Wir bestimmen vielleicht nicht das Tempo, aber wir bestimmen den Takt und setzen im Erinnern, Gedenken und Feiern die Wiederholungszeichen.

Drei Lebensdimensionen haben wir probeweise auf ihre Gestaltbarkeit befragt: die Erfahrung von Trauer, das Leben in Beziehungen und den Umgang mit der Zeit. Mehr als Beispiele und Anregungen zum eigenen Gestalten können wir uns nicht vornehmen. Es geht aber um Chancen, die die Gegenwart des Geistes uns auf allen Lebensfeldern eröffnet. Der Umgang mit Einsamkeit, mit Krankheit, mit Gaben, mit Grenzen, mit der Arbeitswelt, mit Wohnung und Lebensraum ... – keine dieser Dimensionen ist dem Geist verschlossen und muß seiner Kraft entbehren, die uns zu gestaltender Kreativität befähigt, damit unser Leben den Schöpfer preist.

KAPITEL 10

Die Gabe der Zeit

Ich habe soeben beschlossen, dieses Kapitel genau an diesem Abend zu beginnen. Denn ich kämpfe seit einigen Stunden mit einer leichten Panik, weil mir die Zeit wegläuft. Das ist natürlich ein Satz und eine Denkweise, die zu widerlegen genau der Sinn dieses Kapitels ist!

Also: Ich habe heute nachmittag, als ich von einer Dienstreise zurückkam, in meinen Terminkalender geschaut und mit Erschrecken festgestellt, daß ich das Buch unmöglich bis zum 31. Dezember zum Abschluß bringen kann. So hatte ich es aber geplant. Denn am 2. Januar beginnt bereits eine Tagung, und damit geht mein üblicher Dienst weiter, der ja nicht aus stillen Stunden zum Bücherschreiben besteht.

Nun habe ich ja in den vergangenen Jahren schon einiges dazugelernt. Ich kämpfe schon seit langem darum, mich nicht mehr von vorgegebenen oder selbstproduzierten Terminzwängen tyrannisieren zu lassen und eine andere Art von Zeiteinteilung zu lernen. Ein Zeichen dafür ist, daß wir für heute nachmittag einen ausgedehnten Familienbummel über den Weihnachtsmarkt geplant hatten. Aber eins der Kinder liegt seit heute morgen mit Darmgrippe im Bett. Der Weihnachtsmarktbummel fällt aus; statt dessen verbringe ich den Nachmittag mit Telefongesprächen und zahllosen Kleinigkeiten, die zu erledigen sind.

Zur inneren Sammlung, um weiterschreiben zu können, bin ich also bislang heute nicht gekommen. In wenigen Tagen ist Weihnachten und bald darauf Altjahresabend – und mir fehlen noch acht Kapitel. Die Tagung Anfang Januar könnte ich zur Not streichen, enttäusche damit aber andere Leute und bringe sie in Verlegenheit. Und bis Ostern liegen alle Termine und Verpflichtungen fest. Außerdem wird Anfang Januar der Verlagsprospekt gedruckt mit der Ankündigung des Buches, und damit stehe ich unter Zugzwang.

Jetzt geht es um die „Kunst zu leben"! Um die Fähigkeit, mein Leben und meine Zeit zu gestalten und als überreiche Gaben Gottes an mich anzunehmen und damit richtig umzugehen. Aber Theorie und Praxis prallen wieder einmal hart aufeinander. Die „Tage in der Wüste" müßten eigentlich hier und jetzt fruchtbar werden! Habe ich etwas dazugelernt?

Vorhin habe ich mir erst einmal Zeit genommen zum Gebet. Als ich Amen gesagt hatte und mir gerade meine Pfeife stopfte, um endlich ans Nachdenken und Schreiben zu gehen, klingelte es an der Wohnungstür: jemand bat um ein „kurzes Gespräch". Es hatte die Kürze von einer Stunde. – Jetzt ist es schon spät abends. Gleich wird meine Frau von einer Gemeindeveranstaltung nach Hause kommen, und wir sollten wenigstens noch eine Runde plaudern, nachdem ich wieder einmal tagelang auf Dienstreise war. Morgen früh habe ich einen Arzttermin, und am Nachmittag ist kurzfristig eine Sitzung anberaumt worden. „So laufen mir die kostbar freigehaltenen Tage weg" –

sagt mein Inneres. Ich verspüre ein herrliches Krampfgefühl in meiner Magengegend.

Pause. Nachdenken.

In Ruhe überlegen und beten.

– Und nun beschließe ich folgendes:

Erstens werde ich die noch fehlenden Kapitel in aller Ruhe, eins nach dem andern, in Angriff nehmen, und jedes einzelne Thema gründlich meditieren, bevor ich schreibe. Ganz egal, wie weit ich bis Silvester komme.

Zweitens: Wenn ich am Jahresende nicht fertig bin, überlege ich erst *dann*, wie es weitergehen soll; vorher nicht.

Drittens: Ich nehme meiner Familie um des Buches willen keine Stunde Zeit weg. Die Weihnachtsgeschenke, die ich mit den Kindern im Keller bastele, werden weitergebastelt. Und auf den Weihnachtsmarkt gehen wir auch noch.

Viertens: Ich lege nicht nur meine Sorgen beiseite, sondern schlage die Bibel auf. Ich möchte lauschen, was sie über die Zeit sagt. Und das möchte ich in diesem Kapitel zur Sprache bringen, um daran zugleich ein Stück mehr für mein eigenes Leben zu lernen. Denn ich möchte *sein*, was ich *sage*, und *tun*, was ich *erkenne*. Veni Creator Spiritus! Und nun Schluß für heute. Morgen geht's weiter.

Prediger 3,1–14:
Alles hat seine Zeit

„Ein jegliches hat seine Zeit, und alles Vorhaben
unter dem Himmel hat seine Stunde:
geboren werden hat seine Zeit,
sterben hat seine Zeit;
pflanzen hat seine Zeit,
ausreißen, was gepflanzt ist, hat seine Zeit;
töten hat seine Zeit, heilen hat seine Zeit;
abbrechen hat seine Zeit, bauen hat seine Zeit;
weinen hat seine Zeit, lachen hat seine Zeit;
klagen hat seine Zeit, tanzen hat seine Zeit;
Steine wegwerfen hat seine Zeit,
Steine sammeln hat seine Zeit;
herzen hat seine Zeit,
aufhören zu herzen hat seine Zeit;
suchen hat seine Zeit, verlieren hat seine Zeit;

behalten hat seine Zeit, wegwerfen hat seine Zeit;
zerreißen hat seine Zeit, zunähen hat seine Zeit;
schweigen hat seine Zeit, reden hat seine Zeit;
lieben hat seine Zeit, hassen hat seine Zeit;
Streit hat seine Zeit, Friede hat seine Zeit.
Man mühe sich ab, wie man will, so hat man keinen
Gewinn davon.
Ich sah die Arbeit, die Gott den Menschen gegeben hat,
daß sie sich damit plagen.
Er hat alles schön gemacht zu seiner Zeit, auch hat er die Ewigkeit
in ihr Herz gelegt; nur daß der Mensch nicht ergründen kann
das Werk, das Gott tut, weder Anfang noch Ende.
Da merkte ich, daß es nichts Besseres dabei gibt
als fröhlich sein und sich gütlich tun in seinem Leben.
Denn ein Mensch, der da ißt und trinkt und hat guten Mut bei all
seinem Mühen, das ist eine Gabe Gottes.
Ich merkte, daß alles, was Gott tut, das besteht für ewig;
man kann nichts dazutun noch wegtun.
Das alles tut Gott, daß man sich vor ihm fürchten
soll.“

Mein soeben beschriebenes Theorie-Praxis-Problem kennt also der Prediger auch! Das tröstet mich schon einmal außerordentlich! Denn er sagt: *„Ich sah die Arbeit, die Gott den Menschen gegeben hat, daß sie sich damit plagen!“* Das ist die „Praxis“, das ist meine Realität, unter der ich leide. Und dann fährt er fort: „Er hat alles *schön gemacht (!) zu seiner Zeit, auch hat er die Ewigkeit in ihr Herz gelegt!“* Das ist die „Theorie“! – Theorie?? Das ist die *Verheißung*, die hier und heute gilt! Der *Zuspruch* angesichts meiner „Plage“: „alles schön gemacht . . .!“ „die Ewigkeit im Herzen . . .!“ – Ich beschließe, das zu glauben und mich davon bestimmen zu lassen. Die Ewigkeit im Herzen – das verwandelt die Plage der Arbeit in Schönheit. Wir sind bei unserem Thema: dem Thema der Lebenskunst! Damit Gott im Leben und das Leben in Gott schön werde!

Der „Prediger“ in unserer Zeit

Als Kohelet dieses großartige Stück über die Zeit schrieb – ein Stück Weltliteratur so gut wie eine seelsorgerliche Sprechstunde unter vier Augen –, da kannte er unsere Zeit nicht. Aber hätte er sie gekannt, dann hätte er sicherlich dieses Kapitel erst recht geschrieben. Ich frage mich, ob es je schon einmal eine Kultur und eine Epoche gegeben hat, die einen solchen Zeit-Fetischismus kannte, wie wir ihn in unserer westlichen Zivilisation pflegen. „Ich will alles, ich will alles, und zwar sofort, eh' in mir der letzte Traum zu Staub verdorrt", singt *Gitte Haenning*. Wo wir alles wollen, und zwar sofort, ist für nichts mehr Zeit, kann nichts mehr wachsen, nichts mehr reifen. Seelenlosigkeit greift um sich, das Leben wird zum Schnellbaukasten.

Je mehr man zur gleichen Zeit erledigen und erleben will, um auf diese Weise die Zeit am besten zu nutzen, desto mehr läuft sie einem weg. Je mehr Zeit man spart, desto weniger hat man bekanntlich. Das ist uns nicht erst seit *Michael Endes* „Momo" klar. Nur helfen uns unsere gelegentlichen Einsichten noch nicht, unser Rush-hour-Dasein zu verlernen und einen neuen Umgang mit der Zeit zu erlernen. Denn wir stecken ja in einem System drin: im System organisierter „Zeit-Losigkeit" und verordneten Zeitmangels! Die Zeit läuft uns davon, wir laufen hechelnd hinterher und verlieren uns dabei selbst. Zwar kennen wir die Bestürzung über diesen Tatbestand und wissen dieser Bestürzung mit einer perfekt eingeübten Klageliturgie Ausdruck zu geben, sind aber gleichzeitig auf unsern Zeitmangel mächtig stolz. Streß wird zum Statussymbol. Obwohl wir also ständig über unseren „Streß" klagen, ärgern wir uns zugleich über alles, was lange dauert und worauf man warten muß. „Warten" bezeichnete *Christoph Blumhardt* noch als „eine große Tat"; für uns ist Warten ein Alptraum. Darum bemühen wir uns um möglichst viel Gleichzeitigkeit, wodurch freilich alle Zeiten gleich werden. Nichts hat mehr *seine* Zeit. Vorfreude wird damit zur sinnlosen Wartezeit und Erinnerung zur Zeitverschwendung. Wir haben aus Zeitmangel die Jederzeit-Zeit erfunden: Weihnachten gibt's Osterglocken und im Sommer Gletscherski.

Der alttestamentliche Prediger, der, wie gesagt, das Ausmaß unserer barbarischen Zeitzerstörung nicht von ferne gekannt hat, hat dennoch darüber schon das angemessene Urteil gefällt:

„Auch weiß der Mensch seine Zeit nicht,
sondern wie Fische gefangen werden
mit dem verderblichen Netz,
und wie die Vögel mit dem Garn gefangen werden,
so werden auch die Menschen verstrickt
zur bösen Zeit" (9,12).

Dieser Zeitverfallenheit stellt er seinen großartigen Hymnus auf die Zeit gegenüber. Was lernen wir darin?

Zeit ist ein Geschenk

Der weise Mann aus Israel sagt zunächst ganz schlicht und bestimmt, daß Zeit *da ist*. Sie ist vorhanden. Nicht flüchtig und nichtig, sondern in ruhiger Präsenz. Sie ist genauso da, wie Bäume und Tiere, Berge und Flüsse, Tag und Nacht da sind: als Schöpfungswerke und Schöpfungsgaben Gottes. Denn auch die Zeit ist von Gott geschaffen. Sie gehört zu seinen Schöpfungswerken und Schöpfungsgaben. Und so, wie er in die ganze Schöpfung einen fast unvernünftigen Überfluß hineingelegt hat, so hat er auch nicht mit der Zeit geknausert: alles hat seine Zeit. Das heißt: zu allem, was auf Erden geschieht und geschehen soll, hat Gott die Zeit dazugegeben. Sie ist Mitgift des Schöpfers. Wenn er das Leben gibt, gibt er dem Leben auch Zeit.

Freilich keine unbegrenzte! „Ein jegliches hat seine Zeit" heißt auch: (nur) eine *bestimmte* Zeit. Es ist *begrenzte*, aber darin gerade echte, gebotene und erlaubte Zeit. Wenn etwas an der Zeit ist, dann darf es Vorrang haben vor dem Unzeitgemäßen, das sich davor- oder dazwischenschieben will. – Hier hören wir die göttliche Erlaubnis, „heute" zu sagen! Weil alles seine *bestimmte* und damit auch *endende* Zeit hat, darum sollen wir die Gegenwart nicht an die Vergangenheit oder an die Zukunft verraten und verkaufen. Geistesgegenwärtig wäre, wenn wir dem, was an der Zeit ist, seine Zeit gönnen.

Wenn alles seine bestimmte, begrenzte, einmalige und darum nötige Zeit vom Schöpfer zugedacht bekommt, dann ergeht mit der Zeit auch die Erlaubnis! Es ist nun dieses Bestimmte wirklich dran. Das gilt, meint der Prediger, sogar für Haß und Liebe, Streit und Frieden. Es gibt einen Streit, der jetzt sein muß, damit die kommende Zeit dem Frieden zukommt. Und der Zorn, der nicht seine Zeit bekommt, kann zum unbegrenzten, nicht endenden Haß führen.

Die geschenkte Zeit ist aber schließlich auch die *unverfügbare* Zeit. Das macht Kohelet gleich zu Anfang deutlich, wenn er sagt: *„Geboren werden hat seine Zeit, sterben hat seine Zeit"* (V.2). Beides steht außerhalb der Verfügungs- und Entscheidungsgewalt des Menschen. Er *empfängt* seine Zeit, in der er zugleich sich selbst empfängt. So kommt auch alle notwendige Lebensplanung an eine Grenze. Diese Grenze setzt Gott in seiner Freiheit. Das Geheimnis der Zeit und des Zeit-Habens wird von hieraus betrachtet zum Geheimnis des Empfangens. Nur ein Empfangender hat Zeit. Ich kann mir also die Zeit nur nehmen, weil sie mir gegeben ist. Ist sie mir gegeben, dann soll ich sie mir aber auch nehmen! Nehme ich sie mir nicht für das, was jetzt dran ist, um auf diese Weise Zeit zu gewinnen, verliere ich diese Zeit. Und verlorene Zeit holt niemand zurück. Zeit rückt damit in den Horizont der Gelegenheit. Das ist der zweite Gesichtspunkt, unter dem dieser Text zu lesen ist:

Zeit als Gelegenheit

Im hebräischen Denken ist „Zeit" nicht ein Ding an sich. Sie geht nicht einfach wie ein eigenständiges Wesen ins Land, wie wenn man einen Faden von einer Spule abwickelt. Sondern Zeit wird hier immer verstanden als „Zeit für etwas", als *Gelegenheit*! So gibt es zwar gute Zeiten und böse Zeiten – aber keine „leeren" Zeiten. Wenn nichts geschieht, dann hat im hebräischen Denken auch keine „Zeit" stattgefunden. Zeit ist dafür da, daß sich etwas ereignet. Zeit ist Handlungsspielraum für Gott und Mensch!

Daher verbindet Kohelet in Kapitel 3 immer das Wort „Zeit" mit einem Aspekt gelebten Lebens. Zeit will gelebt sein. Und nicht totgeschlagen oder vertrödelt. Und auch nicht überladen mit tausend Dingen, die gleichzeitig zu geschehen hätten. Rastlosigkeit und Langeweile sind die beiden Extreme, in denen die Gabe der Zeit verspielt wird. Wer also z.B. Langeweile hat, hat zwar Zeit, viel zuviel Zeit, – aber es ist nicht gelebte, sondern *tote* Zeit, verdorbene Zeit, verpaßte Gelegenheit. Langeweile ist das Ergebnis von Blindheit und Stumpfheit dem Leben gegenüber, das Gottes Geschenk ist: unsere ständig von Gott gewährte *Chance*. Wer in der Langeweile die Zeit totschlägt, bringt die Zeit ums Leben. Wichtig ist dabei, daß man sich klarmacht, daß Langeweile und Muße nicht verwechselt werden dürfen. Die Langeweile gehört in den Horizont der Leblosigkeit, des Todes. Die Muße gehört in den Horizont des Sabbats.

Gott möchte uns erfüllte Zeit gewähren. Damit ist nicht gesagt, daß alle gefüllte Zeit *angenehme* Zeit wäre. In den vielen Gegensatzpaaren in Prediger 3 werden vielmehr immer ein positives und ein negatives Ereignis oder Tun miteinander verbunden. Das Leben verläuft gleichsam zwischen Plus und Minus. Das ist die Grundspannung, die es bewegt. So gibt es im Leben den Abbruch, die Klage, das Wegwerfen, das Verlieren und Loslassen. In alledem übt der Mensch nur ein, daß auch das *Sterben* einmal für ihn an der Zeit ist. Er übt also in der schweren Zeit immer schon den letzten Abbruch seines Zeltes, das letzte Verlieren und Loslassen. So gesehen gehört auch das Sterben ins Leben hinein.

Auf diese Weise wird aber erst recht begriffen, was Leben heißt: Im ständigen Umgriffensein von den gottgesetzten Grenzen, vom Nichtigen, von der Nicht-Existenz kommt es in der Zeit unaufhörlich zum Wunder des Lebens, zum Aufbauen, Säen, Ernten, Lieben usw ... Das Leben wird zur Expedition und zum Abenteuer („Suchen hat seine Zeit“), zum Liebesleben („Herzen hat seine Zeit“), zum Bau- und Kunstwerk („Bauen hat seine Zeit“), zum gesegneten Reichtum („Behalten hat seine Zeit“). Im Wechsel von Schicksal und Schenkung webt der Schöpfer sein unnachahmliches Muster in die Lebenszeit des Menschen. Das alles *„tut Gott, daß man sich vor ihm fürchten soll“* (V.14). Aber diese Gottesfurcht ist zugleich Ehrfurcht vor dem Leben; sie ehrt das Leben, das Gott gibt. Furcht Gottes und Lebenskunst werden entweder miteinander erlernt, oder sie werden gar nicht erlernt.

Schließlich gehört zur *erfüllten* Zeit, zur Zeit als Gelegenheit, auch die *zukunftsträchtige* Zeit: *„Er hat alles schön gemacht zu seiner Zeit, auch hat er die Ewigkeit in ihr Herz gelegt“* (V.11). Was Luther hier mit „Ewigkeit“ übersetzt, meint zunächst einmal nur die „fernste Zeit“: das Wissen um Vergangenheit und Zukunft, um die unabsehbaren *Zeiträume.* Weil die Zeit schon eine Vergangenheit hat und sie mitnimmt in die Zukunft neuer Gelegenheiten, wird sie uns zur Geschichte – und das heißt: unser Leben zerfällt nicht in zusammenhanglose Augenblicke. Es besteht nicht nur aus Erlebnis-Episoden, die wie unverbundene Einzelteile sozusagen in der Gegend herumliegen, ohne Sinn und größere Bedeutung.

Die unterschiedene Zeit

„Alles hat seine Zeit“ – das bedeutet schließlich: die Zeit kennt *Zeiten.* In der Verschiedenheit dessen, womit Gott unser Leben füllt, kommt die Zeit zu ihrem Plural, vermehrt und vervielfältigt sich. In der Vielfalt des Lebens werden aus einer Zeit viele Zeiten einer Geschichte, die den Schöpfer preist.

Ich erinnere mich an ein Gespräch mit einer älteren Dame, die mir ihr Leben erzählte. Vierzig Jahre lang war sie als Sekretärin in einem Kurbad beschäftigt. Sie erzählte mir, wann morgens die Straßenbahn fuhr, wann sie im Büro ankam, wann sie das Büro nachmittags verließ und mit welcher Straßenbahn sie wieder nach Hause fuhr. Das war ihr Leben. Dann kam der Ruhestand, in dem sie jetzt schon seit 15 Jahren lebte. Und davon gab es gar nichts mehr zu erzählen. Außer einem kleinen Unfall, als ein Omnibus sie streifte. Seit diesem Tag verließ sie nur noch in Begleitung ihre Mansarde. In der Regel gingen aber die Nachbarn für sie einkaufen. – Die Zeit ihres Lebens war unterschiedslos verlaufen und in der Einzahl geblieben, wie sie selbst als Unverheiratete auch. Es fehlte die Vielfalt, die die Zeit vermehrt. Am Ende stand ein einfältiges Leben in Einsamkeit. – Dieses Beispiel macht deutlich, daß ein glatt und bruchlos verlaufendes Leben noch gar keinen Wert an sich bedeutet. Wenn einem das Unglück erspart und das Glück vorenthalten bleibt, dann ist das Leben nur ein Hohlraum und die Lebenszeit ein versteinerter und erstarrter Augenblick; das Leben ist nur eine leere Glasvitrine.

Zu den „Zeiten" der Lebenszeit gehört für den Prediger ausdrücklich der Unterschied von *Jugend* und *Alter* – ein Thema, dem wir uns im nächsten Kapitel noch eigens zuwenden werden. Auch im Kohelet-Buch ist dieser Frage ein eigenes Kapitel gewidmet (11,8–12,8). Dort wendet er seine Sichtweise von der erfüllten und unterschiedenen Lebenszeit auf die Frage der Lebensabschnitte an – und sieht in ihnen nicht von selbst ablaufende Phasen, sondern betont, daß die Lebensabschnitte zum Leben da sind. *„So freue dich, Jüngling, deiner Jugend und laß dein Herz guter Dinge sein in deinen jungen Tagen"*. Und vorher: *„Wenn ein Mensch viele Jahre lebt, so sei er fröhlich in ihnen allen (!) und denke an die finsteren Tage, daß es viele sein werden"* (11,9.8). Dem Lebensgenuß der Jugend steht die Lebenslast des Alters gegenüber. Kohelet redet darüber ungeschminkt. Zum Leben gehört die „Kunst, alt zu werden". Älter wird man freilich von selbst; was aber nicht von selbst kommt – so möchte ich die Gedanken Kohelets weiterführen –, ist das Alter als eingebrachte Ernte, als gebundenes Buch. Dafür muß man aber bereits in den vorhergehenden Lebenszeiten lernen, zu leben, sie zu füllen, ihre Gelegenheiten wahrzunehmen. Wer also nicht früh die Zeiten des Lebens lernt, verpaßt die Zeit zum Säen, Reifenlassen, Ernten und Einbringen der Garben. Am Ende steht dann nur eine Bauruine für das beabsichtigte Kunstwerk, faules Stroh für die volle Scheune, Zettelwirtschaft für das gebundene Buch.

Schließlich kann man die „unterschiedene Zeit" von Prediger 3 aber auch als *Gezeiten* deuten, also nicht nur als Lebensphasen. Vielmehr unterliegt auch jedes Lebensstadium noch einmal dem Gesetz von Ebbe und Flut. Wer diese Gezeiten nicht beachtet, watet im Schlamm, wo er schwimmen sollte – und treibt ab, wo er Grund unter den Füßen spüren dürfte. Das ist der tiefste Grund, weshalb unsere moderne Gleichzeitigkeit von allem und jedem, was denkbar und möglich ist, so lebensschädlich ist; wenn also nichts verwahrt, sondern alles sofort verbraucht wird, wenn es keine Vorbereitung und kein Nach-Sinnen mehr gibt und darum auch nicht mehr die Gezeiten von Verheißung und Erfüllung. Zum Schluß sehen dann Junge schon alt aus, und Alte sind zwar runzelig, aber nicht reif. Verlobte leben ohne

Vorfreude, und Scheiden tut nicht mehr weh. Die Zeit, wo die Kinder klein sind, hemmt die Lebensentfaltung, und beim Eintritt in den Ruhestand wird man krank. Und was die Lebensmitte ist, wird unkenntlich. – Es ist allein die unterschiedene Zeit, die dem Leben Farbe und Tiefe gibt.

Mit diesen letzten Überlegungen haben wir schon vorausgewiesen auf die „Jahreszeiten des Lebens“ – ein Thema, das für die „Kunst zu leben“ Schlüsselcharakter hat. Ich komme zum Schluß noch einmal zurück auf die ständige Erfahrung von Zeitdruck, Zeitmangel und Terminnot, mit der ich das Kapitel eingeleitet habe. Was ist der Anruf und Aufruf, die Verheißung und die Mahnung von Prediger 3 für unsere, für meine rastlose Existenz? Wie kann sie schöpferisch verwandelt werden, so daß die mir vergönnte Lebenszeit Zeit zum Leben wird?

Ich möchte mehr und mehr lernen, mich am Jammern und Klagen über zu wenig Zeit nicht mehr zu beteiligen. Ich kann diese Leier nicht mehr hören, obwohl ich viele Jahre genauso vor mich hingestöhnt und oft einen abgehetzten (und damit immer zugleich einen ungenießbaren) Eindruck hinterlassen habe. Ich merke aber, daß eine solche Veränderung ein langer Prozeß ist. Oft genug werde ich noch rückfällig. Aber ich bin bereit, hart an mir zu arbeiten, um zu einer veränderten Lebenseinstellung und -praxis zu kommen.

Das geht nur, wenn man sich grundlegend und ebenfalls über Jahre hin die Frage stellt: *Wofür* will ich leben? *Wofür* soll mir das Leben Gelegenheit sein? Es gibt keinen erlösteren Umgang mit der Zeit ohne Klärung der Lebensziele und Lebenswerte. Und das bedeutet sofort: ich kann nicht *alles* leben und erleben wollen, was theoretisch möglich ist. Unser modernes Zeitproblem hängt zum einen mit unserem *Wirtschaftssystem* zusammen. Zum anderen aber auch damit, daß wir wesentlich mehr Möglichkeiten und Angebote haben als beispielsweise noch unsere Großeltern. Die Grenzenlosigkeit unserer Möglichkeiten, verbunden mit den fast irrealen Errungenschaften von Hochgeschwindigkeitsverkehr und Fernkommunikation, übersteigt völlig das uns Menschen gesetzte Maß. Das Maß des *theoretisch Möglichen,* die Angebotspalette also, übersteigt bei weitem das *Menschenmögliche,* also das, was in mein Leben hineinpaßt. Ich muß entscheiden, worauf ich *verzichten* will, wenn ich wirklich *leben* will.

Es ist natürlich klar, daß wir mindestens mit unserer beruflichen Existenz in unser System der Höchstgeschwindigkeiten und Höchsteffizienz eingebunden sind und oft keine andere Wahl haben als mitzumachen; – sonst müßte man ganz zum „Aussteiger“ werden. Die

Frage ist aber, was wir in *den* Lebensbereichen und -zeiten tun, über die wir selber bestimmen können. Hier sollte das Umdenken einsetzen. Bei immer kürzeren Arbeitszeiten und immer größer werdender Freizeit kann man sich mit dem „System" nicht herausreden. Hier sind wir selber in der Verantwortung, und hier werden unsere „Werte" und „Ziele", unser Götzendienst und Gottesdienst offenbar.

Zeit gewinnt man nur, indem man Neinsagen lernt. Für jedes echte Ja zu einer gottgeschenkten Möglichkeit, die ich ergreifen darf, muß ich vielleicht zehn Nein aussprechen! Das bedeutet, wer einen erlösteren Umgang mit der Zeit einüben will, um Gottes Lebensgaben zu erleben, wird viele Erwartungen enttäuschen und viele Aufrufe und Forderungen ablehnen müssen. Das kann zu Irritationen und Mißverständnissen bis in die engsten Kreise von Gemeinde, Freundschaft und Verwandtschaft führen. Ich setze mich Mißverständnissen, Vorwürfen und übler Nachrede aus. Niemand wird das dafür nötige Rückgrat aufbringen, der nicht aus der Stille vor Gott kommt und weiß, was er annehmen kann und will und wofür er sein Leben einsetzen und gebrauchen möchte. Darum ist die Einsamkeit in der Wüste und die geschwisterliche Beratung mit Weggefährten die Voraussetzung, um die vielen Nein sagen zu können, die für die wenigen, aber wirklich verheißungsvollen Ja nötig sind. Neinsagen zu lernen hat mit Sterben zu tun und ist Sterbevorbereitung. Aber die Freiheit zu einem wirklichen, echten Ja ist wie eine Neugeburt, wie eine Auferstehung zum Leben. Mit anderen Worten: Leben gewinnt man nur durch Grenzsetzung. Die Unbegrenztheit der Wünsche und Ziele ist das Wesen des Sündenfalls, der dem Menschen den Tod brachte. – Es ist daher nie genug Zeit vorhanden für alles, was im Leben *möglich* ist; es ist aber absolut genug Zeit vorhanden für das, was Gott mir zugedacht hat. Denn zu allem, was ich aus seiner Hand entgegennehme, gibt er mir die nötige Zeit mit dazu. Aber die Entscheidungen, die nötig sind, nimmt mir keiner ab. Darum gibt es keinen erlösten Umgang mit der Zeit ohne den inneren Kampf um klare Entscheidungen.

Wir brechen hier ab; doch ist das Thema „Zeit" mit dem Gesagten noch nicht zum Abschluß gebracht. Denn man versteht die Zeit nicht, wenn nicht die Dimension der *Sabbat*verheißung und des Sabbatgebotes in unseren Blick tritt. Darauf werden wir im letzten Teil des Buches zurückkommen müssen. Zunächst jedoch wenden wir uns den „Jahreszeiten des Lebens" zu!

KAPITEL 11

Jahreszeiten des Lebens

Ich verrate gern, daß bei diesem Kapitel in besonderer Weise mein Herz schlägt. Daher gehe ich auch mit ein wenig Herzklopfen ans Schreiben. Vielleicht werde ich mich an diesem Thema verheben, vielleicht werden ältere Leserinnen und Leser im stillen zu mir sagen: „Du mit deinen 38 Jahren bringst noch gar nicht die Voraussetzung mit, dich zum Thema des Älterwerdens und der Lebensstadien zu äußern. Dabei kann ja nur graue Theorie herauskommen!" – Nun denn, ich beuge mich dem Urteil gerne. Aber wenigstens will ich hiermit das Thema ansprechen, damit es an vielen Stellen *be*sprochen wird. Mehr beabsichtige ich nicht.

Ich spüre allerdings, daß es mich doch reizt, noch eine Rückfrage an diejenigen zu stellen, die es für irrelevante Theorie halten, wenn sich jüngere Menschen Gedanken über den „Lebenslauf" machen. Ich habe so etwas nämlich schon einmal in einer anderen Variation erlebt. Damals war ich Ende zwanzig und Pfarrer einer Gemeinde. Eines Tages sprach ich im Seniorenkreis über das Thema „Sterben" – und bekannte, daß ich mir über mein Sterben oft Gedanken mache, auch darüber, daß ich nicht wissen kann, ob ich überhaupt alt werde. Sofort kamen entrüstete Reaktionen: „Sie sind doch noch blutjung; was müssen Sie sich denn schon Gedanken machen über das Sterben!" Manche waren richtig ärgerlich und schüttelten nur den Kopf, als ich zurückfragte: „Und was ist, wenn ich heute abend in einem Augenblick der Geistesabwesenheit vor die Straßenbahn laufe?" Im weiteren Verlauf des Gespräches wurde mir dann klar, daß die alten Leute nicht bereit waren, sich mit ihrem *eigenen* Sterben auseinanderzusetzen! Ich rührte an einen Punkt, den sie selber offensichtlich verdrängten.

Dieses Erlebnis hat bei mir dazu geführt, daß ich nicht mehr ohne weiteres davon ausgehe, daß man in den elementaren Fragen des Lebens (wozu auch das Sterben gehört) sozusagen automatisch mit dem Älterwerden klug und gescheit wird. Vermutlich befinde ich mich mit den Überlegungen dieses Kapitels also in der gewagten Rolle Elihus in Hiob 32: *„Und Elihu, der Sohn Barachels des Busiters, hob an und sprach: Ich bin jung an Jahren, ihr aber seid alt; darum hab ich mich gescheut und gefürchtet, mein Wissen euch kundzutun. Ich dachte: Laß das Alter reden, und die Menge der Jahre laß Weisheit beweisen. Aber der Geist ist es in den Menschen und der Odem des Allmächtigen, der sie verständig macht.*

Die Betagten sind nicht die Weisesten, und die Alten verstehen nicht, was das Rechte ist. Darum sage ich: Hört mir zu; auch ich will mein Wissen kundtun“ (V.6–10).

Aber noch etwas beschäftigt mich, wenn es im folgenden darum gehen soll, die „Jahreszeiten des Lebens“ zu meditieren und zu erlernen: Wenn man darüber erst etwas wissen kann, wenn man schon alt ist und das Leben zum großen Teil hinter sich hat, dann hieße das ja: „Es kommt, wie es kommt!“ Und dann würden wir den Auftrag zur Lebens*gestaltung*, zur Gestaltung des Älterwerdens verweigern. Dann könnte man nur rückblickende Betrachtungen anstellen und im besten Fall so etwas wie eine Linie, eine Führung Gottes entdecken. Im schlechtesten Fall aber auch nur eine Kette von Rätseln, verpaßten Gelegenheiten und unergründlichen Schicksalsfügungen. Aber der Geist Gottes will uns doch aufwecken und zu bewußter Daseinsgestaltung erwecken! Kann man damit je früh genug anfangen?

Ich möchte vorab ein wenig schildern, was bei mir dazu geführt hat, über die Jahreszeiten und Stadien des Lebens intensiv nachzudenken. Dabei handelt es sich zunächst um die Frage nach dem Altwerden.

Als ich zweiunddreißig war, kam ich eines Tages von einer Pfarrertagung nach Hause und sagte zu meiner Frau: „Du, wir müssen uns früh genug überlegen, wie wir alt werden wollen, wie wir im Alter leben wollen!“ Auf dieser Tagung war ich einer Reihe von Ruhestandspfarrern begegnet, und die meisten dieser Begegnungen hatten mich schockiert. Es fing schon damit an, daß während der Vorstellungsrunde die meisten dieser „Emeriti“ betonten, daß sie im *„tätigen“* Ruhestand seien; manche sprachen auch vom „Unruhestand“. Sie zählten dann auch sofort auf, was sie alles täten und wie froh sie seien, „doch noch gebraucht zu werden“. Andere erzählten ungebeten sofort ihre Lebensgeschichte und beglückten die Teilnehmer mit langatmigen Erinnerungen. Überhaupt redete keiner so lange wie die Pensionäre. In den Arbeitsgruppen ging es dann weiter: zu jeder Frage wußten sie die Antwort, und diese Antwort bestand meistens darin, zu berichten, „wie ich es vor vierzig Jahren gemacht habe“.

Nun muß ich, um Mißverständnisse zu vermeiden, erklären, daß ich alten Menschen in der Regel ausgesprochen gerne zuhöre und daß ich mir leidenschaftlich gerne von „früher“ erzählen lasse. Ich bin nachdrücklich der Meinung, daß das Alter zu ehren ist und daß alte Menschen immer unseren Respekt verdient haben. Und ich kenne wundervolle alte Männer und Frauen, die in mir den Wunsch wecken: So wie die möchtest du gerne im Alter auch einmal sein! – Aber hier kam etwas ganz anderes an den Tag: nämlich die *Weigerung*, alt zu werden und ins zweite Glied zurückzutreten, die Unfähigkeit, anderen zuzuhören und sich für die Fragen von *heute* zu interessieren; und schließlich das Hausierengehen mit den eigenen Lebenstaten und den vollbrachten Leistungen. Für mich steht dahinter die Frage, ob es uns als Christen wirklich gelingt, aus Gottes Gnade zu leben anstatt aus unseren „Werken", wie Paulus sagt. Und mir wurde damals schlagartig klar: das lernt man nicht erst im „tätigen Unruhestand" bzw. dann, wenn *„der sinnstiftende Befehl des Terminkalenders verstummt"* (Ezzelino von Wedel).

Nun muß man fairerweise hinzufügen, daß unsere Gesellschaft alles tut, um Menschen das Altwerden schwerzumachen. In fast allen nichtwestlichen Kulturen genießt das Alter höchste Achtung und Autorität. Da *muß* ein alter Mensch sich gar nicht hervortun, um beachtet und respektiert zu werden. Er oder sie kann schweigend dasitzen und ist dennoch eine Respektsperson. – Bei uns indes zählt nur Jugendlichkeit, Fitness und Vitalität. Das Alter wird verdrängt, so wie der Tod verdrängt wird. Und damit werden die Alten abgeschoben, obwohl sie inzwischen fast ein Drittel unserer Gesellschaft ausmachen. Wer nichts mehr leistet, ist auch nichts mehr wert. – Es ist klar, daß damit das Altwerden einer ungeheuren Belastung ausgesetzt ist. Niemand möchte allzuschnell auf dem Abstellgleis landen. – Aber gerade deshalb, also weil unsere Gesellschaft so *ist*, muß man das Altwerden viel früher lernen. Und noch eins: ich bin natürlich *auch* dafür, daß der (immer länger werdende) Ruhestand ein *tätiger* Ruhestand ist! Die Frage ist nur, was das heißt und wie das zu gestalten ist. Ob der Ruhestand wirklich als eine *neue* Phase des Lebens angegangen wird mit *neuen* Möglichkeiten – oder ob im Grunde nur die vorangegangene Lebensphase verlängert und ausgedehnt wird, „bis es nicht mehr geht". Aber darauf ist später zurückzukommen.

Wir haben unser Thema, das Thema der „Jahreszeiten des Lebens", mit einem Blick auf die Phase des Alters begonnen. Darin kann es sich aber nicht erschöpfen. Es ist freilich außerordentlich lehrreich zu beobachten, wie alte Menschen mit ihrem Alter umgehen und ihr Leben gestalten. Denn im Alter kommt an den Tag, wie man *vorher* gelebt, das Leben betrachtet und gestaltet hat. Es spricht eben Bände, wenn ein 85jähriger nicht mit dem Auto zum Gottesdienst abgeholt werden will mit der Begründung: „Aber ich bin doch noch nicht alt!" Oder wenn man in der Fußgängerzone eine Frau in enger Lederhose, knallrotem Schal und blondem Haar vor sich hergehen sieht, die sich von vorn betrachtet auf einmal als knapp Siebzigjährige entpuppt.

Gehen wir nun aber auf der Lebenslinie weiter nach vorn, dann tritt ein anderes Problem in den Blick, bei dem es zugleich um einen bedeutsamen Unterschied zwischen Männern und Frauen in unserer Gesellschaft geht. Für viele Männer bedeutet der Eintritt in den Ruhestand eine schwere Identitätskrise. In nicht wenigen Fällen ist sie mit Krankheit, also einer körperlichen Krise, verbunden. Diese Krise findet aber bei einer großen Zahl von Frauen schon 15 Jahre früher statt: dann nämlich, wenn die Kinder aus dem Haus gehen und das Haus oder die Wohnung plötzlich sehr groß und sehr leer erscheint; wenn also das, was bisher die große und erfüllende Lebensaufgabe war, in ein Vakuum umschlägt. Statistisch gesehen können Frauen zu diesem Zeitpunkt angesichts der hohen Lebenserwartung noch gut und gerne 30 Jahre (oder mehr) vor sich haben! In der Seelsorge hört man aber oft solche Sätze: „Ich habe oft gedacht, wenn die Kinder groß sind, kannst du endlich einmal die Dinge tun, die du nie tun konntest, aber immer schon einmal tun wolltest! Aber als es dann soweit war, hatte ich gar nicht mehr die Kraft, sondern habe seitdem mit Schwermut und Depressionen zu kämpfen." Manche Frauen versuchen, einen neuen Lebensabschnitt einzuleiten, indem sie wieder in den Beruf gehen. Aber oft fehlt das Selbstvertrauen, nach 20 Jahren Pause den Anforderungen standhalten zu können. – Auch hier zeichnet sich für unsere Überlegungen schon ab, daß Lebensübergänge von langer Hand vorzubereiten sind, wenn sie nicht als schmerzhafte Abbrüche ohne einen neuen Aufbruch und neue Ziele erfahren werden sollen. Es ist ja keine Lösung, wenn eine Frau Anfang fünfzig dann nur sagen kann: „Ich hoffe, daß bald Enkelkinder kommen; dann weiß ich wenigstens wieder, wie ich mich nützlich machen kann." Denn eine solche „Lösung" bedeutet ja keine neue Lebenserfahrung, sondern ist im Grunde regressiv: es ist die Rückkehr dorthin, wo man vor 30 Jahren angefangen hat, nur in veränderter Gestalt.

Aber die „Jahreszeiten des Lebens" werden ja bekanntlich schon früher zum Thema (hoffentlich!), nämlich in der Lebensmitte, die oft zur vielzitierten und belächelten „Midlife-crisis" führt. Ein Mann Anfang vierzig sagte zu mir: „Ich habe jetzt alles erreicht, was ich angestrebt habe und realistischerweise erwarten kann: beruflich habe ich so weit Karriere gemacht, wie es meine Ausbildung und meine Fähigkeiten erlauben; wir haben uns ein kleines Eigenheim gebaut und stilvoll eingerichtet; und unsere beiden Kinder fangen schon an, mehr und mehr selbständig zu werden ... So, und was mache ich jetzt mit dem Rest meines Lebens? Das sind doch noch Jahrzehnte!"

Man kann auch umgekehrt sagen: die Hälfte des Lebens ist schon vorbei! Und darum könnte man nun *positiv* überlegen, was in der ersten Lebenshälfte *angelegt* ist an Möglichkeiten, die nun nach Entfaltung drängen, so wie Saat wachsen und zur Reife kommen soll. Dabei ist beides zu beachten: In der Lebensmitte werden Grenzen deutlich, die nicht mehr beliebig zu erweitern sind, etwa Grenzen, die mir meine Ausbildung setzt. In mancher Hinsicht ist mein Lebensrahmen nicht mehr veränderbar oder dehnbar. Aber ich verfüge ja nun zugleich über ein Potential von Möglichkeiten, Kenntnissen und Erfahrungen, das vielleicht jetzt erst ausgeschöpft werden will. Vor allem muß es dann, wenn der Horizont und Aktionsradius weitgehend abgesteckt ist, darum gehen, wie mein Leben an *Tiefe* gewinnt! Und ich werde auch prüfen, welche Seiten meines Wesens, welche Interessen, welche Gaben, welche noch ungenutzten Möglichkeiten jetzt meine verstärkte Aufmerksamkeit erhalten sollten!

Fragen wir schließlich, wie es mit den Lebensphasen innerhalb der ersten 40 Jahre aussieht. Da wird man nun sagen müssen, daß die ersten 20 Jahre unter einem anderen Vorzeichen stehen, weil ja ein Kind und ein Jugendlicher sein Leben noch nicht selbst bestimmt. Spannnend wird es mit der ersten Phase des Erwachsenseins, also zwischen 20 und 30. Man wird in dieser Zeit zwar noch nicht tiefsinnig im Blick auf die gesamte Kette kommender Lebensstadien. Zu nah stehen die unmittelbaren Ziele wie Ausbildung, Beruf, Partnersuche, Familiengründung usw. vor Augen. Dennoch fallen wesentliche Schlüsselentscheidungen in diese Zeit. Dazu zähle ich allem anderen voran die Ablösung vom Elternhaus bzw. vom Bereich der Primärsozialisation. Zum andern fallen hier Vorentscheidungen für den gesamten Lebenshorizont, weil dies die Zeit der „Lehr- und Wanderjahre" sein sollte.

Die Ablösung vom Elternhaus ist lebensgeschichtlich von großer Tragweite. Und ich bin oft bestürzt darüber, wieviel Gedankenlosigkeit und Nachlässigkeit hier bei den Eltern und den jungen Erwachsenen selbst vorliegt. „Vater und Mutter zu verlassen" – und damit die Welt der Kindheit und Jugendzeit –, das ist eine der wichtigsten und sensibelsten Aufgaben, denen man sich stellen muß. Davon hängt die Persönlichkeitsbildung in besonderem Maße ab. Daran hängt auch die *Ehefähigkeit*! Seelsorger und Eheberater sagen übereinstimmend, daß ein Großteil aller Ehekrisen darauf zurückzuführen ist, daß die Ablösung von zu Hause nicht wirklich stattgefunden hat oder gelungen ist. Das ist hier nicht weiter auszuführen, muß aber eindringlich betont werden. – Schließlich ist eine sorgfältig vollzogene Ablösung vom Elternhaus nötig, um eine wirkliche Partnerschaft zwischen Eltern und Kindern zu erreichen, die dem entspricht, daß nun auf beiden Seiten *erwachsene* Menschen miteinander umgehen. Das erfordert einen „Umbau" im Blick auf Rollen, Verantwortlichkeiten und Selbstverständnis. Und dabei geht es um einen „Lernzuwachs" und eine Ichfindung auch bei den Eltern! – Ich erlebte einmal, wie eine Mutter verhindern wollte, daß ihre einzige Tochter von zu Hause auszog, um in einer entfernten Universitätsstadt zu studieren. Zunächst wurde der Tochter nahegelegt, doch einen heimatnahen Studienort zu wählen. Dann könne sie weiterhin zu Hause wohnen, und das sei billiger. Als dieses Argument nicht zog, hieß es, man brauche die Tochter dringend im Geschäft, wenigstens einmal in der Woche. Als die Tochter immer noch auf ihrem Entschluß beharrte, wurde die Mutter – krank! Sie war plötzlich mit einem schweren Rückenleiden zeitweise ans Bett gefesselt, obwohl die Ärzte auf keinerlei organischen Befund stießen.

Ein solches Beispiel kann deutlich machen, warum es bei der Ablösung vom Elternhaus für beide Teile, Eltern und Kind, um die Verhinderung oder Ermöglichung eines wirklich neuen Lebensabschnitts geht. In engem Zusammenhang damit steht die Inangriffnahme echter „Lehr- und Wanderjahre". Zu beobachten ist jedoch, daß der Trend immer mehr zu „heimatnaher Bodenständigkeit" geht. Und damit wird eine lebensgeschichtlich oft einmalige Chance vertan, die Chance, den Lebens- und Erfahrungshorizont beträchtlich zu erweitern. Und das hat Konsequenzen für den Lebenszuschnitt im ganzen. Die Welt der kleinen Karos bestimmt dann meistens auch die weitere Zukunft. Wer unbedingt biedermeierlich und provinziell bleiben will, braucht dazu nichts zu tun; er muß nur einfach im Nest der Kindheit und Jugendjahre sitzenbleiben, sich mit 25 noch von Mutter die Socken waschen lassen und rechtzeitig für ein Häuschen sparen.

Was ich bisher aufgrund vielfältiger Beobachtungen und vieler Beratungsgespräche mit jüngeren und älteren Menschen nur grob zu skizzieren versucht habe, möchte ich jetzt etwas systematischer angehen. Was heißt es, die Jahreszeiten des Lebens zu verstehen und das Leben entsprechend zu gestalten? Was kann man lernen, worauf ist zu achten, welche „Lebensvision" können wir finden, die uns hilft, die einzelnen Stadien und Abschnitte bewußt zu erleben?

Mich hat ein kleiner Abschnitt in einem Buch von *Richard Rohr* besonders inspiriert, den angesprochenen Fragen nachzugehen. Ich zitiere zunächst daraus, um anschließend einige Denkanstöße weiterzuge-

ben, die mir wichtig sind. In dem Buch „Der wilde Mann“[13)] schreibt Richard Rohr, ein amerikanischer Franziskanerpater, unter der Überschrift „Stadien des Lebens“ folgendes:
„In Indien spricht man von den vier Stadien im Leben eines Mannes. Das erste ist das Schülerstadium, wo man lernt, Leben von anderen in sich aufnimmt. Das zweite Stadium ist der Haushalter, wo man heiratet, Kinder aufzieht, lernt, seine Frau zu lieben und ihr treu zu sein. Für uns hört es in der Regel an diesem Punkt auf. Die meisten von uns verbringen den Rest ihres Lebens damit, daheim zu sitzen und auf den Besuch der Kinder zu warten, am Haus rumzubasteln, das Badezimmer zu renovieren, auf die Enkelkinder zu warten, Weihnachtsgeschenke für die Familie zu kaufen. Irgendwann ist das schrecklich öde: eine Welt, die ständig um sich selber kreist und kein Ziel mehr hat. Und den Kindern und Enkeln kann man nur noch Geschenke kaufen, weil man keine neue Welt hat, in die man sie locken könnte. Das dritte Stadium in Indien heißt der Sucher oder der Waldbewohner. Nachdem man eine Familie gegründet und Kinder großgezogen hat, erweitert sich das Weltbild nochmals, der Blick richtet sich abermals auf größere Zusammenhänge. Genau das fehlt uns in der westlichen Welt mit unserem unglaublichen Narzißmus. Die meisten Menschen bei uns sind unfähig, über den eigenen Gartenzaun hinauszusehen. Deswegen fehlt auch das moralische Unterscheidungsvermögen zwischen Gut und Böse. Gut ist, wenn ich einen Job habe und abgesichert bin. Gute Politiker sind die, die für Aufschwung und Wirtschaftswachstum sorgen – bei uns! Das ist unser globales Bewußtsein! Wir sind isoliert von der restlichen Welt – uns interessiert nichts als unsere eigene unmittelbare Zukunft. Dieses hedonistische Denken ist ungeschichtlich und Ausdruck geistlicher Blindheit . . . Diese Blindheit sitzt so tief, daß die meisten nicht einmal merken, daß das problematisch ist. Die Spiritualität, über die wir reden müssen, sagt: Es gibt eine größere Welt als deinen Schrebergarten oder deinen Kirchturm. Wenn wir diesen Schritt in die größere Welt nicht gemacht haben, dann liegt das zum Großteil (daran, daß wir) . . . selbst den Weg ins dritte Stadium des Lebens nie gegangen sind. Für die Inder ist aber auch das dritte Stadium noch nicht das Endziel, es ist nur der Beginn eines neuen Weges. Das letzte Ziel besteht darin, ein alter Weiser zu werden. In diesem vierten Stadium schließt sich der Kreis, kommt alles zusammen. Man hat Dogmen, Prinzipien und Ideologien hinter sich gelassen. Die Gabe des weisen Alters ist – mit den Worten des Paulus – der ‚Dienst der Versöhnung‘ (2. Kor. 5). Der Weise kämpft nicht mehr für das Entweder-Oder. Er ist fähig, beide Seiten einer Sache zu sehen und stehenzulassen . . . Ich habe nur wenige dieser milden, wirklich abgeklärten Siebzigjährigen getroffen. Der wirklich weise Großvater kann am Rand der Familie sitzen und Sicherheit ausstrahlen – statt Enge und Strenge zu verbreiten. Weil den meisten Vätern solche Groß-Väter fehlen, blei-

ben sie auch jenseits der Lebensmitte Gefangene ihrer Selbstbestätigungs-Spiele und meinen, sie müßten alles selber schaffen und leisten. Dieser Teufelskreis muß durchbrochen werden. Damit müssen wir schon beginnen, wenn wir jung sind oder zur mittleren Generation gehören."

Wie gesagt, diese knappen Andeutungen haben mich inspiriert, meine eigenen Fragen und Beobachtungen hinsichtlich der lebensgeschichtlichen Stadien konstruktiv weiterzuverfolgen. Dabei hat sich bei mir immer stärker eine „Lebensphilosophie" herausgebildet, die im Gleichnis des *Erntejahres* und im Gleichnis der *Wanderschaft* zu beschreiben ist.

„Jahreszeiten des Lebens"

Ich habe diesen Begriff von Anfang an benutzt, ohne ihn interpretiert zu haben. Es handelt sich dabei ja um eine Metapher, um ein Bild.

Ich deute die Lebensgeschichte des Menschen im Schema der Jahreszeiten Frühling, Sommer, Herbst und Winter. Natürlich kann man fragen, ob diese Metaphern angemessen sind, ob sie nicht vielmehr einer Naturromantik entspringen oder einer Naturreligiosität, die im Kreislauf von Werden und Vergehen ein göttliches Prinzip walten sieht. Wird diese Sichtweise der *Geschichtlichkeit* unserer Existenz mit all ihren Unwägbarkeiten gerecht? Sind Naturvorgänge theologisch geeignet, die Gesetze des menschlichen Daseins zu erhellen – ja, gibt es solche Gesetze überhaupt? – Zunächst fällt mir auf, daß Jesus sehr unbefangen Beispiele aus der Natur aufgegriffen hat, um Wahrheiten des Lebens und sogar des Reiches Gottes zu verdeutlichen. Sodann macht es deshalb Sinn, das Leben im Horizont des Erntejahres zu deuten, weil das Leben nach Aussage der Heiligen Schrift dazu da ist, „Frucht zu bringen". In unseren Breitengraden ist das Erntejahr identisch mit dem Zyklus von Frühling, Sommer, Herbst und Winter. Im Frühling wird gesät, im Sommer wächst die Saat, im Herbst wird die Ernte eingebracht, und im Winter wird der Vorrat verzehrt, während z.T. sogar schon neue Saat in der Erde schlummert, um aufzugehen. – Und nun nehme ich mir einfach die Freiheit, diesen Vorgang einmal im Blick auf mein eigenes Leben durchzuspielen.

Dabei merke ich schnell, daß eine befreiende Sichtweise Platz greift: „Alles hat seine Zeit!" Es wird nicht gleichzeitig gesät und geerntet. Ich muß nicht mit 30 schon den vollen Ertrag ernten und abliefern. Ich habe Zeit, in der Jugend und in der ganzen Phase der Ausbildung den Boden zu bestellen. Ich habe mit dem Eintritt ins selbständige Erwachsenenleben Zeit, zu säen. Und dann gibt es eine lange Phase, in der die Saat wachsen darf, in der ich Garten und Feld pflege, begieße, von Unkraut reinige, mich am Wachstum freue. Und dabei bereite ich mich vor auf die beglückende Arbeit der Ernte. Ich sage ganz keck: irgendwann zwischen 50 und 60 möchte ich ernten! Ich werde dann nicht pflügen, nicht säen, nicht nur bewahren und pflegen. Dann soll Erntezeit sein. Und das soll mir auch noch manchen Schweißtropfen wert sein. Und schließlich blicke ich voraus auf ein gutes Erntedankfest, falls Gott wirklich Gnade geschenkt und einen guten Sommer gewährt hat. Und nach „Erntedank", wenn die Früchte eingebracht sind, kommt die Zeit der Ruhe und des Genießens der eingebrachten Ernte.

Ich lasse mich von dieser Sichtweise nicht vorschnell dadurch abbringen, daß man mich belächeln wird und mir kleinbäuerliche Romantik vorwirft. Ich bin höchstens gespannt auf den Lebensentwurf derer, die über ein Leben als „Erntejahr" nur lachen können! Zunächst einmal nehme ich mir Zeit, die Schönheit zu bestaunen, die Gott damit in unser Leben hineingelegt hat! Ich bin ein leidenschaftlicher Beobachter der Jahreszeiten. Wie ein Kind freue ich mich jedes Jahr auf den Frühling. Entsprechend erfreue ich mich am „Frühling" unserer Kinder – und achte argwöhnisch darauf, daß sie in bösem Frühjahrsfrost bewahrt bleiben und die „Eisheiligen" der Pubertätskrisen gut überstehen. – Ich bin ein leidenschaftlicher Freund des Sommers. Dichte grüne Laubwälder und reifende Felder können mich betrunken machen vor Glück. Ich weiß, daß ich mit meinen 38 Jahren mitten im Sommer stehe. Die Freude am Sommer ist vermutlich auch der Grund, dieses Buch über die Schönheit des Lebens zu schreiben. Sommerliche Schönheit erlebe ich auch darin, daß eine Ehe nach 17 Jahren an Farbe und Reichtum noch zunimmt. Oder darin, daß sich Freundschaften erst voll entfalten. Oder im Berufsleben, wenn man die Saat allmählich aufgehen sieht und ahnt, daß man nicht umsonst soviel in die Ausbildung investiert, nicht umsonst in den ersten Berufsjahren soviel „geackert" hat. – Dann blicke ich nach vorn auf den Herbst. Ich möchte mein Leben und meinen beruflichen Dienst so anlegen, daß ich Kraft und Zeit und Raum habe, zu ernten. Was ist der Herbst für eine sinnliche Orgie an Farben und Früchten! Hundertfältig, sagt Jesus, werdet ihr wieder empfangen, was ihr um meinetwillen und um des Reiches Gottes willen investiert habt! Ich mache mich aber auch auf den Spätherbst mit seinen Stürmen gefaßt: Werden es Zweifel sein, die an mir rütteln? Oder Anfechtungen, doch vieles nicht gut gemacht zu haben? Oder Krankheit? Oder die Erfahrung, daß die Kinder dann als Erwachsene Wege gehen, die ich nicht verstehen kann?

Oder das innere Ringen mit der Tatsache, daß ich nicht noch einmal säen, pflanzen, pflegen und ernten kann? – Und dann der Winter, die „harte Jahreszeit", die überstanden sein will! Und doch: liegt nicht in einem einzigen Eiskristall an der Fensterscheibe, hinter der ich vielleicht in einem Altenheim sitze, die ganze grandiose Schönheit des Universums beschlossen?

Ich weiß, ich weiß – im Frühling kann die Saat erfrieren, im Sommer kann das Wetter die reifende Ernte vernichten. Im Herbst kann bei langem Regen das Obst an den Bäumen verfaulen. Der Winter kann ganze Wälder vernichten. Ich bin nicht Herr des Lebens, ich kann für nichts, gar nichts garantieren. Es kann durch Schicksalsschläge alles mißlingen, was ich mir erträumt habe. Ich kann in zwei Jahren krebskrank sein. Ein Kind kann verunglücken. Ich kann beruflich in aussichtslose Situationen geraten ...

Aber wenn Gott im Noahbund über einer not- und todgeweihten Schöpfung seinen Segen ausspricht, dann darf ich auch mein Leben als Erntejahr ansehen und mich auf die Jahreszeiten demütig, hoffnungsvoll und gehorsam einstellen. Und wenn mein Erntejahr mißlingt, dann wird das Erntejahr meiner Kinder vielleicht um so gesegneter sein.

„Wanderschaft"

Trotz dieser schöpfungstheologisch ausgerichteten Lebensvision sollten wir uns aber nicht mit einem schlichten „Vierklang der Jahreszeiten" begnügen, um zu einer geistgemäßen Lebensgestaltung zu kommen. Das Leben verläuft in viel mehr Stadien und Etappen. Und hier läßt sich nichts mehr schematisieren. Denn das Muster, das Gott in unser Leben webt, ist detailliert und voller Überraschungen. Es gibt vielleicht viel mehr „Lebensübergänge", die auf uns zukommen. So bin ich beispielsweise – meine Studienzeit eingerechnet – schon insgesamt neunmal umgezogen. Und jeder Umzug war ein neuer Abschnitt mit neuen Menschen, neuen Aufgaben, einer neuen Lebenswelt. Die Geburt von Kindern, Zeiten der Krankheit, neue berufliche Herausforderungen, „Wartezeiten" der Unsicherheit über den weiteren Lebensweg, Wegzug von Freunden, Wohnungswechsel oder Hausbau – all das sind die kleinen Stadien des Lebens, die gewonnen, „erobert" und gestaltet sein wollen. Nichts davon kann man im voraus absehen. Aber man kann dafür um so mehr eine Lebensregel beherzigen, die ich so beschreiben möchte:

Die Stadien und Lebensübergänge haben immer mit *Abschied neh-*

men und „*Landnahme*" zu tun. Während wir uns im Bild des Erntejahres am Gesetz der Natur orientieren, führt uns die Wahrnehmung der im voraus nicht absehbaren Lebensabschnitte in den Horizont der *Wanderschaft* – um nicht zu sagen: der *nomadischen Existenz*. Ich blicke dabei auf die Frühzeit Israels, die die Zeit der nomadisierenden Wüstenwanderung war. Immer wieder neu mußte aufgebrochen werden von Etappe zu Etappe auf dem Weg zum gelobten Land, zur endgültigen Landnahme. Diese Erfahrung ist in der Bibel, man denke etwa an 2. Korinther 5 oder den Hebräerbrief, zu einem Grundmuster aller Lebensbewältigung geworden. Und damit verbunden war die Erfahrung, daß Gott „mitgeht". Die Etappen des Lebens im Horizont der Wanderschaft bedeuten aber, daß man von Etappe zu Etappe *Abschied nehmen, aufbrechen, Ungewißheit ertragen,* die neue Landnahme *vorbereiten* und schließlich das neue Land, den neuen „Weideplatz" *einnehmen* und *erobern* muß. Im Klartext heißt das, daß den Lebensübergängen Phasen innerer Verarbeitung und Vorbereitung entsprechen. Eine Etappe hinter sich zu lassen, macht traurig und macht daher *Trauerarbeit* nötig! Es ist die Zeit des nötigen Zurückblickens, des rückblickenden Wahrnehmens, des Resümees – und auch der Klage über das, was man aufgibt und verliert. Dann aber ist ebenso nötig die neue Reisevorbereitung. Hier kann es zunächst im Blick auf Unsicherheiten und Unwägbarkeiten noch ebenfalls das Klagen und Zittern geben. Aber dann beginnt auch ein neues Abenteuer, ein neuer Landgewinn. Denn es ist nun wirklich etwas anderes „dran" als das Bisherige. –

Hier liegt für mich der Schlüssel und das Geheimnis eines Lebens im Horizont von Wanderschaft und Landnahme: daß wir bereit sind, uns neuen Aufgaben, neuen Begegnungen und neuen Erfahrungen zu öffnen! Ich gebe gerne zu, daß ich mir das in der Mitte des Lebens und in der zweiten Lebenshälfte kaum anders vorstelle, als daß es kein *einsamer* Aufbruch ist, sondern ein Aufbruch in Weggenossenschaft – wie ich überhaupt meine, im Laufe des Lebens sollte die Lebensgemeinschaft mit einigen, vielleicht wenigen, Freunden und Geschwistern nicht lockerer, sondern verbindlicher werden. Für alle, bei denen der Beginn einer neuen Lebensphase auch mit einem Wohnortwechsel verbunden ist, ist das ein schwieriges Problem. Aber das ist für viele ja gar nicht akut. Eher steht zu befürchten, daß wir Lebensabschnitte gerne ausdehnen und Neuanfänge vermeiden möchten. Um so besonnener und hilfreicher finde ich den Rat von *Heinrich Albertz*, notwendige neue Schritte nicht hinauszuzögern, sondern eher früher als später einzuleiten. Heinrich Albertz hat das in seinem bewegenden

Buch „Am Ende des Weges"[14] deutlich gemacht am konkreten Beispiel des allerletzten Lebensabschnitts, der für viele das Alten(wohn)-heim ist:

„Natürlich werde ich von Freunden und anderen Besuchern auf diese Frage angesprochen. Ich zähle dann die Gründe auf, die damals, vor nun schon über zwei Jahren, zu diesem Wechsel nach Bremen und ins Altenwohnheim führten . . . Wenn man einen solchen Schritt erwägt, soll man ihn so früh wie möglich tun. Ich erlebe hier immer wieder, wie schwierig es wird, wenn der Anfang in diesem Hause zu spät und womöglich noch nicht ganz freiwillig geschieht. Du mußt dich selber entscheiden. Du darfst nicht warten, bis womöglich die eigenen Kinder über dich verfügen. Du mußt deine Wohnung im Heim selbst aussuchen und einrichten können . . ."

Aber eine solche Sichtweise muß man viel früher im Leben lernen. Es beginnt damit, daß ein 25jähriger vielleicht sagt: „Bevor ich nun nach Beendigung der Ausbildung in den Beruf gehe, gönne ich mir noch ein Jahr im Ausland, um ganz neue Erfahrungen zu machen!" – Eine gute Freundin von uns stand vor der Frage einer beruflichen Veränderung, und aus allen Möglichkeiten hat sie diejenige ergriffen, die den stärksten Wechsel, damit aber auch die Chance ganz neuer Erfahrungen mit sich brachte – was nicht den einfachsten Weg bedeutete! – Ein Bekannter sagte zu mir: „In drei Jahren sind alle Kinder aus dem Haus; ich mache mir Gedanken darüber, welche Aufgabe meine Frau dann finden kann!" Und ich habe dringend geraten, diese Frage bald zu klären, nicht erst, wenn ein gähnendes Loch vor ihr steht. Vielleicht sollte sie jetzt schon eine Halbtagsstelle annehmen. – Ein anderes Ehepaar, beide Mitte vierzig, investiert zur Zeit viel in Lehrgänge und Fortbildungen, um in einigen Jahren gemeinsam eine neue berufliche Aufgabe angehen zu können. „Wenn man einen solchen Schritt erwägt, soll man ihn so früh wie möglich tun" – dieser Rat ist bei vielen Lebensabschnitten zu beherzigen. Dadurch werden neue Landnahmen möglich, die man leicht verpassen kann. – Und das alles gilt auch in viel unscheinbareren Veränderungen im Leben, die gar keine großen Einschnitte bedeuten müssen. Das gilt für Reisevorhaben, für wechselnde Felder ehrenamtlicher Mitarbeit, für Formen gemeinsamen Lebens und Veränderungen in der persönlichen Lebensgestaltung . . .

„Sucher" und „Waldbewohner"

Zum Schluß ist noch ein Stadium des Lebens zu meditieren, das von besonderer Bedeutung, das uns aber auch besonders fremd ist. Es ist ein Stadium, das man suchen, wollen und anstreben muß, denn es stellt sich nicht von selbst ein! Die Stichworte „Sucher“ und „Waldbewohner“, die uns bei *Richard Rohr* begegneten, klingen bereits entsprechend fremd und überraschend. Ich weiß nicht, auf welche indische Lehre Richard Rohr sich bezieht und was weltanschaulich und religiös dahintersteckt. Ich weiß nur, wie mich diese weisheitliche Sicht eines dritten Lebensstadiums sofort in ein langes Nachdenken führte, weil ich intuitiv ahnte, worum es hier geht.

Ich verstehe das so, daß gerade dann, wenn man sich im Leben zum erstenmal ein wenig „zur Ruhe setzen“ und zurücklehnen will, eigentlich ein neuer Aufbruch nötig ist. Es ist die Zeit, da man seine Ausbildung abgeschlossen, im Beruf Fuß gefaßt, vielleicht geheiratet und eine Familie gegründet und sich einen festen Lebenskreis geschaffen hat. Richard Rohr sagt: Dabei bleiben viele dann ihr Leben lang stehen! – Aber nun ist ein neuer Aufbruch dran – und dieser Aufbruch ist kein äußerer, sondern ein *innerer!* In einem Lebensabschnitt, der äußerlich davon geprägt ist, daß man sich „etabliert“ hat, kommt es zum Antritt einer *inneren* Reise. Darum bedeutet die notwendige Phase des „Suchers“ alles andere als eine Selbstverständlichkeit, als eine „zwangsläufige Entwicklung“. Das Gegenteil ist der Fall. – Aber worum geht es inhaltlich?

Es geht darum, daß man zu dem, was man lebt und tut, innerlich Abstand sucht, um sich bewußtzumachen, woher man kommt und wohin man unterwegs ist. Dieser Abstand wird nur gewonnen, indem man dem Ruf in die Wüste folgt, über den wir im zweiten Teil eingehend nachgedacht haben.

Indem man sich so *innerlich* in Bewegung setzt, brechen ganz neue Fragen auf. Diese Fragen kommen uns nicht, wenn wir versuchen, möglichst linientreu, stromlinienförmig und angepaßt zu leben – in einer Art betriebskonformer „Apparatschik-Mentalität“. Ich kann mich natürlich im Leben auch jeder grundlegenden Neubesinnung verschließen. Ich kann Fragen verweigern. Ich kann mein Lebensziel darin sehen, mir möglichst „treu zu bleiben“. – Solche Menschen erkennt man sehr schnell. Sie haben ihre „Standpunkte“ – und dabei bleibt’s. Das gibt’s auch unter Christen. Sie haben sich gewisse „geistliche“ Erkenntnisse angeeignet – und damit leben sie selbstzufrieden bis ins hohe Alter.

Wer aber zum „Sucher“ wird, spürt, daß alles, was er mit zwanzig oder dreißig gedacht, geglaubt und zu wissen gemeint hat, nicht mehr richtig paßt – wie Kleidungsstücke, die zu eng werden.

Die Antworten von vor zehn Jahren befriedigen nicht mehr, und feste Überzeugungen geraten auf einmal ins Wanken. Es beginnt eine Zeit, wo man viel radikaler zu fragen beginnt als in seinen aufmüpfigsten Jugendjahren – und wo einem alles genormte, vorgefertigte, standardisierte Denken zutiefst suspekt wird. Es ist ein Stadium, wo man auf einmal viel mehr Fragen hat als Antworten – und das bewußt aushält! Ja, es kann eine Befreiung sein, noch einmal neu denken und fragen zu lernen, weil man spürt, daß man mit seinen Fragen *näher* an Gott und am Leben dran sein kann als mit den Antworten, die man zu haben glaubte! – Der „Sucher" ist dabei, *ehrlich* zu werden, auch in Glaubensdingen. Er fängt an, die Ideologien (auch die frommen) zu durchschauen.

Darum ist dieses Stadium manchmal auch mit einem gewissen Rückzug verbunden. Der „Waldbewohner" streift umher ohne festen „Wohnsitz", erfährt aber gerade im Suchen die Nähe Gottes neu. Er fängt an, über Dinge zu reden, die auf den üblichen Tagesordnungen der Gesellschaft und der Kirche nicht vorgesehen sind. Dabei kann es ihm widerfahren, daß er mehr und mehr beargwöhnt wird. Er paßt nicht mehr ins Schema. Seine Gedanken lösen Skepsis, Angst und Abwehrreaktionen aus, selbst unter Freunden. Sie haben Angst, daß er sich „verläuft", „verrennt". Es kann zu Grenzen des gegenseitigen Verstehens kommen. Wenn solch ein „Waldbewohner" in der Politik tätig ist, ist das Ende seiner Karriere in Sicht. Er gilt als unsicherer Kantonist, als unberechenbar und abwegig.

In Wahrheit geht es in der Phase des Suchens und des Rückzugs in die Dunkelheit des Waldes vielleicht um die fruchtbarste, revolutionärste und wirkungsvollste Phase des Lebens überhaupt, weil hier nämlich nicht ein pubertierender Jugendlicher „ausschert", sondern ein erwachsener Mensch mit Bildung und Ausbildung, Lebenserfahrungen und „Standfestigkeit", Überzeugungen und Verantwortungsgefühl. Durch den Aufbruch solcher Waldbewohner bleibt das Leben, bleiben die privaten, kirchlichen und öffentlichen Verhältnisse davor bewahrt, unhinterfragbar zu werden und in der Erstarrung zu enden.

Wer aufbricht, um zum Sucher und Waldbewohner zu werden, kann vorübergehend in Einsamkeit geraten, zugleich gewinnt er jedoch Zugang zu neuen schöpferischen Perspektiven und Möglichkeiten. Denn er hört neue Worte Gottes, sieht größere Horizonte und gewinnt Kraft, Alternativen zu ersinnen und zu beginnen.

Aus dem Stadium des Suchers und Waldbewohners entsteht ein schöpferisches Leben, das sich freilich mit einer äußeren Karriere kaum verbinden läßt. Aber es darf, dies ist nun auch zu sagen, nur ein Durchgangsstadium sein; es ist kein Selbstzweck. Das Ziel ist, sich dem Leben, den Menschen, den Aufgaben neu zuzuwenden, aber nun in größerer Freiheit, selbstloser, ohne eigenen Ehrgeiz, dafür mit um so mehr Liebe, Phantasie und Tiefe.

KAPITEL 12

Genießen als praktizierter Dank

Die Weisheit Israels ist ein Rätselraten angesichts des Lebens in dieser Welt, ein Aufspüren seiner verborgenen Gesetze und Ordnungen bis an die Grenzen, wo Fragen Fragen bleiben. Die Weisheit Israels ist aber auch die Hohe Schule der Lebenskunst in der Furcht des Herrn. Sie warnt vor den Fallen und verlockt in die Fülle, die Gottes Segen bedeutet. Sie weiß von der Sünde und verweist auf Sinn. Sie rühmt die Askese und animiert doch zum Fest. Sie entlarvt die Toren und ermutigt die Gottesfürchtigen. Sie benennt die Gefahren des Lebens, um Gelingen möglich zu machen. Als Lebensweisheit meditiert sie das Leben auf Gott hin und Gott auf das Leben hin. Wie man recht lebt, das ist ihr Thema. Beides, das Leben selbst und das Wissen darum, wie man es recht lebt, verdankt sie dem *„unvergänglichen Geist in allem“* (Weisheit 12,1) – denn Gott hat *„die Weisheit geschaffen durch seinen heiligen Geist . . . und sie ausgeschüttet über alle seine Werke und über alle Menschen . . . und gibt sie denen, die ihn lieben“* (Sirach 1,9–10).

Diese Weisheitsschule enthält neben vielen anderen Tönen auch diesen besonderen Ton: den Ton der Lebensfreude. Ungenierter als wir Christen es uns in der Regel erlauben, kann es zum Aufruf kommen, das Leben zu genießen! Fast möchten wir mit einer abwehrenden Handbewegung reagieren: ist das ein christlich vertretbares Thema? Doch achten wir auf den *Grund*, der diesen satten, lebensbejahenden Ton zum Thema macht. Er liegt im Wissen um die Liebe Gottes zu allem, was er geschaffen hat. Dabei ist die Sünde, der wir verhaftet sind, nicht ausgeblendet. Aber unsere Sünde macht aus Gott keinen Verächter seiner Geschöpfe und seiner Schöpfung. Hören wir selbst die Weisheit Israels im Originalton – und beachten dabei, daß der folgende Abschnitt aus der »Weisheit Salomos«, Kapitel 11,23–12,1, in der Wahrnehmung des *Geistes Gottes* in allem Geschaffenen gipfelt!

„Du erbarmst dich über alle; denn du kannst alles, und du übersiehst die Sünden der Menschen, damit sie sich bessern sollen. Denn du liebst alles, was

ist, und verabscheust nichts von dem, was du gemacht hast; denn du hast ja nichts bereitet, gegen das du Haß gehabt hättest. Wie könnte etwas bleiben, wenn du nicht wolltest? Oder wie könnte erhalten werden, was du nicht gerufen hättest? Du schonst aber alles, denn es gehört dir, Herr, du Freund des Lebens, und dein unvergänglicher Geist ist in allem."

Läßt uns der Geist teilhaben an Gott, dem „Freund des Lebens", der „nichts verabscheut, was er gemacht hat", dann führt er uns zur Lebensbejahung und macht auch uns zu Lebensfreunden. Er gibt uns ein „fröhliches Herz", das „positiv denken" lernt und sich des Lebens freut: *„Gib dich nicht der Traurigkeit hin und plage dich nicht selbst mit deinen eigenen Gedanken. Denn ein fröhliches Herz ist des Menschen Leben, und seine Freude verlängert sein Leben"* (Sirach 30,22–27). Heute weiß jeder, daß es krankmachende Lebenseinstellungen gibt. Und die Ärzte wissen darum, daß Lebensmut Voraussetzung aller Genesung ist. Unser Wort sagt das in tiefer psychologischer Einsicht schon in alter Zeit.

Genau auf dieser Linie finden wir nun auch einige erstaunliche Aussagen beim Prediger (Kohelet), der selbst eher zu denen zu zählen ist, die „sich plagen mit eigenen Gedanken" und darüber an die Grenze der Resignation und Depression kommen. Der Prediger gilt als der Skeptiker des Alten Testaments. Wie ist es zu verstehen, daß ausgerechnet er zu den folgenden Einsichten vorstößt, die von Lebensfreude und Lebensgenuß sprechen – und zwar als einer Gabe *Gottes*? Wir müssen seine Sätze aufmerksam lesen:

*„Ist's nun nicht besser für den Menschen, daß er esse und trinke und seine Seele guter Dinge sei bei seinem Mühen? Doch dies sah ich auch, daß es von Gottes Hand kommt. Denn wer kann fröhlich essen und genießen ohne ihn?
Denn dem Menschen, der ihm gefällt, gibt er Weisheit, Verstand und Freude" (2,24–26a).*

*„Er hat alles schön gemacht zu seiner Zeit, auch hat er die Ewigkeit in ihr Herz gelegt; nur daß der Mensch nicht ergründen kann das Werk, das Gott tut, weder Anfang noch Ende.
Da merkte ich, daß es nichts Besseres dabei gibt als fröhlich sein und sich gütlich tun in seinem Leben. Denn ein Mensch, der da ißt und trinkt und hat guten Mut bei all seinem Mühen, das ist eine Gabe Gottes" (3,11–13).*

„So geh hin und iß dein Brot mit Freuden, trink deinen Wein mit gutem Mut; denn dies dein Tun hat Gott schon längst gefallen. Laß deine Kleider immer weiß sein und laß deinem Haupte Salbe nicht mangeln.

Genieße das Leben mit deinem Weibe, das du liebst, solange du das eitle Leben hast, das dir Gott unter der Sonne gegeben hat" (9,7–9).

Liest man diese Aussagen im jeweiligen Textzusammenhang des Prediger-Buches, dann ergeben sie eigentlich gar keinen Sinn. Denn was der Prediger zu sagen hat, liest sich ja im ganzen wie eine einzige Begräbnisrede auf den Sinn des Lebens, die in dem ständig wiederholten Satz gipfelt: „Es ist alles ganz eitel." So sind auch seine Empfehlungen, das Leben zu genießen, von einem tiefen Pessimismus umhüllt, so daß sie ebensogut als reiner Sarkasmus verstanden werden können.

Aber genau hier möchte ich ansetzen und den Prediger beim Wort nehmen. Denn die zitierten Worte bekommen eine tiefe Bedeutung, wenn ihr nihilistischer Rahmen gesprengt wird. Und er wird gesprengt, wenn der Geist Gottes zur Erfahrung wird und wenn Gottes Bundestreue und seine Liebeserklärung in Jesus Christus unser Dasein erhellt. In diesem Sinne müssen die Sentenzen Kohelets „getauft" werden. Dann verkehren sie sich von einem Todesgesang in ein Lied des Lebens: „Guter Dinge sein kommt von Gott!" – „Er gibt dem Menschen Freude!" – „Ein Mensch, der da ißt und trinkt und hat guten Mut bei all seinem Mühen, das ist eine Gabe Gottes!" – „Denn dies dein Tun hat Gott schon längst gefallen!"

Diese Sätze, beim Wort genommen, erinnern an die alttestamentliche *Segenstheologie*. Die Fülle der Gaben und Güter Gottes erweisen seine Schöpfungs- und Bundestreue. Dafür wird ihm im Tempelgottesdienst gedankt, wobei die Erstlingsgaben und -früchte ihm zurückgegeben werden, was wiederum zu neuer Segenserfahrung führt: denn in den gottesdienstlichen Anweisungen wird nun die danksagende und ihre Gaben darbringende Gemeinde zum fröhlichen und festlichen Genuß ermuntert! *„Vor dem Herrn, deinem Gott, sollst du das alles essen . . . und sollst fröhlich sein vor dem Herrn"* (Deuteronomium 12,18). Gleichzeitig wird der dargebrachte und zurückempfangene Reichtum im Festmahl mit den Armen geteilt: *„Die Elenden sollen essen, daß sie satt werden!"* (Psalm 22,27). Das dankbare Genießen der Gaben Gottes steht hier nicht im Gegensatz zu sozialer Verantwortung, sondern wird im Akt des Teilens zur Hilfe für die Habenichtse. In der Hinwendung zu Gott als dem überreichen Gastgeber und „Freund des Lebens" und in der teilgebenden Hinwendung zum Armen wird das Genießen zum Gottesdienst und zum Fest beschenkter und befreiter Geschöpflichkeit! Das führt mich zu folgenden Sätzen:

1. Danken ist praktizierter Genuß.
2. Genießen ist praktizierter Dank.
3. Genießen ist gesteigerte Erlebnisfähigkeit.
4. Genießen setzt Teilen voraus.

1. Danken ist praktizierter Genuß

Mit den Lebensgütern und Lebensgaben ist es wie mit dem Manna und den Wachteln in der Wüste: sie ließen die Kinder Israels schmekken, wie freundlich der Herr ist. Doch dann wandte sich das Volk vom Herrn ab und ausschließlich den Gaben zu mit dem doppelten Ergebnis: daß die Gaben verdarben und daß Israel an den Gaben erstickte und starb: *„Als aber das Fleisch noch zwischen ihren Zähnen war und ehe es ganz aufgebraucht war, da entbrannte der Zorn des Herrn gegen das Volk, und er schlug sie mit einer sehr großen Plage. Daher heißt die Stätte ‚Lustgräber', weil man dort das lüsterne Volk begrub"* (Numeri 11,33f.). – Paulus sagt dazu im Römer 1: Ohne den demütigen Dank gegen Gott führt der Genuß seiner Gaben zuerst in die Perversion und dann in den Tod.

Aber das ist nicht gegen die Gaben des Lebens und ihren Genuß gesagt, sondern gegen die Gottvergessenheit, die alles zerstört. Dann aber gilt nicht nur der Satz, daß man nur in Gottverbundenheit wirklich genießen kann, was Gott gibt, sondern auch: daß Gottverbundenheit erst zum wahren Genießen befähigt. Denn *„nichts ist verwerflich, was mit Danksagung empfangen wird"* (1. Timotheus 4,4). Gerade das Danken befähigt zur Freude und Wonne angesichts der Gaben. Wofür ich danke, das kann und soll ich auch genießen. Dank ist adressierter Genuß. Danken heißt: mit Gott das Leben und seine Güter feiern. Im Danken wird das Genießen zur messianischen Freude vor Gott.

2. Genießen ist praktizierter Dank

Gott will, daß wir uns über den Gaben des Lebens ihm zuwenden. Aber wir sollen uns darüber nicht von den Gaben abwenden, sondern sie uns gefallen lassen. Es wäre schon merkwürdig, wenn wir unseren Kindern zum Geburtstag Geschenke machten, und sie würden den ganzen Tag immer nur „Danke" sagen, aber die Geschenke nicht auspacken oder das Spielzeug in die Ecke werfen. Das wäre ein schöner Dank! Die Zuwendung zu den Gaben, zu Lebenskraft und Gesundheit, zu Essen und Trinken, Freundschaft und Liebe, Geld und Gut, Arbeit und Brot, Urlaub und Schlaf, Wohnung und Kleidung ist gelebter Dank, der zum gesprochenen Dank ausgesprochen dazugehört. Wer nicht dankt, bringt sich um den Genuß; wer nicht genießt, täuscht Dankbarkeit nur vor. Man kann nicht mit gutem Gewissen danken, aber mit schlechtem Gewissen genießen, wofür man sich bedankt hat. Genießen und sich freuen ist elementarster Ausdruck von Kindschaft.

3. Genießen ist gesteigerte Erlebnisfähigkeit

Genießen in göttlicher Erlaubnis ist ein Geschehen, in dem der Schöpfergeist Raum in uns gewinnt. Genießen ist eine Form von Bewußtseinserweiterung: ich nehme wirklich wahr, was Gott mir schenkt.

Manchmal, wenn wir mit unserer Familie zu Tisch sitzen und uns ein gutes Essen schmecken lassen, pflege ich unsere meist munteren Gespräche zu unterbrechen mit dem Satz: „Laßt uns einmal einen Augenblick schweigen, um zu schmecken!" Genießen bedeutet Innehalten, schmecken, hören, fühlen, sehen und riechen. In solchem Innehalten kommt es zu gesteigerter Wahrnehmungsfähigkeit und zur Geistesgegenwart im doppelten Wortsinn. Der Geist erweckt unsere Sinne – und damit wird Sinnlichkeit geistlich. Werden meine Sinne zur Wahrnehmungsfähigkeit erweckt, dann werden *Gabe* und *Zeit* zueinandergeführt: ich nehme mir Zeit für die Gaben.

Ich betrachte es als Krankheitserreger schlechthin, wenn wir weder zum Danken noch zum Genießen Zeit haben. Das Ergebnis sind unsere modernen Streßkrankheiten bis hin zum Herzinfarkt. Der Geist, der uns das Leben gibt, bewahrt uns zugleich davor, am Leben zu sterben, weil wir keine Zeit haben, es anzunehmen und zu er-leben. Die allerprofansten Dinge, die uns Christen in der Regel kein Gebet, keinen Gottesdienst, keine Predigt und kein Gespräch wert sind, sind in Wahrheit oft die geistlichsten, denn der Geist steckt in der Materie und macht uns die profane Natur zum göttlichen Lebensmittel, so wie Gott den lebens- und gottesmüden Elia zunächst mit Speise und Trank offensichtlich nicht nur *leiblich*, sondern damit auch *geistlich* stärkt! Es ist unmöglich, die „geistlichen Güter" zu genießen, wenn man die profanen Lebensmittel des Geistes verachtet oder bloß konsumiert. In der Konsequenz und zugespitzt formuliert heißt das: Wer die Schöpfungsgaben nicht zu genießen weiß, kann auch das Abendmahl nicht genießen! Eucharistische Frömmigkeit ohne Lebensfreude und Genußfähigkeit ist unmöglich. Denn auch das Abendmahl besteht aus gesegnetem Brot vom Acker und Wein vom Weinstock, der seine Wurzel in der Erde hat. Eine Kultur der Erlebnis- und Genußfähigkeit zu entwickeln, hat im tiefsten Sinne gottesdienstliche Bedeutung. Wer vor Gott lebt, gelangt zu gesteigerter Er-lebnisfähigkeit, in der Gott verherrlicht wird.

4. Genießen setzt Teilen voraus

Wer mit wachen Sinnen und sozial geschärftem Gewissen lebt, befindet sich allerdings permanent in einer Lage, wo ihm der Bissen im Halse steckenbleibt. Wie kann man irgend etwas genießen, wenn Millionen von Menschen in Elend und Todesschatten leben und vom Hungertod bedroht sind? Die Folge ist aber bei den meisten verantwortungsbewußten Menschen nicht, daß sie nun in strikter Armut und in freiwilliger Askese leben, sondern daß sie, die Hungerbilder im Fernsehen vor Augen, *weiterhin* genießen, doch nur noch mit schlechtem Gewissen! Das kann schnell zur gewohnheitsmäßigen Heuchelei führen: die Pizza auf dem Tisch und sozialkritische Forderungen auf den Lippen. Die biblische Sicht zielt statt dessen auf dankbares Empfangen und solidarisches Teilen. Jede echte Solidarität mit den Elenden und Armen hat nicht etwa die Genußverweigerung, sondern das Teilen zur Bedingung: *„Nicht, daß die andern gute Tage haben sollen und ihr Not leidet, sondern daß es zu einem Ausgleich komme"*, sagt Paulus in seinem ersten Kollektenbrief (2. Korinther 8,13). – Ich wähle dafür ein Beispiel:

Bei unserer ersten Afrikareise hatten meine Frau und ich erhebliche Probleme mit dem nicht abgekochten, gesundheitsgefährdenden Trinkwasser und mit völlig verschmutzten „Toiletten" ohne Wasserspülung. Als wir nach Hause zurückkehrten, haben wir nicht aus Solidarität Abwaschwasser getrunken und ein Plumpsklo eingebaut, sondern wir haben angefangen, für diese Dinge zu danken und sie über alle Maßen zu genießen, während wir sie vorher als Banalitäten betrachtet hatten. Sauberes Trinkwasser, WC, Dusche, Müllabfuhr, Kanalisation, elektrischer Strom usw. usf. – diese Errungenschaften lösten in den ersten Tagen und Wochen nach unserer Rückkehr geradezu ein feierliches Gefühl und eine festliche Stimmung bei uns aus. – Aber die Konsequenz war neben der Dankbarkeit zugleich die gesteigerte Verpflichtung im Sinne tatkräftiger Hilfe, – „damit es zu einem Ausgleich komme". Das schlechte Gewissen ist der schlechteste Helfer für die Armen. Das dankbare Empfangen aber macht aus uns fröhliche Geber. Denn was nicht geteilt wird, ist nicht gesegnet. Das Teilen indes verschafft doppelten Segen: Geber und Empfänger kommen zur Freude, und nie wird der Geber durch das Geben ärmer. Teilen ist in sich Vollzug und Erfahrung von Lebensfreude und Freiheit.

„Wer viel sammelte, hatte keinen Überfluß, und wer wenig sammelte, hatte keinen Mangel“, sagt Paulus im Blick auf die Wüstenerfahrung Israels (2. Korinther 8,15). Und diese biblische Sichtweise, in der nicht Skrupel, sondern festliche Dankbarkeit zur Solidarität führt, hat ungemein ernst zu nehmende politische Konsequenzen – gerade im Blick auf unsere Gesellschaft, eine der reichsten in der Welt!

Genießen setzt Teilen voraus. Das gilt auf der ganzen Linie. Ich erinnere mich, wie ich einmal in das Haus einer christlichen Familie kam, die aktiv in der Gemeinde engagiert war. Alles zeugte von Stil und Geschmack. Und ich bin ein Liebhaber gediegener Wohnkultur! Aber vom ersten Augenblick an konnte mir hier nichts richtig gefallen, denn ich spürte schlagartig: in diesem Haus lebt diese Familie für sich. Ein „offenes“ Haus sieht anders aus. Und damit empfand ich die schöne Inneneinrichtung als langweilig, vulgär und ausladend. Was nicht geteilt wird, wird auf die Dauer ungenießbar. Denn ihrem Wesen nach sind alle Gaben Gottes Mitteilungen: er teilt sich uns in ihnen mit, teilt von sich aus. Was aus Teilen erwächst, muß ins Teilen führen. Der Zusammenhang von Genießen und Teilen läßt sich auf sehr vielen Lebensfeldern und in vielen kleinen, praktischen Bereichen durchbuchstabieren. Und immer geht es dabei um Lebens*gewinn*. So habe ich zum Beispiel noch niemanden, der monatlich den „Zehnten“ seines Nettoeinkommens spendet, sagen hören, er käme mit seinem Geld nicht aus! Es ist ein seltsames Geheimnis, daß im Loslassen so viel Empfangen steckt. Für dieses Geheimnis sollten wir viel empfänglicher werden.

Gebete eines Genießers

HERR

das lächeln
dieses säuglings
berührt mich mehr
als der kuß
einer frau

keine drei monate alt
vermag er
in einem augenblick
mein leben
hellzumachen
lichterloh

mein kind
erweckt mich
zum leben
das leben
lächelt mich an
in windeln gewickelt

HERR

dieses glas bier

es war wirklich
eine einfache kneipe
und ein einfältiger wirt
aber sein siebenminutenpils
war eine wucht
ein kunstwerk
schaumgekrönt
waren hopfen und malz
nicht verloren

im wasser aus dem fels
und im hopfen vom feld
blinkte und blinzelte mich
deine schöpfung an
im glase
einer arbeiterkneipe

danke HERR

für den leichtsinn
dieses nachmittags
den schreibtischstuhl habe ich
gegen den fahrradsattel
getauscht
und die gegenwart der bücher
gegen die meiner söhne

pflichtvergessen
bin ich
mit ihnen
in die leichtsinnige
nachmittagssonne gefahren

gelacht habe ich
und geschimpft
an der gefährlichen kreuzung

gesaust sind wir
getrampelt haben wir
geschoben das rad haben wir
dieweil das glück
mir bis zum halse stand

wenn das meine termine wüßten

HERR

das wasser

bergbachwasser
meereswellenwasser
badewasser
mineralwasser

berg meer wanne
und pfandflasche
eine quelle
voll sprudelnder
moleküle
des lebens

HERR
vergib
uns wassersündern
mach nicht bitter
die quellen
handle nicht mit uns
nach unsern missetaten

danke
für das wasser
an dem ich saß
in durban und am rosenlauigletscher
in dem ich saß
im neuen hallenbad auf der superrutsche
mit meinem kind auf dem bauch
und das ich aufsetze
für tee aus ceylon

das konzert
ist zu ende

HERR
zwei stunden lang
war leben
mir musik

laß alle diese künstler
in den himmel kommen
laß sie aufspielen
zur auferstehung

ihre musik
ist zu lebendig
für den
tod

sie geigen hornen
flöten und posaunen
schon heute
dir ein
gloria

KAPITEL 13

Solidarität mit der Schöpfung

Schöpfungsfreude

ich habe einen sonnenstrahl angefaßt
im spätsommerwald hinter kassel
warmlichterglühend schickte die sonne
ihre strahlen bündelweise
durch die hohen stämme der bäume
reflexe in gelb und grün
zwischen dem ruhigen dunkel
der baumkronen
kaskaden von licht
im spätnachmittagston
und dann dieser eine strahl
ich sah ihn kommen
zwischen den pfeilern
von gottes lieben bäumen
kam er daher
gebündelt und in schrägem fall
und ich herzu
vorsichtig tastend
bis mein schritt im laub
zum stehen kam
die hand streckte ich aus
und da war sie im licht
ich griff zu und öffnete
doch sogleich sie wieder
denn strahlen
kann man nur mit offenen händen fassen
o kosmos voll gnade
gruß des ersten tages
als der ewige schöpfer zu spielen begann
zu kämpfen befehlen und bauen
hinter kassel im habichtswald
kann man an einem spätsommertag
etwa um fünf
das schöpfungslicht betasten
und im herzen dem schöpfer singen

Die Kunst zu leben ist nur in Solidarität und Gemeinschaft mit der ganzen Schöpfung zu erlernen und zu praktizieren. Die Bibel kennt nicht das Gegenüber und die willkürliche Trennung von „Mensch“ und „Natur“. Für sie ist die Schöpfung ein Ganzes. Der Mensch ist darin nicht weniger oder mehr Geschöpf als andere Geschöpfe, sondern steht in ihrer Gemeinschaft. Freilich kommt ihm eine unvergleichliche Würde zu. Jedoch stellt ihn diese Würde sofort und als einziges Wesen in die Verantwortung für seine Mitgeschöpfe. Das wird deutlich an der inhaltlichen Bestimmung des Begriffs „Ebenbild Gottes“ in Genesis 1,27. Damit ist nicht irgendeine dem Menschen selbst eigene Qualität gemeint wie etwa der aufrechte Gang oder Wille, Vernunft und Kulturfähigkeit, sondern seine Beziehung zur Mitschöpfung in Gestalt gottgemäßen und schöpfungsgerechten „Herrschens“, das wir ein für allemal als Bewahren und Bebauen, Pflegen und Erhalten zu interpretieren haben. Das heißt: nur *in, mit* und *im Dienst an* der Schöpfung bewahrt der Mensch sein eigenes Bild-Gottes-Sein und damit seine ihm zugeeignete Würde. Erst die Rennaissance hat die Natur zum wesenlosen Material gemacht und den Menschen zum absolutistischen und feudalistischen Alleinherrscher. Ist der Mensch demgegenüber Teil der Schöpfungsgemeinschaft und für diese Gemeinschaft mitverantwortlich, so ist umgekehrt die Schöpfung das *Zuhause* des Menschen.

Wir haben uns aber auch dessen zu erinnern, was wir in Kapitel 2 bedachten, als wir den Geist als die Lebenskraft alles Geschaffenen bedachten, also auch der Pflanzen und Tiere. Das stellt uns in die Solidarität und lebendige Verbundenheit mit allen Kreaturen. Jesus selbst ist in seinem messianischen Wirken nicht nur auf die Heilung des Geschöpfes „Mensch“ bedacht, sondern bringt den messianischen Sabbat aller Kreatur.[15)] Zeichenhaft werden die wilden Tiere in der Wüste schon zu seinen Freunden, weil er zu ihrem Freund wird (Markus 1,13). In den Sperlingen und den Lilien auf dem Feld, in Saat und Senfkorn und Feigenbaum entdeckt er nicht nur Dokumente der weisen Schöpfungsordnung Gottes, sondern zugleich Gleichnisse auf das Reich hin. Jesus denkt und dient in tiefer Bezogenheit auf die Schöpfung und sieht sie schon im Licht des universalen messianischen Sabbat. Erfüllt vom Geist verkündet er das „Gnadenjahr des Herrn“ (Lukas 4,19), und dieses „Jobeljahr“ ist nach Levitikus 25,10f auch ökologisch auf die Schöpfung bezogen und als Sabbat der Erde zu verstehen, in dem der Schalom Gottes in die Schöpfungsgemeinschaft aller Kreaturen einzieht. In der Gegenwart des Schöpfer-Geistes und im messianischen Wirken Jesu gehören Schöpfung und Reich Gottes so zusammen, daß die Schöpfung der Weg zum Reich ist und das Reich das Ziel der Schöpfung. Es handelt sich auf dem Weg und am Ziel stets um die Schöpfungsgemeinschaft aller Kreaturen.

„Jesus hat an alle sein Recht,
das Recht des Liebens und
des Erbarmens Gottes;
das ist das Christusrecht
an alle Menschen und
jede Kreatur, sogar an Tiere und Bäume.
Die Erde soll ja jauchzen,
und die Bäume und die Gräser
sollen jauchzen über dem Christus,
und dem darf nicht ein Haar
weggenommen werden;
kein Mensch, keine Sünde,
kein Tod, kein Teufel, kein Satan
darf dem Christus auch nur
ein Fädelein in dieser Welt wegnehmen;
alles ist des Christus geworden,
und eben damit auch der Liebe
des Vaters im Himmel.“

Johann Christoph Blumhardt

Wir sind Teil der Schöpfung, die uns umgibt. Wir nehmen teil an ihrem Schicksal. Leider haben wir es geschafft, ihr immer mehr zum Schicksal zu *werden*. Darum kann Lebenskunst nur und nur noch als die „Kunst zur Mitgeschöpflichkeit“ in den Blick kommen.

In Kapitel 4 haben wir den Begriff der Kunst und Ästhetik als Absicherung gegen einen bürgerlichen Lebenszuschnitt eingeführt. In der „Kunst“ wird der Rahmen selbstgefälligen Daseins und bürgerlicher Privilegiertheit gesprengt, „Kunst“ – pneumatologisch verstanden als Verwandlung beschädigten, leidenden und entstellten Lebens.

Stellen wir dieses Leben nun in den Horizont der Schöpfung und in die Verbundenheit der kreatürlichen Gemeinschaft alles Geschaffenen, so sprengen wir den Rahmen der *Bürgerlichkeit* und *Privatheit* des Lebens, Privatheit verstanden als Daseinsversuch, der diese Schöpfungsgemeinschaft verleugnet, übersieht und übergeht. Wie aber sieht die Alternative aus? Was heißt „Lebenskunst" als Bewährung und Gestaltwerdung von Schöpfungsgemeinschaft?

Der heilige Franziskus und mein seliger Großvater

Von Franz von Assisi ist nicht nur bekannt, daß er einen häßlichen und stinkenden Aussätzigen umarmt hat und darin seine tiefe Solidarität mit den entstellten und leidenden Mitmenschen zeigte. Ebenso bekannt ist seine Zwiesprache mit der Kreatur. In dieser Zwiesprache existierte er im Gespräch mit der Schöpfung, wurde sein Leben zum Teil der Schöpfungsgemeinschaft, die der Geist stiftet. Im Roman von *Nikos Kazantzakis*[16)] verbeugt er sich mit ausgestreckten Armen vor den Vögeln und beginnt ihnen zu predigen mit den Worten: „O Vögel, meine Brüder! Gott, der Vater der Vögel und Menschen, liebt euch sehr, und ihr wißt es. Darum hebt ihr eure Köpfchen bei jedem Schluck Wasser, wenn ihr trinkt, zum Himmel und dankt ihm. Und sobald am Morgen der Sonnenstrahl euer Brüstchen trifft, füllt ihr euch mit Gesang und flattert von Zweig zu Zweig, um das Gloria auf ihn anzustimmen, der euch die Sonne, die grünen Bäume und das Lied gesandt hat. Dann schwingt ihr euch hoch zum Himmel, auf daß ihr ihm näher kommet und er euch höre. Und wenn eure Nester sich mit Eiern füllen und ihr als Mütter auf ihnen brütet, wird Gott ein Vogelmännchen und setzt sich auf den Zweig gegenüber, um euch mit seinem Geschmetter zu erquicken."

Der moderne Verstand sieht in solcher Predigt an die Vögel etwas Kurioses und Naives. Und dennoch berührt uns dieses Gespräch mit den Mitkreaturen auf eine rational nicht erklärbare Weise. Was der heilige Franziskus hier tut, erscheint uns im doppelten Sinne märchenhaft.

Mein Großvater, ein durchaus armer Kleinbauer im Oberbergischen, ein gottesfürchtiger Mann und doch seiner Wesensart nach keinesfalls ein Heiliger, wußte von Franz von Assisi vermutlich nichts. Aber uns Kindern, die wir ihn als alten, abgearbeiteten, knorrigen Mann täglich um uns hatten, war es Grund zum Staunen, aber auch zum befremdeten Kichern, daß er kaum zu unserem Haus kam, ohne auf dem Weg mehrmals stehenzubleiben, um aufmerksam auf die Anwesenheit der unscheinbarsten Mitkreaturen zu achten, auf die Blumen, Sträucher, Insekten und Vögel. Der Goldregen vor dem Haus war Lieblingsort der Amseln. Und oft, wenn er eine Amsel dort sitzen sah, hielt er inne, um mit ihr ein Weilchen zu plaudern.

Daß wir im dörflich-bäuerlichen Leben alle tagein tagaus mit den Tieren, den Hühnern, Schafen, Kühen und Pferden zu sprechen pflegten, ist mir damals nie bewußt geworden. Im nachhinein ist mir das Landleben, in dem ich aufwuchs, ein einziges gelungenes Paradigma für gelebte Schöpfungsgemeinschaft. Unser Leben war ökologisch eingebunden in die Gemeinschaft mit der Natur. Daß darüber mein Großvater im hohen Alter noch zum Poeten wurde, ist sinnig genug. Seine einfältigen und holperigen Verse bewiesen auch jenseits aller Kunstfertigkeit ein Wissen um den Zusammenhang von Himmel und Erde, Schöpfung und Reich Gottes, die zwar in der Form weit hinter Paul Gerhardts berühmtem Schöpfungslied „Geh aus mein Herz“ zurückblieben, nicht aber der Sache nach. Auch Paul Gerhardt hatte offensichtlich keine Mühe, die Schöpfungsgemeinschaft von Bäumen und Narzissen, Lerchen und Tauben, der Glucke und dem Reh, den Bächen und Wiesen, den Schafen und den Bienen in Verbindung zu bringen mit der „Erwählung zum Paradeis“, wo wir „an Leib und Seele grünen“ werden (EKG 371). Es scheint gerade dem Glauben in seiner eschatologischen Ausrichtung zu entsprechen, geistesgegenwärtig die Schöpfung wahr-zunehmen und in ihr beheimatet zu sein. Was sich hier abzeichnet, ist Schöpfungsgemeinschaft als *doxologische* Gemeinschaft, als Gemeinschaft aller Kreatur in Lob und Bekenntnis – ein Aspekt, auf den wir in Kapitel 19 noch zurückkommen werden.

Geschöpfsein in der Unnatur der Stadt

Biographisch fällt mein Weg aus den Kindheits- und Jugendjahren ins Erwachsenenalter zusammen mit dem Weggang aus der ökologisch integrierten Welt dörflich-bäuerlichen Lebens in die Welt der Stadt. Ich liege mit diesem Weg sozusagen durchaus im Trend, denn im Zuge der Verstädterung unseres Planeten, die in allen Erdteilen zur Landflucht und zur Entstehung von „Mega-Cities“ und riesigen Ballungsgebieten führt, wird es dazu kommen, daß schon in wenigen Jahren 50% der Weltbevölkerung in Städten wohnen werden. Städte sind kulturell und sozial eine menschengemachte „Schöpfung“ eigener Art, die man ökologisch als „Antischöpfung“ bezeichnen muß. Wir beobachten schon heute die immer deutlicher werdenden „Gesichtszüge“ der Stadt, die freilich schon mit der beginnenden Industrialisierung in Wahrheit oft als Fratze erfahren werden, und zwar lange vor jeder ökologischen Besinnung: Fehlen sozialer Absicherung, menschenunwürdige Unterkünfte, überdurchschnittliche Kriminalität, Prostitution, Drogenmißbrauch, Verarmung, Verelendung, Vereinsamung aufgrund der Entwurzelung und der stürmischen städtischen Entwicklung ... – und daneben: exzessiver Reichtum und Wohlstand.

Symbole der Stadt sind „Beton", „Isolation" und „Klassensystem". *Harvey Cox* hat in seinem Buch „Stadt ohne Gott?"[17] nicht ohne Grund vom „Dämonischen" der Stadt gesprochen – und fragt nach der Notwendigkeit eines stadtspezifischen „Exorzismus". Die soziale Problematik der Stadt ist auch eine ökologische und schöpfungstheologische: Kann man in der Stadt Mensch und „Mitgeschöpf mit der Kreatur" sein? Ich verstehe diese Frage selbstverständlich nicht als Aufruf zu einem naiv-romantischen „Zurück zur Natur"! Ich frage aber: Wie sieht „Lebenskunst" als ökologische und mitgeschöpfliche Lebensgestaltung in der Stadt aus? Es ist ja zum Beispiel folgendes bezeichnend: Nach Genesis 2 realisiert der Mensch seine besondere Stellung in der Schöpfung in der Weise der *Namengebung*: er soll und darf seine Mitgeschöpfe benennen, damit sie beim Namen gerufen werden können. Der Name macht aus einer Sache ein Wesen, ein Gegenüber, ein „Du". – Welcher Stadtmensch kann aber die Vögel und Sträucher, die Insekten und Wiesenblumen beim Namen rufen? Ich erinnere mich noch gut, wie einmal im Sommer eine Familie aus der Stadt zu uns aufs Land kam und die Kinder beim Anblick unserer Schafe riefen: „Guck mal – Schweine!" Ich war als Kind entsetzt und konnte eine solche Ignoranz kaum fassen.

Umgekehrt habe ich ein positives Beispiel für „mitgeschöpfliches" Leben in der Großstadt vor Augen: Eine kleine christliche Kommunität, die im Mafia-, Drogen- und Sexviertel der Amsterdamer Altstadt lebt, hat sich dort eine eigene ökologische Lebenskultur in Miniaturformat geschaffen, und zwar aus theologischer Einsicht! Auf engstem Raum zwischen Kanälen und Häuserwänden, wo eigentlich nichts leben kann, hat man Lebensmöglichkeiten für Blumen, Hühner, Karnickel und andere „Kleinlebewesen" geschaffen, um vor allem den Kindern den Horizont der Schöpfung Gottes nahezubringen und auch an ungastlicher Stätte Schöpfungsgemeinschaft zu ermöglichen. Man sollte so etwas nicht als naiv belächeln. In Wahrheit wird hier ein prophetisches Zeichen gesetzt im Blick auf die notwendige Alternative zur städtischen Seelenlosigkeit. Der Geist als kreativ-verwandelnde Kraft der Schöpfung ist auch die kreativ-verwandelnde Kraft für das Menschsein in der Stadt. In der Blume und im Stallhasen kommt es zur Geistesgegenwart in der Stadt, belächelbar, verletzlich, am Rand der Vergeblichkeit – und doch als erster Schritt zu einer Gegenkultur in der Stadt. Dabei können der Stallhase, das Huhn und der Efeu nur Platzhalter sein für eine neue Form von Stadt selbst, die mitgeschöpflich angelegt und ökologisch offen ist. Denn ohne mitgeschöpfliche Möglichkeiten muß das Leben selber am Ungeist der Geistlosigkeit, der Betonwüsten und der Beziehungslosigkeit zugrunde gehen.

Das Leben wird zum Kunstwerk, wenn es gelingt, unter den zum Teil barbarischen und menschenfeindlichen Bedingungen einer Plastik- und Betonwelt Oasen zu schaffen, in denen der Schöpfungswille Gottes wieder Gestalt gewinnt, der auf die gegenseitige Diakonie von Mensch und Natur zielt, in der die Natur den Menschen ernährt und belebt und der Mensch die Natur bewahrt und pflegt. Es kann keine gemeinsame Doxologie von Mensch und Kreatur geben, wenn nicht diese wechselseitige Diakonie gelingt. „Lebenskunst" im Horizont unserer Berufung zur Mitgeschöpflichkeit bedeutet das Ernstnehmen der Tatsache, daß der Noahbund als ökologisches Treueversprechen Gottes gegenüber einer gefallenen Welt ein Bund Gottes mit Mensch *und* Kreatur ist:

„Siehe, ich richte mit euch einen Bund auf
und mit allem lebendigen Getier bei euch,
an Vögeln, an Vieh und an allen Tieren des
Feldes bei euch, von allem, was aus der
Arche gegangen ist, was für Tiere es sind
auf Erden.
Und ich richte meinen Bund so mit euch auf,
daß hinfort nicht mehr alles Fleisch
verderbt werden soll" (Genesis 9,9–11).

KAPITEL 14

Lob der Freundschaft

„Ein treuer Freund ist ein starker Schutz; wer den findet,
der findet einen großen Schatz.
Ein treuer Freund ist nicht mit Geld oder Gut zu bezahlen,
und sein Wert ist nicht hoch genug zu schätzen.
Ein treuer Freund ist ein Trost im Leben; wer Gott fürchtet,
der bekommt solchen Freund.
Denn wer Gott fürchtet, der wird auch gute Freundschaft
halten; und sein Nächster wird so werden wie er selbst ist."

(Jesus Sirach 6,14–17)

„Von Irrtum zu Irrtum findet der Mensch den Weg zum Feuer.
Darum, mein Freund, brauch ich sehr Deine Freundschaft.
Ich dürste nach einem Gefährten,
der jenseits der Streitfragen des Verstandes
in mir den Pilger des Feuers sieht.
Mein Freund, ich brauch Dich wie eine Höhe,
in der man anders atmet."
Antoine de Saint-Exupéry

Ich werde der Versuchung nicht widerstehen können, dieses Kapitel als ein kleines Poesie-Album zu gestalten. Denn Freundschaft *ist* Poesie. Darum läßt sich Freundschaft nicht beschreiben, ohne daß sie nach dem Poeten ruft. Freundschaft ist die Unterbrechung aller Banalität, Langeweile oder Arbeitswut, weil sie die tiefste geschöpfliche Bestimmung des Menschen enthüllt: die Bestimmung zur *Mitmenschlichkeit*. Wo aber der Mensch aus seinem Gehäuse befreit wird, um den Freund zu finden und zum Freund zu werden, da haben wir es allemal mit dem heimlichen Wirken und Schenken des Schöpfergeistes zu tun, denn er, der Schöpfergeist, ist nicht nur die Kraft der Erschaffung alles Lebendigen, sondern auch die Kraft der Verknüpfung und der Beziehung zwischen allem! Ist *Tod* zu definieren als die absolute Beziehungslosigkeit, und *Leben* als geschenkte Beziehung (zu Gott, zu den Mitmenschen und zur Mitkreatur) – dann ist der Geist als die Kraft des Lebens auch die Kraft aller Schöpfungsgemeinschaft. Spreche ich vom *heimlichen* Wirken und Schenken des Schöpfergeistes, dann bestaune ich die *Vornehmheit* seiner Art, in der er seit der Erschaffung der Welt vornehm-lich im Verborgenen bleibt und doch alles tut, gibt, wirkt und schenkt, was dem Leben dient. Der Schöpfergeist macht sich selber keinen *Namen*. Der *Name*, „der über alle Namen ist" (Philipper 2,9), ist allein Jesus Christus verliehen, obschon Jesus Christus nicht ohne den Geist ist, was er ist. Darin erweist sich der Geist selbst als Freund par excellence: er tritt seinen Namen ab an einen anderen und läßt zu, daß ein anderer neben ihm der Größere wird. Er selbst bleibt um des andern willen im Verborgenen. Er sucht nicht das Seine.

Ist der Geist die Kraft der Gemeinschaft alles Geschaffenen, dann erschöpft sich sein Wirken doch nicht im Allgemeinen und Generellen. Im Geist gefällt es „Gott, dem alle Gleichmacherei zutiefst zuwider ist, sich an bestimmten Stellen deutlicher zu manifestieren" (Reinhard Deichgräber). So tritt aus dem Halbdunkel allgemeiner gegenseitiger Bezogenheit im Raum der Schöpfung das hervor und ans helle Licht, was wir die *besondere, gestaltgewordene Beziehung* nennen können: die Beziehung der *Familie* und Verwandtschaft, die Beziehung von *Mann und Frau* in der Ehe – und, als ein Drittes neben diesen beiden, die Beziehung der *Freundschaft*. Hier leuchtet auf, was, durch den Sündenfall zerbrochen, gestört und beschädigt, alle Menschen und Kreaturen eigentlich auszeichnen sollte und was im Reich Gottes einmal die gesamte Schöpfungsgemeinschaft auszeichnen wird: das Leben in geglückter, befriedeter *Nachbarschaft*, das Leben als ein *Sich-nahe-Sein*, als *freie Bezogenheit* aufeinander – und darin als radikale Erlösung aus der Einsamkeit. Darum ist die Schöpfungsgabe der Freundschaft als Geistesgabe zugleich Vor-Gabe auf endzeitliche Erfüllung hin. Freundschaft wird zum messianischen Vorgeschmack und ist von messianischer Vorbedeutung. Im Horizont des Advent ist sie „ein heilsgeschichtliches Ereignis auf die Parusie (Wiederkunft Christi, d.Vf.) hin; denn die Parusie ist das Ende der Isolierung, das im Gespräch vorweggenommen wird. Erbe auf Zukunft ist auch die menschlich-gelockerte Atmosphäre" (Rudolf Bohren)[18].

Der Satz aus dem 2. Schöpfungsbericht, „Es ist nicht gut, daß der Mensch allein sei", zielt nicht nur auf die Ehe, sondern er ist als ein Schöpfungsdekret Gottes zu begreifen, das auf die *Erwählung* des Menschen schlechthin zielt: auf sein Erwähltsein zum Partner. Allem voran zum Partner Gottes, aber dann von hier aus, im Licht und in der Kraft dieser Grundbeziehung, nun auch zum mitmenschlichen Partner in freier Liebe und Achtung. Es hat daher seinen Grund, wenn es durch die ganze Geistesgeschichte hindurch immer wieder Stimmen gegeben hat, die der Freundschaft gegenüber der familiären Beziehung des Menschen einerseits und der Beziehung der Geschlechter andererseits einen eigenen Rang und eine eigene Qualität zugeschrieben haben. Denn die familiäre Beziehung ist mir immer vorgegeben durch Herkunft, Geburt und Blut. Und die Beziehung von Mann und Frau existiert nicht ohne die Eigenmacht geschlechtlicher Polarität und ihrer Dynamik. Beidem gegenüber ist die Freundschaft Ergebnis freiester Wahl, in der an den Tag kommt, daß der Mensch „nicht nur geschlechtlich und nicht nur verwandtschaftlich, sondern ... freundschaftlich bestimmt (ist)" (Karl Barth)[19]. Erst von hieraus ist die familiäre und geschlechtliche Freundschaft möglich, also auch die *Ehe* als Freundschaft! Denn geschlechtliche und „familiäre" Beziehungen bestimmen auch die Tierwelt. Aber kein Tier kann einen Freund suchen und finden. „Es ist nicht gut, daß der Mensch allein sei" – das verweist auf die Gabe intimer Nächstenschaft, die allen Menschen gewährt ist, auch dem Ehelosen. Eine „Kultur der Ehelosigkeit" (Paul Michael Zulehner)[20] wird darum eine „Kultur der Freundschaft" sein!

„Dein Freund ist die Antwort auf deine Not.
Er ist das Feld, das du besäst mit Liebe
und worauf du erntest mit Dankgebeten.
Und er ist dein Tisch und dein Herd,
denn du kommst zu ihm mit deinem Hunger,
und suchst bei ihm deinen Frieden.
Schweigt er, so lasse dein Herz nicht ab,
auf das seine zu lauschen.
Denn in der Freundschaft
werden alle Gedanken,
alle Wünsche und Erwartungen
geboren und geteilt,
ohne Worte und mit einer Freude,
die keines Beifalls bedarf.“

Khalil Gibran

„Mit dem Heiligen Geist bekommen wir Freunde und mit den Freunden Geist“, sagt *Rudolf Bohren* und erinnert an die berühmte Freundschaft zwischen *Eduard Thurneysen* und *Karl Barth*: „Zweieinhalb, drei Wegstunden liegen (ihre) Dörfer voneinander entfernt. Ein Telefon hatte man noch nicht, also ergab sich ein ständiges Hin und Her zu Fuß und ein Hin und Her von Briefen. Oft stand Barth schon um 7.30 Uhr vor der Tür des Leutwiler Pfarrhauses und ließ den Türklopfer auf die Tür fallen. Dann hoben die Gespräche an, die eine neue Epoche der Theologiegeschichte eingeleitet haben.“ Einmal läßt Barth für seinen Freund Thurneysen einen Lebkuchen backen, auf dem in Zuckerguß ein Brunnen prangt. Der Lebkuchen wird mit einem selbstverfaßten Gedicht überreicht. „Freundschaft wurde gefeiert und gelobt im Zuckerguß des Lebkuchens ... Das Symbol ‚Brunnen‘ verbirgt die unausgesprochene Anspielung auf das johanneische Wort Jesu, wonach aus dem Glauben Ströme lebendigen Wassers fließen (Joh. 7,38). – Der Zuckerguß auf dem Lebkuchen und die Gelegenheitsverse Barths zeigen, daß Freundschaft gepflegt, kultiviert sein will. Freundschaft setzt Kultur voraus, wie sie selbst Kultur schafft. Einer läßt sich für den andern etwas einfallen. Freundschaft erweckt und verlangt Aufmerksamkeit, braucht Fest und Feier.“[21)]

„Was die wahre Freundschaft
so entzückend macht,
ist die Erweiterung seines Ichs,
und zwar auf ein Feld hinaus,
das sich im einzelnen Menschen
durch keine Kunst schaffen läßt."

Georg Christoph Lichtenberg

„Jeder Freund ist des anderen
Sonne und Sonnenblume zugleich:
er zieht und er folgt."

Jean Paul

Die Erinnerung an die Freundschaft zwischen Eduard Thurneysen und Karl Barth offenbart Freundschaft als etwas tief Beglückendes und hoch zu Lobendes. Sie ist ein Geschenk des Schöpfers und eine Gabe des Geistes. Gelingende Freundschaft wird als ein Stück wiedergefundenes Paradies empfunden, weshalb sie zugleich adventlich auf Zukünftiges verweist, das als schrankenlose Freundschaft von Gott und Mensch, Himmel und Erde zu erwarten ist.

Blickt man sich mit dieser Erkenntnis jedoch im eigenen Lebensumkreis um, dann stellt man fest, daß viele Menschen ohne Freunde sind – das Wort „Freund" nun in seiner ganzen Bedeutungstiefe verstanden. Jemand, den ich fragte, ob er eigentlich Freunde habe, reagierte darauf so, daß er zunächst sehr lange schwieg, als habe ich ihn mit meiner Frage auf dem falschen Fuß erwischt, und dann zögernd sagte: „Wenn ich jemanden als Freund bezeichnen würde, hätte ich damit das Höchste gesagt, was sich über einen Menschen sagen läßt ... In diesem Sinne habe ich, scheint mir, keinen Freund."

Warum leben viele Menschen in Entbehrung eines Freundes? Offenbar ist ein Freund ein Geschenk des Himmels, aber er fällt nicht vom Himmel. Mag sein, daß uns tatsächlich Freunde „zufallen" – so wie es oft einem „Zufall" zu verdanken ist, wenn zwei sich als Partner für die Ehe finden. Andere müssen auf „Partnersuche" gehen. Und so sind auch Freunde oft lange zu erbeten und zu suchen. Im Horizont der Freundschaft wird alles auf eine spezifische Weise virulent, was wir über das Leben als „Kunsthandwerk" und als Gestaltungsaufgabe sagten: ohne Mühe, Arbeit und Hingabe kann wahre Freundschaft kaum entstehen und vor allem nicht *be*stehen. Kann man dafür Hilfestellungen geben, oder ist im Bereich der Freundschaft alles unverfügbar: man muß es nehmen, wie es kommt?

Ich wage mit aller Vorsicht doch einige Hinweise, wissend, daß ich damit der Buntheit des Lebens wie seiner Unberechenbarkeit nicht gerecht werde. Einige Stichworte können uns helfen, unsere eigenen Erfahrungen zu bedenken und uns über unseren eigenen Weg zu und mit Freunden Klarheit zu verschaffen.

Jugendfreunde und/oder „Lebensfreunde"

Ich selber habe meine gesamte Kindheit und Jugendzeit ohne Freunde verlebt – eine schmerzliche Erfahrung, die noch heute bedrückend wirkt. Gott sei Dank wuchs ich wenigstens in einem Kreis von Geschwistern und einer großen, intakten Verwandtschaft auf. Den ersten wirklichen Freund fand ich erst, als ich von zu Hause wegging. Und seitdem haben Freunde mein Leben begleitet und in nicht zu ermessender Weise mitgestaltet. – Nun kenne ich viele, bei denen ist es genau umgekehrt: sie erzählen viel von ihren Jugendfreunden und leben heute ohne den engen Freund oder Freundeskreis. Ich hege darum den Verdacht, daß sich die Frage nach dem Erwachsenwerden und nach der Ablösung vom Ort der „Primärsozialisation" nicht umgehen läßt, wenn es um „Lebensfreundschaften" geht (vgl. Kapitel 11). Jugendfreunde und „Freunde fürs Leben" – das ist nicht ohne weiteres verknüpfbar. Das versteht sich von selbst, wenn mit dem Erwachsenwerden der Weggang von Heimatort, Familie und Jugendfreunden verbunden ist. Wer aber in diesem Bereich als Erwachsener bleibt, kann im Blick auf „Lebensfreunde" seine Jugendzeit nicht einfach „beerben". Denn Freundschaft bedeutet in der Welt der Erwachsenen, einen *Weg miteinander zu gehen*; und dieser Weg ist vor allem eine „innere Reise", in der der Lebensstil gesucht und gefunden, der Rahmen und Horizont, in dem ich mich bewege, abgesteckt und die Kunst und Gestaltung des Lebens geübt werden. Die Tatsache der Jugendfreundschaft als solche kann uns dafür nicht schon prädestinieren; sie könnte auch ein Grund zu größerem Abstand sein, wenn keine gemeinsame Lebensvision da ist. Das bedeutet: Lebensfreunde bekommt niemand in die Wiege gelegt. Es ist vielmehr die Zeit zwischen 20 und 30, in der die Fähigkeit zur Freundschaft neu gewonnen werden muß und der Freund zu suchen ist und nur durch die Öffnung des eigenen Lebens und durch ganze Hingabe gewonnen wird.

Wenn ich die Lebensphase zwischen 20 und 30 hervorhebe, dann kann das nicht festlegend gemeint sein. Das Leben unterliegt keinem

Schema! Wohl aber läßt sich sagen, daß es im weiteren Verlauf des Lebens und mit dem Älterwerden nicht einfacher, sondern schwieriger wird, Freunde zu finden. Das lehrt jedenfalls die Erfahrung. Zum anderen muß aber auch gesagt werden, daß in der Zeit zwischen 20 und 30 die Grundsteinlegung für „Lebensfreundschaften" oft versäumt wird, weil dies zugleich die Zeit der Partnerfindung, Eheschließung und Familiengründung ist und viele Paare den Fehler begehen, sich in den ersten Jahren der Partnerschaft selbst zu genügen. Sie schaden sich damit nur selbst und verspielen vielleicht die Chance, ihre Ehe und ihr Familienleben im Klima eines größeren Kreises zu gestalten, in dem Freundschaft gelebt wird. Am Ende sind die Freunde weg, und die Zweierbeziehung wird zur Falle. Der andere kritische Punkt dieser Lebensphase ist, daß aus der zunächst oft integrierenden Lebensgestaltung vieler junger Erwachsener allmählich zwei „Clubs" werden: der „Club der Pärchen (und später Ehepaare)" und der „Club der Unverheirateten". Eine solche Entwicklung atmet den Ungeist mangelnder Kreativität und Offenheit füreinander und ist geistlos, lieblos und für beide Seiten schädlich.

Aber was meint der hier eingeführte Begriff der „Lebensfreundschaft"? Wie im Fortgang noch zu bedenken ist, können Freunde kaum davon ausgehen, daß ihre Genossenschaft währt, „bis der Tod sie scheidet". „Lebensfreundschaft" ist keine Kategorie der *Dauer*, sondern der *Qualität*. Es bedeutet, daß solche Freundschaften uns in unserem Menschsein und mit unserem ganzen Existenzversuch prägen und zu einer bestimmenden Kraft unserer Lebensgestaltung werden. In der Kraft solcher Freundschaft strickt einer für den andern den Pullover, der ihn wärmt. Am Ende ist das, was ich geworden bin, nicht zu beschreiben abgesehen davon, was wir füreinander waren!

Die Entstehung solcher Lebensfreundschaften ist unseren eigenen Blicken weitgehend entzogen. Sie beginnen im Verborgenen, und dieser Beginn bleibt ein Geheimnis. Selbstverständlich steht *Zuneigung* an ihrer Wiege. Aber zu ihrer Gestalt finden sie erst im Gespräch, im offenen, freien und vor allem zweckfreien Gespräch, in dem erfahren wird, daß man sich *versteht*. Und genau aus diesem Verstehen erwachsen gemeinsame *Visionen* auf unterschiedlichen Feldern und Ebenen. Lebensverbundenheit ist ohne einen visionären Zug kaum erreichbar. Denn nur aus dem Teilen von Träumen und Visionen kann die Verknüpfung verschiedener Lebenswelten hervorgehen. In der Vision werden Grenzen gesprengt, wird das Leben auf bislang unentdeckte Möglichkeiten hin erweitert, und ein „Ruf" in unserem Inneren verschafft sich Gehör. Mir selber stehen dabei ungezählte lange „Nachtgespräche" während der Studentenzeit lebendig vor Augen. In der Realität des Alltags hält man es auf Dauer miteinander und füreinander nur aus, wenn es den gemeinsamen Traum in der Nacht gab, aus dem Perspektiven und Schritte in gemeinsamer Verbundenheit erwachsen.

erinnerung

drei alte sofas
vor dem
alten kanonenofen
in dem
alten zimmer
eines ergrauten stiftsgebäudes
einer altersweisen
universitätsstadt

heiß dampft der tee
in der runde
nächtens gebrüht
zur erquickung
dampfender gehirne
die welt erfragend
die fragen hinterfragend
ahnungsvoll
ob unentdeckter möglichkeiten
hienieden

pfeifenqualm
durchzieht die argumente
in ringen
und spiralen
und zieht
mit den gedanken
den unvollendet
irrend suchenden
nach oben

die
tee und pfeifentabak
teilten
mitteilten ihre tastversuche
brechen auf
gehn
als der morgen naht
um ein neues stück verbunden
auseinander
auseinander gehen sie
zusammen
auf zukunft hin
um die welt
durch freundschaft
zu verjüngen

Verbundenheit – auf Zeit?

Freundschaft kann man nicht planen wie einen Hausbau. Und selbst wenn man für eine Freundschaft den Grund gelegt hat, auf dem sie wachsen und gedeihen kann, kann uns morgen schon das Geschick auseinanderführen, ohne daß wir uns dagegen wehren können. Viele Freundschaften haben ihre Zeit, innerlich und äußerlich. Man kann sich entfremden, oder der eine geht in die Fremde, während der andere zu bleiben hat. Oft ist mit der räumlichen Trennung das Vergehen einer Freundschaft verbunden, ohne daß dem zu wehren wäre. Das muß nicht immer so sein. Es gibt ein Geheimnis der Verbundenheit auch über weite Entfernung und dauernde Trennung hinweg: „Hie und da jemand zu wissen, der mit uns übereinstimmt, mit dem wir auch stillschweigend fortleben, das macht dieses Erdenrund erst zu einem bewohnten Garten." (Goethe) – Aber aufs Ganze gesehen wird man sagen müssen: Viele Freundschaften vergehen, wenn der Freund oder man selbst geht. Das macht den Wert der gemeinsamen Zeit nicht zunichte. Sie läßt eine Farbe im Leben zurück – vielleicht ist es nur ein Pinselstrich – wodurch ein unverlierbarer Akzent gesetzt, ein nicht zu verwischendes Beschenktsein erfahren und ein ganz spezifischer, bleibender Ton kreiert wurde. Auch als vergehende und vergangene Freundschaft bleibt sie tief beglückend und hoch zu loben. Das gilt selbst dann, wenn sie nicht durch äußere Ursachen, sondern durch innere Entfremdung und unter Schmerz und Trauer an ihr Ende kam.

Aber diese Tatsache, daß wir viele Freunde nur *auf Zeit* als Gegenüber und Gefährten haben, muß doch nun zugleich ein Appell sein, in den wenigen Fällen, wo es möglich ist, eine höhere Verbindlichkeit zu wollen und zu schaffen. Das ist jedenfalls Konsequenz aus der theologischen Einsicht, daß wir Menschen auf Freundschaft hin angelegt sind und daß im Geschenk der Freundschaft die lebensgestaltende Macht des Geistes in besonderer Weise ins Sichtbare und Erfahrbare kommt. Zusammen mit dem Freund oder den Freunden ist zu prüfen und zu entscheiden, ob uns ein Grad von „innerer Verpflichtung zueinander und füreinander" geschenkt worden ist, der zu bleibender Verbundenheit und Verbindlichkeit führt. Das ist leichter gesagt als getan. Aber zunächst einmal ist zu fragen, ob wir in solchen Kategorien überhaupt zu *denken* gelernt haben! Ich vermag jedenfalls nicht zu erkennen, daß im Bereich der christlichen Gemeinde „Freundschaft" einen solchen theologischen Rang hätte, daß sie als Faktor bei grundlegenden Lebensentscheidungen in Betracht käme – und zwar positiv: als Verpflichtung von Gott her! Als Verpflichtung deshalb, weil eine Freundschaft, im Horizont des Reiches Gottes gesehen, zum Kern von Veränderungsprozessen in Gemeinde und Welt werden kann. Wenn zwei sich in einer Sache verstehen und angesichts dieser Sache ihr Leben in innerer Verpflichtung miteinander verknüpfen, dann ist das eine „Kernfusion", die schöpferische Energien freisetzt. Aber bislang ist ein solches Denken in unserer Gesellschaft wie in der Kirche nicht geläufig. Freundschaft gilt als Privatvergnügen oder Freizeitbeschäftigung, nicht als Energieträger von Umwälzungen, in denen etwas Neues geboren wird.

Eindrucksvoll war mir in diesem Zusammenhang die eher zufällige Begegnung mit einem Pfarrerehepaar in England, das bereits Ruhestandsnähe erreicht hatte. Beide sagten: „Jetzt, da wir die Kinder aus dem Haus haben, stehen uns alle Türen offen, noch einmal etwas ganz Neues zu tun. Wir haben uns mit einigen Freunden zusammengetan und wollen eine Wohn- und Lebensgemeinschaft beginnen, um auf diese Weise selber intensiver zu leben und besser für andere dasein zu können." – Wird Freundschaft im Horizont des Geistes bedacht und als Geistesgabe empfangen, dann kann es zu solchen Formen eines „Bundesschlusses" kommen. Dazu gehört die Gemeinsamkeit des Ortes. Denn diese Qualität von Freundschaft erfordert die räumliche Nähe. Zum anderen kommt hier eine Dimension von Freundschaft in Sicht, die in unserer Kultur fast völlig verlorengegangen ist: die „vertragliche" Einigung auf einen gemeinsamen Weg.

Es wäre nur ein Zeichen unseres oberflächlichen Individualismus, wenn wir einen solchen Gedanken von vornherein von der Hand weisen oder uns gar darüber entrüsten würden. Jede rituelle, symbolische oder auf Absprache gegründete freundschaftliche Beziehung ist uns natürlich zunächst fern und fremd. Wir sind gerade im Blick auf Freundschaften der Meinung, daß formale Bindungen nicht nur unnötig, sondern hinderlich seien. „Eine unserer festen Überzeugungen hinsichtlich der Freundschaft besagt, daß sie keiner Gesetze, keiner Zeremonien, keiner materiellen Erwartungen bedarf" (so der australische Anthropologe Robert Braun).[22] Während wir damit in leichtsinniger Weise Freundschaften nur auf vage Gefühlsbindungen gründen und im Blick auf ihre Form und Gestalt oft eher geistesabwesend vorgehen, anstatt sie dem Geist zu unterstellen, wissen andere Kulturen um die Notwendigkeit von Freundschaftsritualen. „Die Freundschaft gilt als ein zu kostbares Gut, als daß man ihr den Schutz durch Zeremonie oder Vertrag versagen dürfte."[23]

– Gewiß, das wird nur in wenigen Fällen im Leben realisierbar sein. Unsere hypermobile Gesellschaft ist ein ständiger Angriff auf jede dauerhafte Beziehung. Aber gerade deshalb verdient die Gestaltung und Vertiefung von Freundschaft unsere höchste Beachtung.

„Freundesrat, früh und spat!
Freundestat, seltne Saat!
Aber der Freundschaft Opfer bringen,
zählt zu den Wundern und heiligen Dingen!"

Viktor Blüthgen

Mit dem Stichwort der „inneren Verpflichtung zueinander und füreinander" haben wir eine Dimension von Freundschaft angesprochen, in der Freundschaft im Dienst des Geistes Gottes steht. Durch *Freundschaft* will er uns verändern und in der Welt etwas ändern! In dieser Dimension rücken auch Freundschaft und Lebensführung nicht auseinander, sondern zueinander.

„Kommt, Kinder, laßt uns wandern,
wir gehen Hand in Hand;
eins freuet sich am andern
in diesem wilden Land.
Kommt, laßt uns kindlich sein,
uns auf dem Weg nicht streiten;
die Engel selbst begleiten
als Brüder unsre Reihn."

(EKG 272,7)

Wovon Freundschaft lebt

Freundschaft ist ein Geschenk des Himmels, sagten wir, aber sie fällt nicht vom Himmel. Himmelschreiend ist es indes, wie viele Menschen dieses kostbare Geschenk der Menschenfreundlichkeit Gottes so behandeln, als sei es aus billigem Plastik, das man fallen lassen und auf das man treten kann, ohne daß es bricht. Es gibt Menschen, die können wochenlang über Urlaubsprospekten brüten, aber für die Nächstenschaft mit ihren Freunden, wenn ihnen denn solche geschenkt sind, bringen sie nicht für 3 Pfennige Phantasie und Mühe auf. Solche Mühe könnte sich aber etwa in folgenden Entscheidungen niederschlagen:

- Wir richten feste Rhythmen und Zeiten der Begegnung ein.
- Wir lassen unsere Begegnung auf ganz unterschiedlichen Feldern des Lebens stattfinden, denn Freundschaft besteht nicht darin, daß man jemanden kennt, der sich zum sommerlichen Grillabend einladen läßt. Freundschaft ist die gegenseitige Öffnung unserer Existenz.
- Wir suchen Intensivzeiten des Gespräches, denn: „Ein Freund ist ein Mensch, vor dem man laut denken kann“ (Ralph Waldo Emerson).
- Für das alles setzen wir Prioritäten in unserer Lebensgestaltung.

Wo eine solche Freundschaftskultur eingeübt wird, da entsteht eine gemeinsame *Geschichte*. Und neben der gemeinsam (stets zu erneuernden) *Vision*, von der wir sprachen, ist die gemeinsame *Geschichte* die stärkste Kraft, die Freundschaft zusammenhält. Diese gemeinsame Geschichte könnte man in Anlehnung an *Richard Rohrs* Überlegungen zu den Gesetzmäßigkeiten von Gruppenbeziehungen den gemeinsamen *„Mythos“* nennen. „Das Entstehen eines Mythos“, so sagt er, „braucht Zeit. Man muß einen gemeinsamen Weg gehen, um so etwas wie eine gemeinsame Geschichte zu haben. Man muß miteinander und aneinander gelitten und zusammen gekämpft haben. Man braucht Erinnerungen, gemeinsame Geschichten, Erlebnisse. Man muß gemeinsam gescheitert sein und gemeinsame Siege errungen haben ... Man muß einander verletzt haben – und muß sich vergeben haben. Das braucht Zeit. Ein Mythos entsteht nicht in einem einzigen Jahr ... Erst der gemeinsame Kampf und Weg schafft einen Mythos.“[24)] – Aus dieser Geschichte entsteht eine Liebe zueinander und Hingabe aneinander, die in den Kategorien von Sympathie, seelischer Affinität und innerem Wesensgleichklang sowie der zueinander passenden Persönlichkeitsstrukturen gar nicht zu erfassen ist. Wenn ich diese Kategorien an die Gemeinschaft der Freunde anlegen würde, in deren Kreis meine Frau und ich leben, dann ist uns diese Gemeinschaft ein einziges Rätsel. Daran gemessen sind wir alle zusammen eher eine Kuriositätensammlung! – Was wir indes viel früher einmal von der „schönmachenden" Liebe Gottes sagten, ist auch im Horizont der Freundschaft gültig: Freunde sind einander schön, nicht weil sie sich für schön, liebenswert und anziehend halten, sondern weil ihre Liebe zur Geschichte geworden ist, die sie verändert hat und so füreinander allererst schön *macht*.

Aber diese Geschichte ist nichts, in das man sich zurückfallen lassen kann wie in ein gemachtes Bett. Sie muß fortgeschrieben werden. „Einer läßt sich für den andern etwas einfallen", sagte Rudolf Bohren im Blick auf Barth und Thurneysen. Es bedarf des Lebkuchens, der Gelegenheitsverse – und vor allem des Gespräches. So überraschend es klingt: ich habe den Eindruck, daß wir mit einem Niedergang echter Gesprächskultur zu kämpfen haben, der aufs engste verbunden ist mit der verfallenen Kultur der *brieflichen* Kommunikation. Das Telefon hat den Brief überholt. Man spart auf diese Weise viel Zeit und Arbeit – mit dem Ergebnis wuchernder Oberflächlichkeit. Telekommunikation ist zur Meisterschaft unserer technischen Zivilisation geworden, – aber was hat man sich noch zu sagen? Im Brief wäge ich die Worte wie Goldstaub, am Telefon gewöhnt man sich das Schwatzen an. Und die Gefahr ist groß, daß man in kostbaren Stunden des Zusammenseins mit Freunden doch nur dieses Schwatzen fortsetzt. In gehobeneren Kreisen gehörte es früher zum Stil freundschaftlicher Zusammenkünfte, daß man Hausmusik machte und aus Werken der Weltliteratur las. Dadurch kam es zu gemeinsamen Erlebnis-, Denk- und Gemütsbewegungen, die in einer Art kollektiven Erlebens zur Einstimmung auf einen gemeinsamen Ton führten. Das Gespräch, das in die Tiefe geht und uns füreinander offen und empfänglich macht, braucht die Ouvertüre, die das Thema bereitstellt. Solche Ouvertüre sehe ich auch in der Tischgemeinschaft, im Fest, im Spiel und im Tanz. Das ist, was „Kultur der Freundschaft" meint. Und wo diese Kultur geübt und gepflegt wird, da ist der Rahmen gegeben für das unverfügbare Ereignis der tiefen Begegnung im Gespräch. Am Ende hat man das Gefühl, aus einem Glase getrunken zu haben.

erquickung unterwegs

kommt
freunde
nehmt das glas
es funkelt
ein alter wein darin

trinkt es zur neige
und füllt nach
der alte wein
aus tagen erster zuneigung
mag neu
erfunkeln lassen
mattgewordne sinne
und unsre dürre art
erneut
zum glühen bringen

daß nicht
zur neige gehe
das begehren
einander
weiterhin zu tragen
einander zuzutragen
den ufern
einer unerschöpflich
zugeneigten
zukunft

KAPITEL 15

Festkultur

Gott ist der große Freund und Liebhaber des Lebens. Sein Geist erweckt zur Freude am Dasein und führt in die Freiheit gottverdankter Geschöpflichkeit. Im Genießen und Feiern rühmen wir die Gabe des Lebens im Angesicht und inmitten aller Lebensbehinderung und Lebensverhinderung durch Sünde und Tod. Darum ist jedes frohe und frohmachende Fest eine Liebeserklärung und ein Dankeschön an den Schöpfer dieser Welt.

Wie alle Freiheiten und alle Gaben kann man auch das Feiern von Festen mißbrauchen. Darum gibt es in der Geschichte der Christenheit nicht ohne Grund eine starke festkritische Tradition. Die Dimension des Festes hat sich darum weitgehend auf gottesdienstliche Feiern verlagert, womit es aber zugleich zu einer Spiritualisierung und Entleiblichung des Festes kam. Daß das Leben selbst Grund zum Feiern ist, geriet in Vergessenheit, und die Gabe der Geschöpflichkeit selbst geriet damit zunehmend unter Verdacht.

Das Lachen, der Schmaus, der Tanz und das Spiel des Festes können aber auch aus durchaus ernst zu nehmenden Gründen unter Verdacht geraten. Denn wir leben in einer Welt, in der es wenig zu lachen, aber viel zu leiden, wenig Grund zum Schmausen, aber viel Anlaß zum Fasten gibt. In Hunger- und Kriegsgebieten tanzt nur der Tod. Und das Spiel kennen wir im Blick auf die Friedens- und Umweltproblematik eher als Spiel mit dem Feuer. In dieser Welt kann jedes Fest alsbald in den Geruch problematischer Verdrängungsprozesse und Wahrnehmungsverweigerung geraten.

Aber genau in diesem Kontext müssen wir das Fest thematisieren. Wir zielen dabei hin auf die Neugeburt des Festes und auf ein neues Fest, in das der Geist Gottes selber als Gastgeber und Freudenmeister einzieht. Denn in der Gegenwart des Geistes kann das Fest zu einem Protest- und Unterbrechungsgeschehen werden, zum Protest gegen den Tod, zum Unterbrechungsgeschehen in einer sich zu Tode amüsierenden Gesellschaft. Es gibt also das Fest als *Vorspiel des Todes und der Ausweglosigkeit*, und es gibt das Fest als *Präludium der Hoffnung und der Auferstehung*, wodurch zugleich das Leben und echte kreatürliche Diesseitigkeit wiedergewonnen werden.

Gott ist jede „Gleichmacherei zutiefst zuwider“ (R. Deichgräber) – am meisten die Gleichmacherei des Todes. Im Fest wird dem Tod schon symbolisch der Garaus gemacht. Das geht aber nur, wenn der Geist des Lebens und der Totenauferweckung in unserem Leib und Leben schon Wohnung genommen hat. In seiner Gegenwart wird dem Tod zum Trotz das Leben gefeiert. Dabei bleibt das Fest freilich in der Vorläufigkeit des Vor-Spiels, es *unterbricht* erst das Leben in der Knechtschaft der Vergänglichkeit, zu *vertreiben* und gänzlich zu *überwinden* vermag es dieses Knechtslos nicht. Das Fest ohne Ende wird erst jenseits des Todes anheben. In den kleinen Festen inmitten dieser Todeswelt kommt es allererst – das aber wirklich! – zum Vorschein.

„... dem alle Gleichmacherei zutiefst zuwider ist." – Diese Gleichmacherei ist aber nicht nur die Handschrift des Todes. Sie ist auch das fragwürdige Markenzeichen unserer Genuß- und Konsumkultur. Ihr Trend zielt nicht auf die spannungsvolle und beziehungsreiche Polarität von Askese und Fest, Fasten und Feiern, Protest und Tanz, Hingabe und Freiheit, Solidarität im Leiden und Vorspiel der Erlösung, – sondern auf eine wüste Gleichmacherei aller Unterschiede und Kontraste in Gestalt eines umnebelnden und apathisch machenden Dauervergnügens.

Was ist die christliche Antwort darauf? Es ist die Verweigerung durch einen einfachen und solidarischen Lebensstil. Aber das ist nur die eine Seite der Antwort. Die notwendige Kehrseite ist eine ausgeprägte Festkultur. Denn Solidarität braucht den Nährboden der Hoffnung, der Lebensbejahung und der Vorwegnahme noch nicht erreichter Möglichkeiten. Das Fest ist der Tanz der Freiheit im Festsaal der Verheißung.

Dieses Fest muß vorbereitet, erlernt und geübt werden. Dafür gibt es Festregeln und Spielregeln, so wie man einen klassischen Tanz nicht tanzen kann, ohne die Kunst der Schrittfolge eingeübt zu haben.

Eine alternative Festkultur in unserer Gesellschaft, in der gerade wir Christen unserer Freude an Gott und am Leben Ausdruck verschaffen, bedeutet aber nun nicht etwa, daß wir alles irgendwie „religiös" gestalten müßten. Das Fest befreiter Geschöpflichkeit ist ein „weltliches" Fest. Denn echte Geschöpflichkeit ist gottgewollte und gottwohlgefällige Weltlichkeit, es ist Weltlichkeit in der Kraft und Gegenwart des Geistes. – Und „alternativ" bedeutet fernerhin nicht, daß wir alle gängigen und traditionellen Merkmale und Elemente von Festen streichen und durch andere ersetzen müßten, – welche Art von Fest sollte dabei wohl übrigbleiben? Ich denke eher daran, daß das Fest kulturgeschichtlich von einem solchen Farben- und Facettenreichtum ist, daß wir daraus schöpfen können. Alternativen zu finden zur verkümmerten Festkultur unserer Wohlstandsgesellschaft ist auf diesem Hintergrund nicht das größte Problem. Es ist darum hilfreich, sich einmal die Spielregeln eines wirklichen Festes und einer geprägten Festkultur in Umrissen zu vergegenwärtigen.

Festtagsanlaß und Festtagskalender

Natürlich sind Spontan-Feten etwas Schönes. Ich mag so etwas: einmal ad hoc und ungeplant den Alltag zu durchbrechen, um mit Freunden ein paar schöne Stunden zu genießen. Nur hat das mit Festkultur erst begrenzt etwas zu tun. Denn ein Fest ist kein Happening, sondern hat viel mit Dramaturgie zu tun. Es gibt die lebensgeschichtlich einmaligen Festanlässe wie etwa die Hochzeit – und es gibt den Festtagskalender. Dieser Festtagskalender schafft einen *Festzyklus*, in dem es, wie wir in Kapitel 9 sahen, zur „Wieder-holung" einer vergangenen Geschichte kommt, die Grund zum Feiern ist. Auf der religiösen Ebene kann man sich das sehr gut am Festkalender und der Festtradition des Judentums verdeutlichen. Alle Feste, die ein vergangenes Geschehen „wiederholen", sind gekennzeichnet durch die *Festlegende*, in der das zu Erinnernde in Spiel, Ausdruckstanz, Drama oder Rezitation vergegenwärtigt wird. Unser eigener Lebenslauf und der unserer Angehörigen und Freunde ist eine fortlaufende Bereitstellung von wiederholbaren Festanlässen. Wir müssen dafür nur genug Wahrnehmungsfähigkeit, Phantasie und Geistesgegenwart mitbringen. Zugleich stehen wir alle in einer größeren, übergreifenden Geschichte, die festliche Erinnerungen nahelegt. Darüber hinaus ist kulturgeschichtlich der Rhythmus der Natur und der Jahreszeiten stets im Fest „wahr-genommen" worden. Das sollte man nicht per se als Ausdruck puren Heidentums diffamieren. So etwas könnte ja gerade für Christen auch eine Form ihrer Schöpfungsverbundenheit sein!

Wenn ich sehe, daß bei uns heutzutage alles schnell gehen muß, möglichst auch die Festvorbereitung und das Fest selber, dann ist ein Festtagskalender nicht nur eine hervorragende Hilfe zum geistesgegenwärtigen, geschichts-, lebens- und schöpfungsbezogenen Erleben und Erinnern, sondern auch eine Hilfe zur Festvorbereitung. Im Zyklus des Festkalenders lernen wir, auf ein Fest hinzuleben und hinzuarbeiten, um so auch wirklich von Festen herzukommen als Trägern und Spendern von Daseinsfreude.

Das Festritual

Wenn in unserer Gesellschaft *ein* Merkmal des Festes so gut wie auf den Hund gekommen ist, dann ist es das des Festrituals. Das begreift man spätestens, wenn man z.B. einmal als Gast an einer türkischen, jugoslawischen oder gar an einer afrikanischen Stammeshochzeit teilgenommen hat. Aber auch die Hochzeiten während meiner Kindheit kannten noch nennenswerte ritualisierte Formen. Worum geht es bei Festritualen, und warum sind sie nötig?

Man kann ein ritualisiertes Fest als ein hochentwickeltes Rollenspiel verstehen. Es werden Rollen verteilt und gelernt, in denen Gruppen und Einzelpersonen zu Gestalten und Gestaltern des Festes werden: die Kinder, die jungen Frauen und jungen Männer, die älteren Frauen und Männer, der Vater, die Mutter, der engste Freund, der Augenzeuge eines vergangenen Geschehens, der Festmoderator, der Festdichter, die Festsänger und Musikanten ...

Aber auch der Ablauf des Festes ist ritualisiert. Und es ist eine völlig unsinnige Befürchtung, darin Steifheit und erstarrte Ordnung zu wittern. In Wahrheit ist das Festritual die Regel, die das Spiel und das Spielen, die Freiheit, Kreativität und Spontaneität erst ermöglicht! Das Ritual gibt den Rahmen ab, der zum Spiel gehört; es gibt Sicherheit, wie man sich zu bewegen hat, um so Bewegung gerade möglich zu machen. Es schafft Freiheit. Wo kein Festritual vorhanden ist, wird das Fest zur langweiligen „Sitzung" oder zum wüsten Besäufnis. Es reden die miteinander, die sich ohnehin gut kennen, und es passiert das ganze Fest hindurch nichts Neues, nachdem das Essen vorüber ist. Demgegenüber gibt das Ritual die „Schrittfolge" an, sorgt für den nötigen „Partnertausch", signalisiert die Pausen und den nächsten Akt. – Das bedeutet: zum Fest gehört, daß das Drehbuch bekannt ist (was Überraschungen nicht ausschließt), daß man weiß, worauf man sich freuen darf, weil das Stück erlernt ist. Darum müssen die Feste zu den jeweiligen Anlässen wiederholbar sein, denn nur, wenn ein Ritual gleichzeitig zur Tradition wird, wird es zur kollektiven und allseits bekannten Spielregel, die das Spielen erlaubt. Wiederholbarkeit und Tradition sind Bedingungen aller Festkultur.

Fasten und Vorbereiten

Eine eingeübte und ritualisierte Festkultur ist nicht denkbar ohne die vorlaufende Festarbeit. Ein Fest, das nichts kostet und keiner Arbeit bedarf, verdient den Namen nicht und wird auch nicht als Fest erlebt.

Dem Fest geht Fasten und Vorbereiten voraus. Denn nur so wird es als befreiendes und beglückendes Kontrastgeschehen erfahren. Dennoch hat auch die Vorbereitungszeit des Festes schon ihren Reiz, ist doch die Vorarbeit ein Gemeinschaftsunternehmen: im gemeinsamen Hinarbeiten auf das Fest kommt es schon zur Festsolidarität, zur geschwisterlichen Integration. Außerdem setzt die Vorbereitung ein hohes Maß an Kreativität frei, die in sich schon Erfüllung vermittelt. – Eine solche Sichtweise wird freilich im Keim erstickt, wenn unser Lebensstil im wesentlichen so geprägt ist, daß wir pausenlos arbeiten bis zum Umfallen. Dann kann jedes Fest nur eine Last sein. Man flüchtet sich dann zu jenen geschmacklosen Festen aus der Retorte vorgefertigter und angelieferter Versatzstücke, wie sie kommerziell längst angeboten werden.

Die Zeit des Festes

Ein Fest braucht Zeit. In vielen Kulturen gab es und gibt es Feste, die tagelang dauern. Unser industrieller Lebensrhythmus hat dergleichen so gut wie unmöglich gemacht. Man erlebt oft genug kleinere und größere Feste, die sich auf wenige Abendstunden beschränken. Das Ergebnis sind beschränkte Feste ohne Tiefe und Dauer, fest im Klammergriff des Alltags. In Wahrheit braucht das Fest die Phase der Hinführung und des „Ankommens“ und die Phase des Ausklingens. Eigentlich ist dafür ein Tag, eine Nacht und ein folgender Morgen nötig. Aber so etwas betrachten wir als unnötigen Luxus; unsere „Termine“ lassen das nicht zu. Auf diese Weise ist dafür gesorgt, daß wir linientreue Alltagsmenschen bleiben. Wenn es uns nicht gelingt, wirklich aus dem Alltag herauszukommen, dann gelingt es uns auch kaum, wirklich zueinander zu kommen. Damit ist nicht nur die kulturelle Qualität, sondern auch die therapeutische Kraft des Festes zur Strecke gebracht. Es kommt nämlich im Rahmen unserer rigoristischen Zeitökonomie dann nicht mehr zur Erneuerung von Beziehungen, zum Knüpfen neuer Freundschaften, zur ganzheitlichen Begegnung bei Festmahl, Spiel und Tanz und im ausgedehnten Gespräch. Wenn uns das Fest keine Zeit mehr wert ist, dann sind wir dahin gekommen, daß Zeit nur noch Geld wert ist. Zeit, um das Leben zu feiern, kommt damit abhanden.

Rauschendes Fest und „Festrausch"

Der Rausch ist ein Festattribut. Sozialpsychologisch wäre einmal zu überlegen, ob die Zunahme von Alkoholismus und Drogenabhängigkeit auch mit der zerstörten Festkultur zusammenhängt. Denn ein Leben ohne den Rhythmus von Arbeit und Fest, Fasten und Feiern ist nicht auszuhalten. Viele stürzen sich dann in den pervertierten Rausch, der das Leben zerstört.

Mit „Rausch" verbinden wir in der Regel den Konsum von Rauschmitteln. Aber in Wahrheit besteht der Rausch eines rauschenden Festes nicht in Prozenten, die zu Promillen führen, sondern im *Vergessen*. Rauschend ist ein Fest, wenn ich mich selbst mit meinen Alltagssorgen und -konflikten vergessen kann und Abstand bekomme vom Einerlei und Vielerlei der Arbeit. In diesem Sinne ist der Festrausch gleichbedeutend mit Geistesgegenwart: ich bin befähigt und in die Lage versetzt, einfach dazusein, die Gegenwart zu genießen und die Zeit zu vergessen. Selbstvergessenheit entsteht im Spiel, im Tanz, im Festschmaus und im Gespräch. Der Rausch ist keine Umnebelung, sondern eher gesteigerte Wahrnehmungs-, Genuß- und Erlebnisfähigkeit. Ich bin nicht von Sinnen, sondern meine Sinne kommen auf ihre Kosten. In einer Welt, die unsere Sinne immer mehr lahmlegt und auf nützliche Funktionen festlegt, ist ein rauschendes Fest ein Fest der erlösten und befreiten Sinne. In solcher „Befreiung zur Sinnlichkeit" wird dem Leben in unvergleichlicher Weise Sinn abgewonnen. Es wäre sonst auch schwer begreiflich, daß das Reich Gottes als ein Fest ohne Ende beschrieben wird. Der Festrausch erlöst uns aus der Tyrannei unserer Zweckrationalität und unseres materiellen Kalküls. Er schenkt uns sinnerfüllte Muße.

Das Fest ist Spielraum für die Sinne und das Gefühl. Zum Fest gehört sein „erotischer Hauch": Erotik ist das Lebendigsein der Sinne und die Fähigkeit, das Leben zu er-spüren.[25)]

Friedensschluß

In zyklisch wiederkehrenden Festen, die von ritueller Kunstfertigkeit, befreiter Sinnlichkeit und spielerischer Begegnung leben, entsteht ein sozialer Erneuerungsprozeß. Ein Fest ist, wenn es gelingt, immer eine Friedensbewegung und ein unwillkürlicher Bundesschluß. Es stiftet nicht nur Sinn, sondern es stiftet und erneuert auch Beziehungen. „Geschwisterlichkeit wächst im Umkreis Gottes. Sie wächst vor allem dann, wenn sich Menschen unter den Augen Gottes zum Fest versammeln (vgl. Dtn. 16,9–12). Geschwisterlich wird das Volk im Fest. Dies war die Erfahrung des Volkes Israel: Ins Fest zog ein ein sozial zerklüftetes Volk, Freie und Sklaven, Frauen und Männer, Fremde, Waisen und Witwen. Im Fest wurden sie unter den Augen Gottes ein Volk, in dem jede und jeder den Ehrennamen ‚Du', das schmückende Wort ‚Volksgenosse' erhielt. Das Fest unter den Augen Gottes wurde der Ort zur sozialen Neuformung eines Volkes von Menschen mit gleicher Würde" (Paul Michael Zulehner).[26)] – Es würde sich auch heute in Familien- und Nachbarschaftsbeziehungen, in Gemeinden und Mitarbeiterkreisen, in Verwandtschaftsbeziehungen und unter Freunden viel Entfremdung, Verinselung, Entzweiung, Konkurrenz, Unachtsamkeit, Egoismus und Kälte beheben und verwandeln lassen, wenn wir uns das Feiern von Festen wieder gestatten und etwas kosten lassen würden. Das Fest ist der Ort, an dem Frieden und Freundschaft geboren werden.

Das wiedergefundene Fest

Sie hatten es satt
mit jenen Festen, die keine waren
und von denen sie doch schon Dutzende gefeiert hatten,
stiefmütterlich, stupide und steif,
im allzu bekannten Freundeskreis,
gelangweilt und verdrossen,
in Hast vorbereitet
und schnell über die Bühne gebracht,
ohne Zeit zu haben,
den Alltag aus den Kleidern zu klopfen.

Sie hatten es satt
mit jenem „Wer bringt einen Salat mit?" „Wer ein paar Flaschen Wein?"
„Ich mach dann Bratklopse oder eine Gulaschsuppe!" „Muß ja alles nicht so aufwendig sein ...",
... um dann schließlich alles an der Garderobe abzugeben,
von den Gastgebern wahllos auf die Anrichte gestellt.
Salat und Suppe, Rosé und Rote Beete, Bratklopse und
Bier, als sei es eine Feldküche, während die Truppe sich innerlich
schon zum Aufbruch rüstet ...

Sie hatten es satt,
die Wahllosspeisen sich auf einen Teller zu häufen
– »Die Bestecke liegen im Kasten!« –,
sich auf eine Couch zu setzen oder auf den Klavierhocker
und dabei über ihre Alltagsnichtigkeiten zu palavern,
über den miesen Chef und den makellos-modernen Mitsubishi …

Irgendwann und irgendwie
kam die zündende Idee,
und sie kreierten ein Fest,
ein richtiges,
jedes Jahr feierten sie es,
zur selben Zeit,
am selben Ort,
mit allem Drum und Dran.
So schufen sie eine Festtradition.
Ein großes Zelt pflegten sie zu mieten
am Waldrand auf der Wiese,
Platz genug für ein Familiencamp.

Schon am Morgen rückten sie an
mit Mann und Maus und Wagen, mit Kind und Kegel,
alten und neuen Freunden,
und luden Nachbarn und Kollegen ein,
den Stadtstreicher, der gestern an der Türe war,
und die Kinder, die vorne an der Straße standen
und große Augen machten,
und die türkische Familie, die verraten hatte,
wie man ein Lamm am Spieß brät und wie man es würzt.

Einer war der Mundschenk,
der hatte Wein aus Burgund kommen lassen
und Bier aus Düsseldorf,
einer schrieb an seiner Festrede,
etliche sammelten Holz für das Freudenfeuer um Mitternacht,
andere probten ein Theaterstück,
und wieder andere kochten und buken und brutzelten
auf großen Gaskochern und in einem Haus in der Nachbarschaft.

Manche bauten ihr mitgebrachtes Zelt auf
oder fläzten sich schon in der Sonne,
einige zimmerten den Tanzboden unter freiem Himmel
oder bauten Tische und Bänke auf,
Birken wurden mit Girlanden geschmückt,
und der Wagen mit den Musikanten fuhr vor,
die man angeheuert hatte, weil sie's verstanden.

Einige übten israelische Volkstänze,
andere erinnerten sich an Charleston und Tango
– „Wie ging das doch gleich?" –,
Gitarren wurden gestimmt für die Lieder am Feuer,
Sekt kaltgestellt
und Schlafsäcke ausgepackt für die Nacht.
In einem Zelt ein Schminkstudio,
in einem anderen eine Kleiderkiste
mit Fracks und Zylindern und rauschenden Röcken,
vom Opernhaus geliehen, nicht billig die Miete,
und unter den Bäumen ein Puppentheater für die Kinder
und ein Bolzplatz für Väter und Söhne (und Töchter)
und eine Rutsche für die Mini's,
und neben dem großen Zelt, ein wenig verstohlen plaziert,
ein Tisch mit besten Tabakwaren und altem Cognac und fünf alten Korbstühlen,
und eine Tombola und eine Schatztruhe mit den Preisen ...

Und am Abend ein Fest, bis in die Nacht ...

Und am nächsten Morgen, um zehn etwa,
saßen sie da mit großen Kaffeetassen
und Rosinenbrot auf der Hand
und verschlafenen und glücklichen Kindergesichtern,
die Erwachsenen, die endlich wieder einmal gefeiert hatten,
wie's ihrer Seel gut tat,
während die Kinder längst im Wald herumtobten
und dann auf die Idee kamen, eine Bude zu bauen ...

„Zehn Jahre hab' ich nicht mehr getanzt!" – „Dafür ging's aber noch erstaunlich gut." – „Ich glaub', ich hab' zehn blaue Flecke vom Fußballspiel." – „Und ich hab' mindestens eine ganze Lammkeule verdrückt." – „Die Festrede war ein Gedicht." – „Du merkst aber auch alles." – „Sabine sah toll aus in ihrem Wiener Kleid aus der Kiste, nur die Arie hat noch gefehlt." – „Also, dieses Lagerfeuer, wie damals im Harz, als ich fünfzehn war." – „Nächstes Jahr machen wir ein Feuerwerk!" – „Und laden noch mehr Leute ein!" – „Habt ihr unseren Stadtstreicher beobachtet, der war glücklich wie ein Kind, als er sein Lied vorgesungen hat." – „Nur geschnattert hab' ich heute nacht um vier, ich glaub', mein Schlafsack taugt nichts ..."

Und niemand sprach über den miesen Chef und den neuen Mitsubishi. Aber Volker und Gerd hatten gestern abend eine alte Freundschaft wiederbelebt. Und Angelika hatte Muskelkater im Bauch, weil sie so viel gelacht hatte.

Nächstes Jahr im Juni, am selben Ort, zur selben Zeit, egal, ob's regnet oder schneit.
Und ich fang' jetzt schon mal mit Aufräumen an. Ihr könnt ja noch Kaffee trinken oder Doppelkopf spielen ...

KAPITEL 16

Schlafen und Träumen

Ich schreibe dieses Kapitel nicht als Fachmann, weder in Sachen „Schlafkunde“ noch in Sachen Traumdeutung; ich bin kein Arzt und kein Tiefenpsychologe. Nach Lektüre dieses Abschnitts mag man bei Experten weitere und kompetentere Erhellung suchen. Ich schreibe dieses Kapitel lediglich als ein Mensch, der gerne gut und in Frieden schläft – und der erkannt hat, daß seine Träume bei Nacht nicht belanglos sind.

Fangen wir mit dem Schlafen an! Daß wir fast ein Drittel unseres Lebens „verschlafen“ – die Nimmermüden vielleicht ein Viertel –, sollte uns keine Banalität, Verlegenheit oder gar – Ärgernis sein! Schon deshalb nicht, weil Schlaf*störungen* oder Schlaf*losigkeit* bekanntlich krank machen oder bereits Krankheitssymptom sind. Schlafen indes macht gesund und hält gesund. Außerdem interessiert mich der Schlaf schon alleine deshalb, weil er einen so beträchtlichen Teil meines Lebens ausmacht – meines *Lebens*! Ich *lebe* also, wenn ich schlafe. Folgerichtig ist der Schlaf bei der Frage nach der Kunst zu leben mitzubedenken.

Er ist zu bedenken, weil er eine Schöpfungsgabe Gottes ist, und zwar eine *gute* (wie *alle* Schöpfungsgaben) – und das nicht nur, weil er gesund erhält. Gott schenkt uns den Schlaf – und im Schlaf überlassen wir uns Gott. Ist der Schlaf Gottes Gabe, so ist er zugleich Gottes Dienst an uns. Empfangen wir diese Gabe und diesen Dienst dankbar und lassen uns den Schlaf gefallen, dann wird er umgekehrt zu unserem Gottesdienst. Schlafenkönnen hat viel zu tun mit Glauben, mit Vertrauen, mit der Rechtfertigung des Sünders und der Vergebung der Sünden.

Wir haben uns jedoch von dieser Sichtweise entfernt und sind ihr entfremdet. Einer der Gründe liegt darin, daß wir es uns in unserer modernen Kultur angewöhnt haben, die Nacht zum Tage zu machen (mit dem bezeichnenden Resultat, am Ende *übernächtigt* zu sein). Ein anderer Grund ist unsere Leistungsideologie und unsere fragwürdige Zeitökonomie: wir haben keine Zeit zum Schlafen. (Das Ergebnis ist dann, wenigstens für Spitzenmanager, die verordnete Schlafkur, um den Herzinfarkt zu verhindern.) – Wohl kennt auch die Bibel den Schlaf des Faulenzers. Aber sie versteht deshalb noch lange nicht den Schlaf an sich als Ausdruck von Faulheit. Denn der Schlaf des Müßiggängers findet in der Regel bezeichnenderweise nicht nachts, sondern bei Tage statt. – Ein dritter Grund unseres oft gestörten Verhältnisses zum Schlaf ist eine insgesamt verkehrte Lebensphilosophie, die den Schlaf deshalb nicht als gottesdienstlichen Teil des Lebens verstehen kann, weil sie auf der ganzen Linie nicht von Vertrauen, Kindschaft und Rechtfertigung durch Gott bestimmt ist. Am Ende ist der Schlaf so gestört, daß man abends Pillen braucht, um einzuschlafen, und morgens Pillen, um wach zu werden. Daran, wie man schläft und wie man den Schlaf der Nacht beurteilt, verrät sich viel über unseren „Glauben", über unsere Werte und über unsere Lebenseinstellung.

Umgekehrt heißt das: Wir haben die Möglichkeit, unser Schlafen zu beeinflussen. Ich sage das mit aller Zurückhaltung, denn ich bin ein schlechter Schläfer und komme, was gut dazu paßt, morgens schlecht aus dem Bett. Ich weiß auch noch genau, wann mein Schlaf merklich schlechter wurde: es war exakt mit dem Eintritt ins Berufsleben, d.h. mit der Übernahme des Pfarramtes, als ich sechsundzwanzig war. Und der Grund lag auch auf der Hand: Streß, Ängste und ein Haufen Alltagssorgen. Ich habe damals nicht von ferne diese Logik durchschaut, noch habe ich den Hebel an der richtigen Stelle angesetzt, nämlich bei der Ursache, also beim Umgang mit meinen Belastungen und Sorgen. Bis heute habe ich in christlichen Kreisen auch noch nie erlebt, daß über die „Kunst des Schlafens" in sachkompetenter und theologisch durchdachter Weise gesprochen worden wäre, obwohl unser Schlafen aufs engste mit unserem Glauben und unserem Lebensstil verbunden ist. In der Regel war es so, daß ich mein Schlafpensum ständig zu reduzieren versuchte, um möglichst „viel zu schaffen", – bis sich endlich an sehr unerwünschten Stellen nur noch Nervosität bemerkbar machte. Und wenn ich mir dann notgedrungen mehr Schlaf genehmigte, geschah das immer mit schlechtem Gewissen. Viel Sorgen – schlechter Schlaf; viel Schlaf – schlechtes Gewissen: das war der Zirkel, in dem ich mich bewegte.

Es bedarf, um aus dieser Misere herauszukommen, einer grundsätzlich neuen Perspektive. Und dann auch noch einiger praktischer Hilfen. Die grundsätzliche Perspektive, die meist nur langsam und mühsam zu gewinnen ist, muß *schöpfungstheologisch* gewonnen werden (so wie wir über das *Träumen* später von der *Pneumatologie* her nachzudenken haben). Gott hat mir den Schlaf zum Leben mitgegeben. Sigmund Freud sagt, jeder Schlaf sei eine Rückkehr in den Mutterleib.[27)] Das mag psychoanalytisch gesehen wohl so sein. Theologisch gesehen ist er eher Rückkehr in den Schoß Gottes. Beides hat mit Geborgenheit zu tun, obwohl wir paradoxerweise im Schlaf äußerlich denkbar gefährdet, ungeborgen und ungeschützt sind! Im Schlaf sind wir lebenslang so unfähig wie Säuglinge, uns selber zu kontrollieren und zu schützen; wir sind darauf angewiesen, daß ein anderer uns schützt.

Der Schlaf versetzt den Menschen zurück in den Zustand seines Geschaffenwerdens, seines Geborenwerdens, seiner ersten Lebensphase. Zugleich weist er voraus auf den Tod, den Todesschlaf. In alledem kommt nachts an den Tag, woher wir kommen, wohin wir gehen, was wir sind. Schlafen und Glauben, die Nacht und der „Hüter Israels", der sich selber im Schlaf entnommene Mensch und der den Schlaf gewährende Schöpfer – das gehört auf eine denkbar dichte Weise zusammen. Schlafen ist eine Weise geschöpflichen Daseins, die uns unmittelbar an unseren Ursprung und unsere Bezogenheit und Angewiesenheit auf Gott hinweist. In meiner Einstellung zum Schlaf in der Nacht liegt ein wichtiges Einübungsfeld für mein Geschöpfsein und mein Gottesverhältnis. Der Schlaf ist ein permanentes Angebot, mich als Mensch zu empfangen und in diesem Empfangen frei zu werden von mir und meinen Werken. Schlafstörungen sind daher, wenn sie nicht eindeutig physiologische Ursachen haben, im Kern eigentlich Vertrauens- und Glaubensstörungen.

Die Bibel sieht im Geschenk des gesunden Schlafes immer ein Zeichen, daß ein Mensch Gott – und daß Gott dem Menschen nahe ist, ein Zeichen für die Wechselseitigkeit von Vertrauen und Schutz. Psalm 127,1f. verklammert daher auch die Gabe des Schlafes mit der ganzen Lebenseinstellung eines Menschen, in der sich zeigt, ob er Gott vertraut oder nicht. Denn es ist alles umsonst, wenn Gott nicht Mitte und Fluchtpunkt all unseres Tuns und Treibens ist. *„Wenn der Herr nicht das Haus baut, so arbeiten umsonst, die daran bauen. Wenn der Herr nicht die Stadt behütet, so wacht der Wächter umsonst. Es ist umsonst, daß ihr früh aufsteht und hernach lange sitzet und esset euer Brot mit Sorgen; denn seinen Freunden gibt er es im Schlaf."*

Wir merken hier, daß sich der Umgang mit der uns anvertrauten *Zeit* und der Umgang mit dem *Schlaf* aufs engste berühren. In negativer Hinsicht berühren sie sich im Horizont der *Sorge*, in positiver Hinsicht im Horizont des *Vertrauens: „Verlaß dich auf den Herrn von ganzem Herzen, und verlaß dich nicht auf deinen Verstand . . . Legst du dich, so wirst du dich nicht fürchten, und liegst du, so wirst du süß schlafen"* (Sprüche 3,5.24).

Im Schlaf wirkt sich der Zusammenhang von Vertrauen und Ruhigsein-Können aus, der auch sonst im wachen Leben gilt (vgl. Exodus 14,13f; Jesaja 7,4; 30,15b; 32,17). Schließlich und vor allem ist aber die Ruhe *das* große Verheißungsgut in der alttestamentlichen Weissagungstradition. In der Ruhe, die Gott schafft und schenkt, findet das Volk zu Gott und ist Gott bei seinem Volk. Sie ist „ein hohes Gut und eine nicht selbstverständliche Fähigkeit ..., die zutiefst mit dem Vertrauen zu Jahwe verbunden ist" (Hans Walter Wolff).[28] So gesehen geht die Ruhe nicht vom Schlafen aus, sondern der Schlaf von der Ruhe. Man muß zur Ruhe gekommen sein, um schlafen zu können.

Nun ist all das weit entfernt davon, abstrakte Theorie zu sein. In Wahrheit liegt hier ein Einübungsfeld von besonderer Bedeutung vor uns, wenn das Gesagte stimmt – wenn es stimmt, daß der Schlaf unser Verhältnis zu Gott und unsere Einstellung zum Leben widerspiegelt. Es wird dann um beides gehen müssen: darum, wirkliches Vertrauen zu Gott zu lernen und – schlafen zu lernen! Es unterstreicht nur die Bedeutung dieses Themas, daß uns von Jesus ausgerechnet eine Schlafensgeschichte überliefert worden ist: die Geschichte vom schlafenden Jesus mitten im Sturm. – Ist Gottvertrauen eng verbunden mit der Frage unserer Werteskala, so daß sich das Vertrauen auf Gott nicht mit allen möglichen Lebenszielen und Lebenswerten vereinbaren läßt, so ist die Fähigkeit zum Schlafen eng verknüpft mit unserer Lebenspraxis, unserem alltäglichen Lebensvollzug. Das bedeutet, daß man eine Praxis der Tagesgestaltung erlernen kann, die dem Schlaf zugute kommt, damit umgekehrt der Schlaf der Erfüllung der Tagespflichten zugute kommt.

Dazu gehören drei Dinge.

Das erste ist die *Ruhe vor dem Schlaf*, d.h. eine Zeit, in der ich bewußt den Tag aus der Hand gebe, meine Arbeit beende, den Fernseher ausschalte, um die Wellen des Tages in mir verebben zu lassen. Ich lese noch ein wenig, lege mir die Sachen für den nächsten Tag zurecht, habe vielleicht noch Lust, ein paar Sätze in mein Tagebuch zu schreiben ... – Ich gönne mir so eine halbe oder ganze Stunde, um meinen nachklingenden Gedanken noch Raum zu geben und Abschied zu nehmen vom Tag, damit ich im Schlaf meine Traumarbeit nicht unnötig überbelaste. Dieser Tagesausklang erleichtert mir das Einschlafen. Oft ist es besser, auf Kosten der eigentlichen Schlafenszeit diese Stunde der Ruhe zu haben, als daß man von der Arbeit und Hetze des Tages und einem nervtötenden Spätkrimi zwar todmüde direkt ins Bett fällt, dann aber doch stundenlang nicht einschlafen kann.

Die zweite praktische Vorbereitung des Schlafs in der Nacht ist das *Abend- bzw. Nachtgebet*. Hier findet das bewußte Loslassen und Abgeben des Tages an Gott statt, verbunden mit Dank, Bitte und Fürbitte.

Im Dank nehme ich allen Segen des Tages noch einmal wahr, in der Bitte übe ich mich im Vertrauen, in der Fürbitte stelle ich mich in den großen Kreis meiner Freunde und Angehörigen, indem ich zugleich vor Gott für sie eintrete und sie im Gebet segne. Das Nachtgebet dient aber auch der geistlichen Vorbereitung auf die Nacht und den Schlaf. Wir sagten: Auch die sechs, sieben oder acht Stunden Nachtschlaf sind Teil meines Lebens; ich lebe also, lebe vor Gott. Während jedoch der Tag ausgefüllt ist mit meiner Aktivität, ist die Nacht die Zeit meiner Passivität: vom Gebenden werde ich zum Empfangenden. Jetzt ist es Gott, der aktiv ist. Im Gebet bereite ich mich aufs Empfangen vor, werde für Gottes Wirken in der Nacht empfänglich. Das hat sehr viel mit meinem Träumen zu tun, in das mich der Schlaf versetzt – weshalb auf das Nachtgebet als Vorbereitung des Träumens später noch einmal zurückzukommen ist.

Die dritte Hilfe, zum Schlaf zu finden, sind einfache *Entspannungs- und Atemübungen*, wenn man im Bett liegt. Den Segen solcher Übungen habe ich erst während einer Behandlung bei einem Krankengymnasten erfahren. Dort sind mir ganz elementare Erkenntnisse zugewachsen über leibseelische Zusammenhänge, die sich in Harmonie und Balance befinden sollen und die doch so störanfällig sind durch einen falschen Lebensstil. Die Wahrnehmung meines eigenen Körpers und der Erde, die mich trägt, waren für mich geradezu kindliche Entdeckungen von großer theologischer Bedeutung. Ich entdeckte auch die Möglichkeit, meine Gedanken durch einfache Konzentrationsübungen aus ihrem Schwirren und Kreisen und Vagabundieren befreien und zur Ruhe bringen zu können. Und schließlich nahm ich wie nie zuvor das Wunder der menschlichen Atmung, des Herzschlags wahr – Sekunde für Sekunde ein unbegreiflicher Schöpfungsaugenblick: Ich darf leben! Atemzug um Atemzug ein Geschenk und ein Machterweis Gottes! Zum erstenmal habe ich ansatzweise verstanden, warum es in der Mystik eine so enge Verbindung von Atmung und Herzensgebet gibt.

Vielleicht wird in den skizzierten Überlegungen zum Schlaf ein wenig davon deutlich, daß der Schlaf eine ungemein wichtige Dimension unseres Lebens bzw. unserer Lebensgestaltung und gleichzeitig unserer Gottesbeziehung ist. Schlafen heißt: sich für Gott öffnen. Ich darf mich nicht nur in die schützenden Arme Gottes betten und bergen, sondern bin seinem *schöpferischen Wirken in der Nacht* ausgesetzt. Und das hat viel mit unseren Träumen zu tun, in denen Gottes Geist auf eine besondere Weise wirkt. Damit kommen wir zum zweiten Aspekt dieses Kapitels, zum Träumen!

Seine größten Dinge hat Gott in der Nacht getan. In der Nacht des Urchaos begann er sein Schöpfungswerk. In der Nacht führte er die Kinder Israel aus Ägypten. In der Nacht kam Christus zur Welt. In der Nacht wurde er von Gott auferweckt. In der Nacht sprach Gott zu den Propheten und Sehern, zu Männern und Frauen seines Volkes und seiner Gemeinde durch Gesichte und Träume ... Warum sollte Gott nicht auch in unseren vielen Nächten, unseren tagtäglichen Allerweltsnächten wirken können und wollen? Über der Nacht liegt ein Schöpfungsgeheimnis und eine Schöpfungsverheißung. Gott läßt nicht ein Drittel unseres Lebens ungenutzt verstreichen.

Daß im Schlaf etwas mit uns, an uns und in uns geschieht, das wissen wir: wir träumen. Jede Nacht. Im Traum öffnet sich die Welt des Unbewußten und Vorbewußten – ein Kosmos für sich. Ich stelle mir diese Welt als ein weiträumiges und weitgefächertes unterirdisches Gewölbe vor. Und diese unterirdischen Hallen sind nicht leer, sondern gefüllt und belebt. Man könnte an ein gigantisches Archiv denken, aber dieser Vergleich ist zu starr und leblos. Man müßte sich dann schon, wie in einem Märchen, vorstellen, daß alle Schriften, Bücher und Akten sprechen, handeln und miteinander kommunizieren können. – Dabei ist an drei große Abteilungen dieses Höhlenarchivs zu denken. Doch zunächst ist auf den Eingang hinzuweisen. Es ist nur eine einzige kleine Luke in der Decke. Und diese Luke läßt sich nicht einfach öffnen, wie man eine Türe auf- und zumacht – und doch ist sie durchlässig, fast wie eine Membran. Durchlässig nach innen und außen. Nach innen, indem sie die Eindrücke und Erfahrungen meines wachen Lebens aufnimmt und nach „unten" weiterleitet; nach außen, wenn ich mich beim Aufwachen noch an einen Traum erinnere; aber auch, wenn ich von bestimmten Trieben und Bedürfnissen, Ängsten und Sehnsüchten „bewegt" und in meinem Handeln geleitet werde, ohne daß ich mir darüber klar bin oder das bewußt realisiere.

Genau unter dieser einzigen kleinen Luke befindet sich der erste unterirdische Raum. Er ist das „Tagesarchiv". Jeder Eindruck, den ich aufnehme, jedes Wort, das ich höre, jedes Erlebnis, jede Gefühlsregung des Tages wird hier gelagert, sofern ich es nicht an Ort und Stelle in mein Bewußtsein aufnehmen und bewußt verarbeiten konnte – und das geschieht nur mit dem weitaus kleinsten Teil dessen, was ich erlebe!

In diesem ersten Gewölbe setzt die nächtliche Traumarbeit an. Und man kann sich denken, daß sie in Aufräumarbeit besteht, im Sortieren und Archivieren dieses bunten Durcheinanders an „Tagesresten". Es ist nicht schwer vorstellbar, daß es dabei um einen *therapeutischen*

Dienst geht, den meine Träume in mir versehen. Insbesondere muß sortiert werden, was zu den echten und tiefen Erlebnissen gehört, die noch in der Bewußtseinsschicht so weit wahrgenommen und verarbeitet wurden, daß sie zu „Erfahrungen" werden konnten, die sorgfältig und sicher aufzubewahren sind, – und was von mir im Tageserleben *verdrängt* wurde, weil ich mich nicht damit beschäftigen konnte oder wollte. Mein Träumen hat sich besonders mit diesen verdrängten Teilen herumzuschlagen. Wohin damit? Es fehlt die Rubrik, der Name, die Registrierziffer. Darum versucht mein Traum, diese sperrigen und querliegenden Dinge ans Bewußtsein zurückzuschicken mit der Aufschrift „Annahme verweigert". Das sollte ich eigentlich beim Erwachen merken, denn es ist ein Trauminhalt, an den ich mich unmittelbar beim Erwachen noch erinnere. Aber meistens findet dann schon ein erneuter Verdrängungsvorgang statt: durch schnelles Vergessen. Das liegt aber auch daran, daß ich als Mensch der westlichen Aufklärungszivilisation meine Träume nicht mehr verstehe und weitgehend unfähig bin, mit ihnen umzugehen und sie zu deuten. Träume sind Schäume, sagte schon der aufgeklärte Goethe. Irrtum! Ein erinnerter Traum, der mit unmittelbaren Erfahrungen des Vortages oder der letzten Zeit zu tun hat, bedeutet immer eine „Hausaufgabe", weiter an diesem Problem zu arbeiten.

Hier liegt für mich daher ein erstes Anliegen meines *Nachtgebetes.* Ich bitte Gottes Geist, die Aufräumarbeit meiner Träume zu überwachen und zu gestalten und mir beim Aufwachen Klarheit über meine „Hausaufgabe" zu geben. Denn wenn zu schnell hintereinander zu viel Verdrängtes in den Keller geworfen wird, ist dort bald kein Platz mehr, und es kommt zum Stau, der dann das Nichtbewältigte auf ganz unerwünschte Weisen aus der Luke herausdrängt: in Gestalt von Unruhe, Nervosität, Unzufriedenheit, Aggression, Schlafstörung, unkontrolliertem Verhalten usw. Aber selbstverständlich funktioniert diese Zusammenarbeit zwischen Traum und Bewußtsein nicht so reibungslos. Daher bleibt viel Verdrängtes zurück. Es wird notdürftig zusammengestaucht und in einen zweiten, hinteren Raum abgeschoben.

Dieses zweite, wesentlich größere Archiv – der erste Raum ist eigentlich nur eine Zwischenlagerungsstätte für die Tagesreste – nimmt alle verarbeiteten sowie alle hartnäckig verdrängten Elemente und Erfahrungen aller Tage meines gelebten Lebens auf und wird damit zum Aufbewahrungsort meiner gesamten *Lebensgeschichte.* Nichts geht also verloren, alles bleibt aufbewahrt. Alles, was sich in diesem Raum befindet, und der Zustand, in dem er sich befindet – beides hat eine starke Auswirkung auf mein Leben, meine Persönlichkeitsstruktur, meine Verhaltensweisen und -muster, meine Emotionalität, meine Ziele und Werte. Hier ruhen die wichtigsten Erfahrungen, von denen ich geprägt und beeinflußt bin. Hier befinden sich die verdrängten und „verweigerten" Erlebnisse mit ihrer latenten Energie. Oder diejenigen Erlebnisse, die ich zwar nicht verweigert, aber auch nicht verarbeitet habe, weil ich dazu noch gar nicht in der Lage war: meine kindlichen und frühkindlichen Erlebnisse! Das ist der Grund, weshalb die frühe Kindheitsphase auf das ganze Leben einen so prägenden und bestimmenden Einfluß hat! Es sind die Erlebnisse, die ein Mensch prinzipiell nicht verarbeiten konnte, weil er noch „unmündig" war. Hat er Liebe, Geborgenheit und Bestätigung erfahren, entsteht daraus eine bleibende Fähigkeit zu Vertrauen, Ichstärke und Liebe. Hat er das Gegenteil erfahren, werden daraus negative Energien, machtvolle Wünsche und ebenso machtvolle Ängste.

Meine Träume arbeiten immer wieder auch in diesem Raum. Jeder wird sich vielleicht an solche „Kindheitsträume" erinnern oder an Träume, die sonstige längst vergangene Erlebnisse wieder heraufschicken, um sie meinem Bewußtsein noch einmal neu zur Bearbeitung auf den Tisch zu legen. Insbesondere schlummern in diesem Gewölbe auch Verletzungen und Enttäuschungserlebnisse, die nach innerer Heilung rufen. Die Erfahrungen, die in der charismatisch geprägten Seelsorge mit innerer Heilung gemacht werden, haben es mit diesem Raum zu tun. Dabei geht es nicht nur darum, Vergangenes analytisch aufzudecken und Erlittenes therapeutisch zu bearbeiten, sondern darum, die heilenden Kräfte der Vergebung und Versöhnung in diesen Raum hineinwirken zu lassen. Dies geschieht zum einen durch Bewußtmachung, zum anderen auch durch „Tiefentherapie" in sakramentaler Gestalt, das heißt durch Segens- und Befreiungshandlungen auf dem Weg von Ritualen und Symbolen wie Handauflegung, gesungenem und gesprochenem Zuspruch usw.

Mein Abendgebet lädt den Geist Gottes auch in diesen unermeßlichen Raum meiner Lebensgeschichte ein, damit er in der Nacht dort sein bewahrendes, ordnendes und schöpferisches Werk tue und seine heilenden Kräfte spende.

Es gibt aber noch ein drittes Höhlengewölbe in der Tiefe, das wiederum hinter dem zweiten liegt und das verborgenste von allen dreien ist. Hier ruhen Erfahrungen, die nicht durch meine eigene Lebensgeschichte hervorgebracht wurden, sondern archaisch-menschheitsgeschichtlicher Natur sind. In *einer* Abteilung dieses Raumes sind meine Triebwelt, meine sexuelle Energie, meine vitalen Grundbedürfnisse untergebracht, die mich tief mit allem Lebenden bis weit hinein in archaische Entwicklungsstufen verbinden. Dann ist da der Bereich der Symbole, in denen menschheitliches Wissen einer langen Kulturgeschichte und einer ebenso langen Schöpfungsverbundenheit aufgehoben ist; es ist die Welt, aus der alle Mythen gespeist und genährt werden. Und schließlich schlummern dort die Bilder und Symbole religiöser Erfahrungen, die ebenfalls große Zeiträume umgreifen und konzentriert enthalten. – Woher kommt dieses „archetypische" Wissen in unsere unbewußten Tiefenschichten – ein Wissen, das ein Mensch sich in seiner eigenen Lebensgeschichte nicht angeeignet haben kann?

Wir kommen hier an die Grenze zwischen Empirie und weltanschaulicher Hypothese und werden tunlichst auf eine Antwort verzichten müssen. Gibt es in diesem hinteren Raum auch eine „Luke"? Eine Öffnung vielleicht zur – Transzendenz? Zum Dämonischen und zum Himmlischen? Wir müssen darauf keine Antwort finden. Gott weiß, warum er diesen Raum unserem Zugriff entzogen hat. Zugleich ist es sehr tröstlich, daß er *seinem* Zugriff nicht entzogen ist, sondern gänzlich offenliegt. Er vermag in schöpferischer Kraft die Energien unserer Triebwelt und das verborgene Repertoire archetypischer Erfahrungen und religiöser Ahnungen sowohl für unsere Lebensfähigkeit wie für unsere Glaubensfähigkeit nutzbar zu machen. Nicht der Inhalt des Glaubens gründet sich auf dieses verborgene Archiv – der kommt zu uns allein durch Gottes Selbstoffenbarung in der Geschichte und im Wort –, wohl aber die Formgebung und Tiefenverankerung des Glaubens. Ohne diese Welt universaler Symbole und Wahrheiten sind weder die Visionen und Gesichte der Propheten und Seher noch die Erfahrungen und Einsichten der großen Mystiker und Weisen der jüdischen und christlichen Glaubenstradition zu verstehen. Im prophetischen und visionären Erkennen benutzt der Geist Gottes dieses Material. Umgekehrt sind es die Rituale, Symbole und Sakramente des Glaubens und des Gottesdienstes, durch die der Geist auf diese Tiefenschicht der Träume und Triebe, der Urängste und Urbedürfnisse, des Animalischen und des Gottbezogenen in uns schöpferisch, heilend und erweckend Einfluß nimmt! Daher bitte ich im Gebet zur Nacht den Geist Gottes um Eintritt in diese unermeßlichen Gemächer meiner Tiefenschicht, die zu mir, zu meinem Mensch- und Personsein untrennbar und konstitutiv hinzugehören.

Das biblische Kapitel, das am prägnantesten vom Wirken Gottes im menschlichen Träumen spricht – und zwar generell –, ist Hiob 33. Dort heißt es: *„Denn auf eine Weise redet Gott und auf eine zweite; nur* *beachtet man's nicht (!). Im Traum, im Nachtgesicht, wenn der Schlaf auf die Menschen fällt, wenn sie schlafen auf dem Bett, da öffnet er das Ohr der Menschen und schreckt sie auf und warnt sie, damit er den Menschen von seinem Vorhaben abwende und von ihm die Hoffart tilge und bewahre seine Seele vor dem Verderben und sein Leben vor des Todes Geschoß"* (V. 14–18). Hier wird das menschliche Träumen als pädagogisches, seelsorgerliches und therapeutisches Handeln Gottes im Menschen verstanden und wahrgenommen.

Das macht es sinnvoll, sich vor dem Einschlafen Gott anzubefehlen und ihn zu bitten, seinen Geist in die Träume zu senden als den Erhalter, Regenten und Therapeuten dieses inwendigen, ab- und tiefgründigen Kosmos meiner Tiefenschichten.

Das macht es aber auch nötig, den Umgang mit Träumen und die Fähigkeit, sie zu verstehen, wiederzuerlernen. Diese Fähigkeit ist bei uns sehr verkümmert – das ist einer der Gründe, warum in unserem westlichen Kulturkreis psychische Krankheiten immer mehr zunehmen. Menschen, die ihre Träume nicht mehr beachten und verstehen, erleiden Schaden. Wir müssen wieder begreifen, „daß uns Gott mit unseren Träumen eine Möglichkeit der Heilung und Konfliktbewältigung schenkt. Unsere Träume haben die Aufgabe, jene Geschichten unseres Lebens schöpferisch zum Abschluß zu bringen, die noch ungelöst und unerlöst sind" (Richard Rohr).[29)] In der Regel beinhalten Träume genau das, was sie sagen, nur muß ich ihre Bilder und Symbole verstehen lernen. Ferner ist wichtig, daß nur ich selber letztlich fähig bin, meine Träume zu deuten – auch wenn ich am Anfang eine „Lesehilfe" durch eine andere Person oder durch Lektüre brauchen sollte, um die „Grammatik" der Traumsprache zu begreifen. Der Traum sagt das, was er *mir* sagt. Das liegt daran, daß sich in der Traumerinnerung und Traumverarbeitung oft *bewußte* Erinnerungsreste mit dem Geträumten verbinden und mir Aufschlüsse geben, die eben nur mir selber zugänglich sind. Ferner muß ich wissen, daß ein Traum grundsätzlich nur von *mir* redet, egal, welche Gestalten und Figuren er mir vor Augen führt. Und er sagt immer die Wahrheit über mich, auch wenn ich diese Wahrheit nicht hören oder akzeptieren will. So sind Fehldeutungen oft schon wieder der erste Versuch, solche Wahrheiten zu verdrängen. Aber Gott meint es mit jedem Traum gut mit uns, selbst mit den Alpträumen, denn auch sie sind ein therapeutisches Geschehen. Nur muß man wissen, daß man diese Therapie zerstören und nutzlos machen kann.

Es ist daher eine entscheidende Hilfe, sich vor dem Einschlafen auf das Träumen vorzubereiten, Gott um Frieden und Bewahrung im

Schlaf zu bitten und seinen Geist einzuladen, sein gutes und nötiges Werk zu vollbringen, wenn ich schlafe. Dann bin ich bereit und vorbereitet, beim Erwachen das anzunehmen und aufzunehmen, was er mir im Traum deutlich macht. Im Träumen geht es um die Ganzwerdung meiner Person und um echte Lebenshilfe.

Es ist nicht meine Aufgabe, hier genauere Anleitungen zur „Traumarbeit" weiterzugeben. Dafür sollte man sich kompetente Fachliteratur zur Hilfe nehmen. Ein erster kleiner und ermutigender Einstieg kann der Aufsatz von Richard Rohr sein: „Träume – Gottes ungebetene Boten", der in seinem Buch „Der nackte Gott. Plädoyer für ein Christentum aus Fleisch und Blut" (München 1987) enthalten ist.

KAPITEL 17

Krankfeiern

„Mein Kind,
wenn du krank bist,
so mißachte dies nicht;
sondern bitte den Herrn,
dann wird er dich gesund machen . . .
doch auch dem Arzt gewähre Zutritt,
denn der Herr hat ihn geschaffen;
und weise ihn nicht von dir,
denn du brauchst auch ihn."

(Jesus Sirach 38,9.12)

Sprechen wir über die Befreiung zu dankbarer Geschöpflichkeit, dann ist auch über Krankheit zu sprechen. Dabei wage ich nicht mehr als einige Hinweise und Randbemerkungen. Mehr steht mir bei diesem vielschichtigen und sensiblen Thema nicht zu. Hier sind andere weit eher berufen, Rat zu geben, weil sie von anderen und tieferen Erfahrungen herkommen als ich selbst.

Wir befinden uns in einer Zeit, in der über Krankheit und Gesundheit von zwei Seiten neu nachgedacht wird. Einmal durch den beginnenden Verstehenswandel innerhalb und außerhalb der Schulmedizin, der sich vom technisch-naturwissenschaftlichen Ansatz wegbewegt zu einem ganzheitlichen Verständnis, das die biologischen, psychischen und sozialen Dimensionen von Krankheit bzw. Gesundheit als einen Zusammenhang begreift. Sodann hat die charismatische Bewegung das Thema stark in den Mittelpunkt gerückt und fragt nach Verheißungen und Möglichkeiten innerer und äußerer Heilung vom Glauben her.

Liest man die soeben zitierte Stelle aus Sirach 38, dann kommt sie einem fast wie ein salomonisches Urteil vor, das „Glaubensheilung" und „Schulmedizin" nicht gegeneinander ausspielt, sondern sich gegenseitig zuarbeiten läßt! Theologie des Geistes und Theologie der Schöpfung rücken zusammen und durchdringen einander: Gott kann (offensichtlich auch ohne Arzt) gesund machen, aber „er hat auch den Arzt geschaffen" und „du brauchst auch ihn". „Natürliche" und „übernatürliche" Heilung werden nicht künstlich unterschieden, denn kein Arzt kann ohne die lebenschaffende Kraft des Schöpfergeistes einen einzigen Menschen gesund machen, und Gott hat in seiner Schöpferweisheit zugleich Menschen mit Fähigkeiten zu medizinischer Hilfe ausgestattet.

Im Rahmen unserer Überlegungen zur „Lebenskunst" geht es nun zunächst um die einfache Feststellung, daß in der Bibel der *Wille zur Gesundheit* als etwas höchst Legitimes und Gebotenes verstanden wird. Gesundheit ist auch im biblischen Denken ein hohes Gut. Und die Menschen im Alten wie im Neuen Testament denken gar nicht daran, sich vor einer Krankheit wie vor einem schicksalhaften Los, wie vor einer unbedingten Macht zu beugen. Aus ihrem Mund hören wir Klage, Aufschrei, Aufbäumen, Protest und Hilfeschrei. Der kranke Hiskia zwingt Gott harte „Verhandlungen" auf wegen seiner Krankheit (Jesaja 38,10ff.), und der blinde Bettler am Weg nach Jericho läßt sich durch niemanden davon abhalten, Jesus um Hilfe anzuflehen (Markus 10,46ff.).

Man muß wissen, daß in Israel jede Krankheit als ein Griff des Todes verstanden wurde, der das Leben zerstören und auslöschen will. Gott ist aber ein Gott des Lebens, und darum wird er als Lebensmacht ganz selbstverständlich und mit erstaunlicher Kühnheit in Anspruch genommen. Das ganze differenzierte Erscheinungsbild von Krankheiten tritt uns entgegen, wobei wie in allen alten Kulturen Krankheit selbstverständlich in einem psychosomatischen Zusammenhang verstanden wird. Vor allem aber stellt jede Krankheit auch neu die Frage nach der Gottesbeziehung. Sie ist Anlaß zur Selbstprüfung, zur neuen Hinwendung zu Gott und zur Bitte um Vergebung. Am Beispiel Hiobs wird aber auch deutlich, daß es hier kein Aufrechnen gibt: Krankheit ist nicht einfach eine Strafe Gottes, und Vergebung muß nicht automatisch zur körperlichen Heilung führen.

Wir stehen heute vor der Frage, ob und wann angesichts von Krankheitserfahrungen der *Protest* oder die *Einwilligung* geboten ist. Das muß freilich kein Gegensatz sein. Grundsätzlich fordert die Bibel zum Protest auf als Ausdruck von Vertrauen zu Gott und von Lebensbejahung. Aber es gibt auch die Notwendigkeit zur Einwilligung, das Jasagen zu Grenzen, die mir gesundheitlich und kräftemäßig gesteckt sind. Auch aus solcher Einwilligung heraus kann das Leben neu gewonnen werden! Wir kennen Zeugnisse von Kranken, etwa von Krebskranken, die sagen: „Ich habe noch nie so intensiv gelebt." Oder: „Ich habe das Leben, die Welt um mich herum, die Natur draußen noch nie so bewußt wahrgenommen." Oder: „Ich lerne jetzt erst, Wesentliches von Unwesentlichem zu unterscheiden."

Mir scheint zunächst wichtig zu sein, daß es in dem zitierten Vers aus Sirach 38 heißt: „Wenn du krank bist, so mißachte dies nicht." Das bedeutet, daß wir lernen, auf die Signale unseres Körpers zu achten, sie zu beachten, die „Sprache" unseres Körpers zu erlernen, ihm ein „Mitspracherecht" bei unserer Lebensgestaltung zu gestatten. Insofern ist Krankheit bzw. sind Krankheitssignale zunächst einmal unbedingt anzunehmen und ernst zu nehmen.

Viele Menschen tun sich aber damit bereits schwer. Manche sind von Kindheit an so erzogen worden, daß man gefälligst die Zähne zusammenzubeißen hat. Kleine Jungen bekommen schon gesagt: „Indianer kennen keinen Schmerz!" – Andere ignorieren die Alarmsignale ihres Körpers aus Angst. Sie verdrängen jeden Gedanken an Krankheit und Tod – und diese Verdrängung hat weniger mit Lebensbejahung als mit der Vergötzung von Gesundheit zu tun. Ich kenne nicht wenige Fälle, wo Menschen die Signalsprache ihres Körpers bewußt überhört haben und den Arzt erst aufsuchten, als es bereits zu spät war. Das andere Extrem ist die Hysterie, die Überängstlichkeit, in der Menschen sich nur noch den Puls fühlen, in ihren Körper hineinlauschen und von Arzt zu Arzt laufen. Das hat mit einer „gesunden" Einstellung zu Krankheit und Gesundheit ebensowenig zu tun.

„Mein Kind, wenn du krank bist, so mißachte dies nicht" – diese Anweisung will vor allem eine Hilfe sein für den Bereich der „Alltagskrankheiten", die am ehesten „mißachtet" werden können. Wir sprechen im folgenden nicht über den Bereich der schweren und Schwersterkrankungen. Sie zu „mißachten" ist kaum möglich, denn sie greifen in einer alles umstürzenden Weise in unser Leben ein. – Aber bekanntlich gibt es ja „davor" das weite Spektrum der „normalen" Krankheiten, die sozusagen zum Leben gehören. Auf sie hat man sich jederzeit gefaßt zu machen. Darum sollten wir gerade mit ihnen umzugehen lernen. Auch so will das „Kunsthandwerk Leben" erlernt sein.

Mir ist aufgefallen, daß es in unserer Sprache ein höchst eigentümliches Wort gibt: „krankfeiern"! Diese Wortbildung ist voller Witz, Ironie und – Weisheit! Sie verbindet „Krankheit" und „Feier"! Diese Kuriosität unseres Sprachgebrauchs reizt mich, darin einen versteckten Beitrag zur Lebenskunst angesichts von Krankheit zu sehen. Dabei habe ich zugleich Dutzende von Beispielen vor Augen, die zeigen, daß wir kaum etwas schlechter beherrschen als das „Krankfeiern". Da wird jemand zum Beispiel von einer schweren Grippe zur Strecke gebracht. Diese Grippe kommt ihm selbstverständlich höchst ungelegen. Zunächst hat er sie gründlich verschleppt. Aber nun liegt er mit Fieber im Bett. Doch er ist nicht bereit, auf die Sprache des Körpers zu achten, denn die Welt hatte ihn noch nie so nötig wie gerade jetzt, um weiterbestehen zu können. Sein Telefon hat er darum nicht am, sondern im Bett. Auf den Knien den Notizblock, überm Ohr den Bleistift: so geht er tapfer und verbissen mit fieberglänzenden Augen seinen „Verpflichtungen" nach. Denn ohne ihn läuft nichts! – Dies ist die unerlösteste Art, mit seinem Körper und seinem Leben umzugehen, abgesehen davon, daß sie die Genesung behindert. Behindert ist aber hier vor allem die Fähigkeit, sich von Gott für eine Weile aus dem Verkehr ziehen zu lassen.

Darum geht es bei dieser falschen Art von Rebellion gegen das Kranksein im Grunde um eine viel tiefere Frage, die mit meiner gesamten Lebenseinstellung zu tun hat. Es ist der Mythos der Unentbehrlichkeit, der mir einredet, nicht krank, nicht schwach, nicht ersetzbar zu sein. An einer Grippe, einer Angina, einem Magengeschwür sollen wir aber etwas für unser Leben lernen! Das Wichtigste, das wir zu lernen haben, ist, daß sich unser Wert nicht auf unsere Leistung, Kraft und Vitalität gründet. Dafür bedarf es leider bisweilen eines solchen, sehr handfesten Nachhilfeunterrichts. Bisweilen muß ich es wirklich einmal auf diese Weise bewiesen bekommen, daß sich die Welt auch ohne mich weiterdreht und daß ich abkömmlich bin. Ich werde auch darüber belehrt, wo ich ungesund gelebt habe, und lerne, ein „ganzer" Mensch zu sein; nämlich ein Mensch, der nur im Zusammenhang und Zusammenklang von Leib und Seele existieren und „gesund" sein kann.

Und schließlich ist Krankheit oft genug auch die Schule neuen Vertrauens auf Gott. Ich kann so wenig für mich selbst tun wie wenn ich schlafe. Ich lebe alleine und ausschließlich von Gottes Geist! – Und darum tue ich jetzt auch nichts! Ich „feiere"! Ich lasse alles los, lasse *mich* los, löse meine Verkrampfungen und lasse in aller Ruhe Gottes Geist in meinem Körper heilend wirken, wobei ich zugleich den Rat des Arztes beachte. Ich darf mich gesundschlafen und „gesundfeiern" – und sagen: Gott will, daß ich jetzt krank bin, also bin ich krank und spiele nicht den Gesunden! Gott will, daß ich jetzt entbehrlich bin, also höre ich auf, über meine Pflichten nachzudenken, und bin entbehrlich! Ich sage zu meiner Krankheit: „Höre, Schwester Krankheit, ich habe dich nicht zu meiner Begleiterin oder Freundin erwählt, aber Gott hat dich für eine Weile mir zugesellt. So mache ich dir ein wenig Platz und werde dich pflegen, bis du aufstehen und mich verlassen kannst!" Und zu Gott sage ich: „Höre, Vater im Himmel, ich habe dich nicht um Krankheit gebeten, aber ich verstehe, was du mir sagen willst. Du willst mir helfen, das Leben erst recht zu lieben, dir erst recht zu vertrauen und von allen falschen Zwängen und Zielen viel freier zu werden. Ich willige dankbar ein und freue mich schon auf die Zeit der Genesung, die mich erlöster leben lassen wird." Und zum Arzt sage ich: „Ich werde Ihrem Rat treu ergeben sein und meinen Leichtsinn nicht zum besseren Arzt erklären."

Das Krankfeiern ist eine Vorübung des Loslassens, des Sterbens, aber es ist zugleich die Vorübung größerer Freiheit im Leben und besserer Harmonie zwischen Leib und Seele. Ich lerne meine Grenzen kennen und bejahen. Und so entdecke ich das Leben als „Spielraum", als begrenzten Raum großer Freiheit. – Es gibt also eine Form des Widerstandes gegen Krankheit, die in einer recht verstandenen Einwilligung besteht, und es gibt eine Weise der Einwilligung, die die beste Form des Protestes gegen die Krankheit ist. Es gibt ein Ja-Sagen zum Kranksein um der Gesundung willen und nicht aus einer Unterwerfung und Ergebung heraus.

Aber wir haben diesem Aspekt des rechten Krankfeierns noch einen weiteren hinzuzufügen, nämlich den, daß Krankheit und *gottesdienstliche Feier* zusammengehören! Ein Kranker reagiert auf seine Umgebung stärker als ein Gesunder. Zur Genesung gehört nicht nur irgendein Medikament, sondern eine gesunde Atmosphäre. Und es gibt keine „gesündere" und gesundmachendere Atmosphäre als die des Gebetes, der singenden Gemeinde, der Anbetung und des Lobpreises. Mit der Zuordnung von Krankheit und gottesdienstlicher Feier nehmen wir nun das ganze Spektrum von Krankheiten in den Blick – bis hin zu schwersten Leidenssituationen. Es ist letztlich nicht von Bedeutung, ob der Kranke in den Gottesdienst oder der „Gottesdienst ins Krankenzimmer" kommt. Entscheidend ist die Dimension der Anrufung und Preisung des dreieinigen Gottes, die Atmosphäre der Doxologie, des Singens und Betens, die den Kranken umgibt. Dies ist auch pneumatologisch naheliegend: Während sich der „Geist in der Schöpfung“ der Selbstheilungskräfte des Körpers und der Medizin bedient, wirkt der „Heilige Geist“ als Kraft der „Neuschöpfung und Erlösung“ durch den zugesprochenen Segen, die Salbung mit Öl, die Vergebung der Sünden und den Zuspruch des Evangeliums; und nicht zuletzt wirkt er heilend durch das Abendmahl. Es ist ein und derselbe Geist, aber er wirkt aus verschiedenen „Richtungen“ und auf verschiedenen Ebenen, um das Leben zu erneuern. – Im Raum der Liturgie weht also eine Luft, die mit der neuen Welt zusammenhängt. Wir brauchen dafür keine dramaturgisch und theatralisch inszenierten besonderen Heilungsveranstaltungen, sondern singende, betende und segnende Christen am Bett des Kranken oder das Herzubringen des Kranken in die heilende Atmosphäre der Liturgie. Denn hier, in der Feier des Glaubens, der Liebe und der Hoffnung, wird zugleich „ein radikales Nicht-Einwilligen, ein Protest gegen die konkrete Negativität menschlichen Daseins vollzogen“, und das „rein-mechanistische Verständnis des Menschen, das in der Theorie längst überwunden ist, (wird) auch praktisch aufgehoben“ (Walter J. Hollenweger).[30)] „Krankfeiern“ bekommt so einen tiefen Sinn und wird zur Feier auf Gesundung hin. Der Gottesdienst hat eine leibliche, eine psychosomatische Seite; und für Leib und Seele gibt es nichts Heilsameres als die spürbare Gegenwart des Leibes Christi und des Geistes Gottes. So nah gehören unser Geschöpfsein und unser „geistliches“ Leben zusammen! So nahe Schöpfung und Reich, Natur und Gnade, Geist und Leib, Krankenhaus und Kirche, Therapie und Liturgie![31)]

In allen meinen Taten
laß ich den Höchsten raten,
der alles kann und hat;
er muß zu allen Dingen,
solls anders wohl gelingen,
mir selber geben Rat und Tat.

Nichts ist es spät und frühe
um alle meine Mühe,
mein Sorgen ist umsonst;
er mags mit meinen Sachen
nach seinem Willen machen,
ich stells in seine Vatergunst.

Es kann mir nichts geschehen,
als was er hat ersehen
und was mir selig ist.
Ich nehm es, wie ers gibet;
was ihm von mir beliebet,
dasselbe hab auch ich erkiest.

Ich traue seiner Gnaden,
die mich vor allem Schaden,
vor allem Übel schützt;
leb ich nach seinen Sätzen,
so wird mich nichts verletzen,
nichts fehlen, was mir ewig nützt.

(EKG 292)

KAPITEL 18

Gedanken übers Sterben

Wann ist es Zeit, wann muß ich gehn,
wann heißt es Abschied nehmen ohne Wiedersehn?

Werden es Schläuche sein, Geräte, Apparate –
die Pfleger wie die Kacheln, ganz in weiß?
Was mach ich, wenn die Schwester nachts übermüdet
nicht kommt, obwohl sie von meinen Schmerzen weiß?

Hab ich die Kraft dann noch, die Klingel zu bedienen?
In welchen Raum schiebt man mich, wenn es soweit ist?
Wie lange werden sie wohl eisgekühlt mich lagern?
Wie lange währt es, bis man mich vergißt?

Wird es die Straßenbahn sein, die ich nicht sah?
Fielen mir nachts beim Autofahrn die Augen zu?
Wird man mit einem Schweißgerät mich dann befreien?
Mit welcher Decke deckt man mich wohl zu?

Wird man mich zwingen, ein Soldat zu werden?
Wer lehrt mich, wie man vor Raketen flieht?
Wird eine Giftgaswolke mich im Schlaf vernichten?
Werd ich in einem Bunker hocken, bis er glüht?

Ach, mein Gott, du kennst die Angst vor jener letzten Stunde;
du weißt, daß ich nicht sterben will.
Warum liegt diese Nacht vor mir,
warum muß ich durch diese Tür
und meinen Freunden sagen: lebet wohl?

Lieg ich zur letzten Stunde im Schoß meiner Frau?
Ist jemand da, der mit mir beten wird?
Und wenn zum Schluß mich nur noch Zweifel quälen –
und man von mir nur noch ein Stöhnen hört?

Ach, mein Gott, du kennst die Angst vor jener letzten Stunde;
du gingst uns allen ja voraus
durch alle Angst und Dunkelheit,
durch letzte, tiefste Einsamkeit.
Darum ist jetzt niemand, der stirbt, allein.

Du stehst da und wartest schon auf uns am andern Ufer.
Bist selbst die Brücke, die uns trägt.
So halt mich fest an deiner Hand,
laß mich gelangen in das Land,
wo du den Tod für immer hast verbannt!

„Es ist ein Schnitter, der heißt Tod,
hat G'walt vom großen Gott.
Heut wetzt er das Messer,
es geht schon viel besser,
bald wird er drein schneiden,
wir müssens erleiden.
Hüt dich, schöns Blümelein!

Trutz Tod, komm her, ich fürcht dich nit!
Trutz, eil daher in einem Schnitt.
Wenn Sichel mich letzet, so werd ich versetzet
in himmlischen Garten:
Darauf will ich warten.
Freu dich, schöns Blümelein!"

Wer über die Kunst zu leben nachdenkt, muß auch über den Tod und das Sterben nachdenken, denn das irdische Leben endet mit dem Tod und im Tod. Daß wir sterben müssen, ist sicher und das einzige, was wir über unsere irdische Zukunft wissen. Das Sterben ist die letzte Lebensaufgabe, die dem Menschen gestellt ist – die Aufgabe, sein Leben aufzugeben, loszulassen, zu verlassen.

Wenn wir in diesem Kapitel vom „Tod" sprechen, dann meinen wir ausschließlich unser Ableben und Erlöschen als irdische Wesen. Es geht hier nicht um die Jenseits-Dimension, mit der sich vielerlei Vorstellungen verbinden, von der klassischen Lehre über die „Unsterblichkeit der Seele" angefangen bis zu alten und neuen Reinkarnations- und Erlösungsspekulationen. Wir Christen sehen Leben und Tod von Ostern her: der auferstandene Christus ist uns Bürge und Unterpfand der Hoffnung auf die Auferweckung des Leibes zum unvergänglichen Leben im Reich Gottes. Und wir verstehen unter „Auferweckung aus dem Tod" ein Ereignis, das nicht in irgendeiner „unsterblichen" Qualität unserer selbst begründet ist, auch nicht in unserer „Seele", sondern das ein exklusives Handeln Gottes an uns bedeutet: ein Handeln, das nur zu vergleichen ist mit der Erschaffung der Welt am Anfang, das also in *Schöpfungsdimensionen* zu deuten und zu denken ist. Der Geist Gottes als Kraft der Schöpfung und Neuschöpfung aller Dinge ist das handelnde Subjekt. Er führt in einer alles Vorhergehende überbietenden und krönenden Weise die schöpferische Verwandlung herauf, in der Tote zum Leben gebracht, Christus gleichgestaltet und Gott als erlöste und vollendete Bundespartner zugeführt werden.

Zugleich wissen wir, wenn wir als Christen vom Tod reden, daß der „Tod" in der Bibel noch eine ganz andere Bedeutung hat als die des Ablebens. Tod ist in der Bibel eine Beziehungskategorie im Hinblick auf Gott und Mensch. Tod ist in seiner letzten theologischen Tiefe Trennung des Geschöpfes von seinem Schöpfer. Die Erlösung aus *diesem* Tod geschieht nicht durch die „Auferstehung des Leibes", sondern durch die *Versöhnung mit Gott*, also durch das heilvermittelnde Sterben Jesu für alle Menschen am Kreuz. Dieses Versöhnungsgeschehen ist die Bedingung und Voraussetzung für die Auferstehung zum ewigen Leben, so wie die Auferweckung am Jüngsten Tag die Folge und Frucht des Geschehens auf Golgatha ist.

Aber diese Fragen sind jetzt nicht unser Thema, da wir von der „Befreiung zu dankbarer Geschöpflichkeit" sprechen. Wir wenden uns jetzt nur dem Tod als *Ableben*, als Ende unserer irdischen Existenz zu. Es geht also im folgenden nicht um das, was jenseits unseres Todes verheißen und zu erhoffen ist, sondern wir bedenken den Tod als letztes Ereignis und äußersten Rand unseres diesseitigen Daseins.

In dieser Zuspitzung könnte man sagen: *Sterben ist menschlich* – denn jeder Mensch ist sterblich. Durch die weit bekanntgewordenen Beobachtungen, Erforschungen und Analysen des menschlichen Sterbens von *Elisabeth Kübler-Ross* ist das Sterben, das in unserer Gesellschaft auf eine unmenschliche Weise verdrängt wird, wieder stärker zum Thema geworden. Wenn Elisabeth Kübler-Ross aber im Verlauf ihrer Veröffentlichungen immer mehr dazu neigt, den Tod als „Teil des Lebens", als etwas „Natürliches" und „Menschliches" zu sehen und verstehen zu lehren, dann ist damit doch differenziert umzugehen. Einerseits ist damit etwas sehr Wahres und Hilfreiches gesagt, das sogar ganz auf der Linie alttestamentlich-biblischen Denkens liegt. Und vor allem ist ja mit der Erkenntnis und Bejahung dessen, daß Sterben menschlich ist, der Kampf und Einsatz für die Möglichkeit „menschlichen", humanen Sterbens verbunden. Das kann nicht genug gewürdigt und unterstützt werden. – Andererseits kann ich diese einseitig „positive" Sicht des Sterbens doch nur begrenzt nachvollziehen. Und zwar aus zwei Gründen. Der erste Grund liegt im Wissen um das faktische millionenfache *unmenschliche* und grausame Sterben auf dieser Erde, sei es durch menschliche Grausamkeit verursacht oder durch qualvolle Krankheiten, entsetzliche Unfälle oder sonstige Todesgeschicke. Ich möchte auf Beispiele verzichten dürfen. Die Tenne des Todes ist eine blutige Tenne. Und wenn im Mittelalter ganze Landstriche von der Pest entvölkert wurden[32)], dann wirkt jedes Plädoyer für humanes Sterben im Kreise der Familie oder in „menschlichen" Sterbekliniken doch auf einmal sehr blaß und hilflos. Und es gibt Sterbegeschichten, die auch im ausgehenden 20. Jahrhundert allen modernen medizinischen Errungenschaften Hohn sprechen und einen in Entsetzen erstarren lassen. – Sterben ist menschlich, denn jeder Mensch muß sterben; Sterben ist aber auch unmenschlich; denn zu viele Menschen müssen (auch heute, auch in Zukunft) Unmenschliches leiden, wenn sie sterben. Es gibt Gründe genug, vor dem Sterben Angst zu haben.

Der zweite Grund, der eine zu harmlose Sicht des Todes verbietet, liegt darin, daß der Tod ja nicht nur unsere irdische *Existenz* beendet, sondern unsere *Lebensgeschichte.* Daß „Existenz" beendet wird, müßte als solches noch kein Grund zur Anfechtung sein. Aber daß eine *Geschichte*, eine Geschichte des Lebens, des Person-Seins, abgeschnitten wird, das gibt dem Sterben erst seine Negativität. Denn hier geht es um die Sinn-Dimension unseres Lebens. Es gibt also neben der *physischen* Grausamkeit des Sterbens die *existentielle* Grausamkeit des Todes als Zerstörer von Liebe, Beziehung und Sinn. Der existentialistische französische Schriftsteller *André Malraux* ist zu dem Schluß gekommen: „Der Tod ist der Beweis für die Sinnlosigkeit des Daseins." – Wir merken, daß wir doch alsbald wieder bei der Frage nach dem „Jenseits" stehen, nach dem, was über den Tod hinausweist! Alle Kulturen und Religionen bäumen sich ja dagegen auf: daß mit dem Tod das Leben in den Schlund der absoluten Negativität und Sinnlosigkeit hineingerissen wird. Und es ist oft vermutet worden, daß die Frage, die der Tod dem Leben stellt – und die in der Erfahrung der Ohnmacht des Lebens angesichts der Allmacht des Todes gründet –, daß diese Frage die eigentliche Triebfeder der gesamten menschlichen Kultur- und Religionsgeschichte ist.

Die Weltliteratur kreist um zwei beherrschende Themen: die *Liebe* und der *Tod*. Beides ist im Grunde ein und dasselbe Thema. Denn „tödlich" und unmenschlich wird der Tod erst, wo es Liebe gibt: wo das Leben geliebt wird, weil der Lebende geliebt wurde und geliebt hat. Nur die Liebe läßt den Tod so unmenschlich und feindlich erscheinen und erfahren. Das ist auch der Grund, weshalb der Tod für jemanden, der „alt und lebenssatt stirbt", keineswegs weniger feindlich, bedrohlich und „tödlich" erscheinen muß als für jemanden, der mitten aus dem Leben herausgerissen wird – vorausgesetzt, daß es sich nicht nur um ein zeitlich langes, sondern darin wirklich um ein *erfülltes* Leben handelt. Und zu einem *erfüllten* Leben wird es stets durch die Liebeserfahrungen und die Beziehungen, in denen es verwurzelt ist! Ein Mensch, der in diesem Sinne lebens- und liebes*gesättigt* ist, wird sein Leben gerade darum nie „satt" haben können und lebensüberdrüssig sein. Gerade auch das lange, intensiv gelebte Leben vermag offenbar den Tod nicht als Freund anzusehen. – Bezeichnend dafür ist eine kleine Begebenheit aus dem Leben *Karl Barths*, die *Eberhard Busch* aufgezeichnet hat[33]:

„Das Altwerden hat Karl Barth sehr erlitten. Ihn verdroß es, in einem Spiegel sein ergrautes, faltiges Haupt zu sehen; lieber schaute er gar nicht hin. Beschwerden machten ihm mehr und mehr Mühe. Er sei nur noch eine Ruine seiner selbst, spöttelte er ironisch über seinen Zustand. Zuweilen befiel ihn auch Schwermut. Einmal sagte er: ‚Früher habe ich es schön zu sagen und zu erklären verstanden: „Es ist doch unser Tun umsonst, selbst in dem besten Leben. Vor dir niemand sich rühmen kann, des muß dich fürchten jedermann und deiner Gnade leben." Aber es ist ein gewaltiger Unterschied, das nur zu wissen oder das . . . an der eigenen Haut zu erfahren, daß es genauso ist.‘

Aber darauf war ich nun doch nicht vorbereitet, als er eines Tages in die Tür trat und halb trotzig, halb erschrocken erklärte: ‚Ich will nicht sterben!‘ Schweigen. Ich war verwirrt und wußte nicht, was ich dazu sagen sollte. Der ‚große Theologe‘ sollte doch selber darauf eine Antwort wissen! Doch bemerkte ich dann: ‚Aber gibt es nicht vielleicht auch einmal einen Punkt im Leben, wo es einem geht wie Abraham – „und er starb alt und lebenssatt“?‘
Barth entgegnete: ‚Das ist nach meiner Lehre ganz und gar falsch, daß man jemals seines Lebens satt werden darf. Eines von Gott in seinem Wohlgefallen geschenkten Lebens darf ich doch einfach nicht überdrüssig werden.‘
‚Aber immerhin war dann doch Abraham einmal lebenssatt?‘ ‚Verstehen Sie‘, antwortete er, ‚lebenssatt, das darf man nie selber sein. Das kann nur das rückblickende Urteil anderer über ein gelebtes Leben sein, daß es nämlich „satt“ und voll erfüllt war vom gnädigen Wohlgefallen Gottes . . .‘
Barth aber setzte sich wieder an seinen Schreibtisch und summte dabei: ‚Freut euch des Lebens, so lange noch . . .‘.“

Aber es gibt noch eine andere Möglichkeit, den Tod als unzumutbar zu erfahren. Es handelt sich in diesem Fall um das Gegenteil von Sättigung und liebender Bezogenheit: es ist die Erfahrung des Todes, „die wesentlich geformt ist von der Hohlheit des Seins bzw. von der Leere des Daseins“, so sagt *Eugen Drewermann* – und fährt fort, daß wir den Tod „womöglich gerade in dieser Gestalt ... am meisten (fürchten). Eigentümlicherweise hängen wir besonders intensiv an einem *langen* Leben gerade dann, wenn wir im Grunde noch niemals richtig zu leben vermocht haben, und am meisten möchten wir dem Tod entfliehen, wenn er kommt, die Bilanz eines ungelebten, liebeleeren und sinnlosen Daseins festzuschreiben.“ Es ist dies gewiß die „modernste, in unserer Zeit wohl aktuellste Weise, den Tod zu erleben“.[34)]

Wir sehen, daß der Tod auf verschiedene Weise als Feind, als feindliche Zumutung erfahren wird: zum einen, wenn er mit physischer Grausamkeit und Gewalt daherkommt, zum anderen, wenn er die Liebesgeschichte, die Menschen miteinander verbindet, zerschneidet – und schließlich, wenn er einem unerfüllten und „ungelebten“ Leben seine Sinnlosigkeit unrevidierbar quittiert.

Wir haben uns neben diesen feindlichen Gesichtern des Todes aber auch dessen zu erinnern, daß es Lebensgeschichten gibt, die den Tod als *Freund* erscheinen lassen. Dabei haben wir es jedoch immer mit Grenzsituationen zu tun, die nicht den Tod als solchen menschlich machen, sondern die darauf beruhen, daß das Leben selbst als unmenschlich und „tödlich“ erfahren wird. So wird der Eintritt des Todes oft eine „Erlösung“ genannt, wenn er schweres, unmenschliches

Leiden und körperliche Qual beendet. Hier kann der Tod das gnädige Ende eines gnadenlosen Sterbens sein. Der andere Fall ist ein Leben in Schwermut und Depression, so daß jemand das Sterben und den Tod deshalb nicht fürchtet, weil er bereits das Leben und Lebenmüssen als Qual, Anfechtung und Schrecken empfindet. Solche Lebensmüdigkeit führt zu dem Wunsch, das Leben zu verlassen – eine Erfahrung, die auch die Bibel mehrfach bezeugt. Doch daß in diesem Fall der Tod ein freundliches Gesicht trägt, liegt nicht am Tod selber, sondern ist durch eine tödliche Lebenserfahrung begründet. Das Sterben beendet nur den Spott, den der Tod schon im Leben mit einem Menschen treibt. Hierzu gehört nicht nur das Feld psychisch bedingter Lebensmüdigkeit, sondern auch die Erfahrung grenzenloser Isolation und Einsamkeit. Denn Isolation, Beziehungslosigkeit und Einsamkeit sind selber eine Form des Todes, der durch den physischen Tod nur gnädig beendet wird.

Wir haben uns damit drei Weisen vergegenwärtigt, in denen uns der Tod begegnet. *Eugen Drewermann* bringt dies auf die Formel: „Zwischen Leid, Liebe und Langeweile, zwischen Müdigkeit, Mitgefühl und Müßiggang, zwischen Verzweiflung, Verlangen und Verlorenheit verbirgt sich die dreifache Maskierung, in welcher der Tod uns erscheinen kann.“[35)]

Ist der Tod menschlich? Nein, er ist es in keinem Fall. Wenn er in der letzten Grenzsituation seelischer oder physischer Qual so empfunden wird, dann hat er zuvor schon sein unmenschliches Antlitz über Gebühr gezeigt. Wir können daher nur sagen: der Tod ist etwas *Menschheitliches*, dem nicht zu entkommen ist. Wie können wir lernen, mit ihm zu „leben“, der uns das Leben nimmt; mit ihm umzugehen, der uns umschleicht? Wie lernt man, angesichts des Todes zu leben? Und: kann man das Sterben lernen? Kann man sich darauf einstellen und vorbereiten?

Ja, man kann sich darauf einstellen! Indem man den Gedanken an den eigenen Tod nicht verdrängt! Indem man ihm standhält und gerade so das Leben ausschöpft, gestaltet, dankbar genießt und demütig seine Begrenzung annimmt. Aber man kann das Sterben selbst nicht lernen und nicht üben. Wohl ist jeder Abschied, jede schwere Krankheit, jeder Heimatverlust, jede zerbrechende Beziehung wie auch alles freiwillige Verzichten, alle bewußte Bejahung von Grenzen ein Übungsfeld des Sterbens. Aber das wirkliche eigene Sterben, der wirkliche eigene Tod bleibt uns strikt unzugänglich, verhüllt, unbekannt – und darum fremd und irgendwie fern. Da ist nichts vorweg erlernbar, da ich Zeit, Art und Umstände meines Sterbens nicht kenne.

Aber es gibt eine Sterbevorbereitung besonderer Art, die jeder lernen, üben und sich zu eigen machen kann. Und das ist das *Gebet um einen gnädigen Tod*.

Diese Formulierung ist mehrschichtig. Sie sagt zunächst: wir können und dürfen für unser letztes Abschiednehmen *beten*. Damit stellen wir uns der Tatsache unseres Sterbens und machen uns den Gedanken daran zu eigen. Damit geben wir unser Sterben aber auch „ab“ und legen es in Gottes Hand. Wir lernen, den Tod nicht zu verdrängen, ihm gleichzeitig aber auch nicht in Gedanken nachzuhängen. Der eigene Tod als Gegenstand des Gebetes macht uns nüchtern und befreit zugleich. Wir wenden uns von unserem Tod nicht ab und können uns doch ganz dem Leben zuwenden.

Diese tiefe Weisheit, den Tod im Gebet zu bedenken – und es damit auch sein Bewenden haben zu lassen –, ist mir zuerst aufgefallen, als ich merkte, wieviele unserer Kirchenlieder und geistlichen Volkslieder mit dem Gedanken an und dem Gebet fürs Sterben schließen. Offensichtlich haben Menschen in früherer Zeit diese Gebetshaltung angesichts des Sterbenmüssens ganz intensiv und selbstverständlich praktiziert.

Aber unsere Formulierung hat auch einen inhaltlichen Akzent: wir beten um einen *gnädigen* Tod! Was heißt das? Vielleicht impliziert eine solche Bitte zunächst, daß wir selber gar nicht zu wissen und zu bestimmen brauchen, was das Sterben gnädig sein läßt. Es reicht, daß *Gott* gnädig *ist* und daß er am besten weiß, wie er uns seine Gnade im Sterben zuwendet. Ein gnädiges Sterben ist ein Sterben im glaubenden Wissen um die Nähe Gottes. Wenn Gott im Tod und im Sterben bei mir ist, dann kann es sich schon nicht mehr um ein gnadenloses Ende handeln. Wobei wir uns die Freiheit nehmen dürfen, darum zu bitten, daß wir seine Nähe dann auch wirklich *spüren* und *wahrnehmen*.

Geben wir also unser Sterben in Gottes Hand und überlassen ihm die Weise, uns erfahrbar gnädig und nahe zu sein, so läßt sich doch dieses „gnädig“ noch ein wenig deutlicher bestimmen. Auf diese Weise machen wir uns selber klar, worin sich im Blick aufs Sterben törichte von klugen und gottesfürchtigen Bitten unterscheiden.

Wir können uns dann zum Beispiel nicht der Devise anschließen, die heute weithin gilt: „Möglichst lange (und vor allem gut) leben und dann schnell (am besten schmerzlos und plötzlich) sterben!“ Gerade das hätten die Alten als äußerst törichtes Verlangen betrachtet. Sie beteten gerade um Bewahrung vor „bösem, schnellem Tod“, das heißt um Bewahrung davor, vom Tod überrascht und unvorbereitet überfallen zu werden! – Das Gebet um einen gnädigen Tod bittet also darum, daß der Tod mich nicht jählings aus dem Leben reißt, sondern daß ich noch Gelegenheit habe, mein Leben vor Gott und Menschen in Ordnung und ins reine zu bringen. – Wie wir wissen, ist diese Gnade, daß ein Mensch vorbereitet sterben und bewußt Abschied nehmen kann, auch eine große Hilfe zur Bewältigung des Abschieds seitens der Hinterbliebenen!

Ein „gnädiges Sterben" ist aber – zweitens – auch ein *Sterben im Glauben an Gott* und im Vertrauen auf die Unverbrüchlichkeit seiner Verheißungen, ein Sterben in *Heilsgewißheit*. Das versteht sich nicht von selbst, auch nicht für Christen, denn wir kennen neben bewegenden Beispielen, wo Sterbende noch in den letzten Atemzügen bezeugen konnten, von den Engeln Gottes gleichsam abgeholt zu werden, auch solche Sterbeerfahrungen, die schweres Angefochtensein bedeuteten. Getrost und in lebendiger Hoffnung auf die Auferstehung und ewige Gemeinschaft mit Christus sterben zu dürfen, ist daher Grund und Inhalt des Gebetes um einen gnädigen Tod.

Es darf – drittens – wohl auch daran gedacht werden, daß Gott einen – wenn nicht *vor*, dann doch *in* körperlichen Schmerzen bewahren möchte und nicht *mehr* zuläßt, als man tragen kann. Warum soll es einem Menschen nicht gestattet sein, so zu beten und Gott um möglichst wenig physische Qual zu bitten? Auch das macht das Sterben gnädig.

Es wird darüber hinaus noch manch andere Bitte in diesem schlichten Gebet mitschwingen – vielleicht, daß es vorher noch zur Versöhnung mit Feinden und Gegnern kommen möchte, vielleicht, daß man die eigenen Kinder nicht überlebt, oder daß man nicht in Einsamkeit und ohne menschlichen Beistand sterben muß – und schließlich, daß Gott einen vor zu *frühem* Tod bewahrt, wenn es sein Wille ist ...

Um einen gnädigen Tod bitten – das heißt nicht, daß wir Gott Vorschriften machen könnten; es heißt auch nicht, daß Gott es so schickt, wie wir es uns erhoffen. Eben deshalb können wir nur beten, sollen wir beten – und in der Bitte um einen gnadenvollen Tod alles beschlossen sein lassen, was gut für uns ist und uns bei Gott und in seiner Liebe festhält.

Fragen wir abschließend: *wann* ist dieses Gebet geboten und an der Zeit? Darauf ist nur zu antworten: jederzeit. Nicht erst, wenn der Tod seine deutlichen und unentrinnbaren Schatten vorauswirft und sich uns bereits in den Weg stellt. Es wäre nur ein Zeichen von Gottesfurcht und Gottvertrauen, von Nüchternheit und Realismus, von echter Liebe zum Leben in wacher Wahrnehmung seiner definitiven Begrenztheit, wenn das Gebet um einen gnädigen Tod Teil eines jeden Abendgebetes eines Christen wäre oder würde. Helfen können uns dabei nicht nur manche Psalmworte, sondern auch vertraute Liedverse, von denen einige wenige hier zitiert seien.

Soll ich einmal nach deinem Rat
von dieser Welt abscheiden,
verleih mir, Herr, nur deine Gnad,
daß es gescheh mit Freuden;
mein' Leib und Seel befehl ich dir;
o Herr, ein seligs End gib mir
durch Jesum Christum. Amen.

(EKG 285,3)

Bleib mir nah auf dieser Erden,
bleib auch, wenn mein Tag sich neigt,
wenn es nun will Abend werden
und die Nacht herniedersteigt.
Lege segnend dann die Hände
mir aufs müde, schwache Haupt,
sprich: „Mein Kind, hier gehts zu Ende;
aber dort lebt, wer hier glaubt."

Bleib mir dann zur Seite stehen,
graut mir vor dem kalten Tod
als dem kühlen, scharfen Wehen
vor dem Himmelsmorgenrot.
Wird mein Auge dunkler, trüber,
dann erleuchte meinen Geist,
daß ich fröhlich zieh hinüber,
wie man nach der Heimat reist.

(EKG 279,5.6)

Weitere Lieder:
276,8–12; 277,5; 278,6; 281,7; 286,8; 288; 292,3.7–9; 293 u.a.

Gebet um einen gnädigen Tod

Himmlischer Vater, Herr über Lebende und Tote,
ich möchte nicht sterben,
denn ich liebe das Leben, das du mir gegeben hast,
mit allen Fasern meines Seins.
Zugleich möchte ich nicht in eine Situation kommen,
wo ich mir wünsche, sterben zu dürfen, und doch nicht sterben kann.
Ich habe Angst vor schlimmer Krankheit und qualvollem Tod.
Ich habe Angst vor dem Abschiednehmen.
Und darum ist mir der Gedanke an den Tod meiner Frau,
an den Tod meiner Kinder ebensoschwer wie der Gedanke
an mein eigenes Sterben.
Ich komme zu dir, um dir meine Angst zu sagen und zu übergeben.
Und ich bitte dich, daß du bei mir bist,
wenn der Tod nach mir greift.
Laß das nicht plötzlich geschehen,
denn ich möchte vorbereitet sein, wenn ich vor dein Angesicht trete.
Und vor allem bitte ich dich, daß ich im festen Vertrauen
auf deine Liebe und auf das Lösegeld deines Sohnes sterben kann
und mir nicht alles zerrinnt, was mir dein Evangelium zuspricht.
Daß ich nicht widerrufe, was ich anderen zugesprochen habe.
Daß ich nicht verleugne, worauf ich getauft bin.
Herr, laß mich in Frieden sterben.
Vergib mir dann meine ungezählten Sünden
und nimm die Bruchstücke und Halbheiten meines Lebens
gnädig an.
Und laß mich dann auch dessen gewiß sein,
daß du allen gut und nahe sein wirst, die ich liebhabe.
Vater, schenke mir die Gnade, am Ende meines Weges
nicht auf mich selber fixiert zu sein,
sondern deiner Kirche auf Erden und deiner so geliebten Welt
fürbittend zu gedenken und auf den Anbruch deines Reiches
in fester Zuversicht zu hoffen.
Amen.

VIERTER TEIL

Leben im Horizont endzeitlicher Freude

KAPITEL 19

Lob und Klage

Den ganzen Tag lang waren wir mit unserem Freund und Gastgeber in den schwarzen Siedlungen vor den Toren Cape Towns unterwegs gewesen, von denen die meisten nichts anderes sind als end- und uferlose Slumgebiete, ein einziger Ozean von Blechhütten, Baracken und sonstigen primitiven Unterkünften. Hunderttausende von Schwarzen leben hier ohne Arbeit, ohne Brot, ohne medizinische Versorgung. Der Himmel hatte sich über uns zugezogen, als verberge er sein Antlitz hinter der dichten Wolkendecke, um das ganze namenlose Elend nicht sehen zu müssen. Und wir selber waren ebenfalls kaum in der Lage, wirklich wahrzunehmen, was da vor unseren Augen Wirklichkeit war. Denn unsere Sinne und Gefühle begannen innerlich allmählich in eine unbewußte Abwehrstellung zu gehen, nachdem wir nun selber schon seit Wochen und Monaten in Soweto gelebt und gearbeitet hatten, wo uns Leid, Ausweglosigkeit und Elend nicht nur durch die Fensterscheiben des Wagens angestarrt, sondern viel unmittelbarer und direkter gepackt und in ihren Bann gezerrt hatten. Wir hatten also schon eine Weile Anteil genommen am Leben, Leiden und Kämpfen dieser in den roten Staub Südafrikas gestoßenen Menschen. Und doch blieb zwischen uns und ihnen jene nicht aufhebbare unsichtbare Trennwand, die stets die wirklich Be- und Getroffenen und die bloß Anteilnehmenden voneinander zu trennen pflegt. Aber für meine Nerven, meine psychischen Kräfte und meine Reserven an echter Fähigkeit zum Mitleiden, Mittrauern und Mitempfinden hatte es schon gereicht. Die Welt lag vor mir wie ein Irrenhaus, spulte sich vor mir ab wie ein Gangsterfilm, griff nach mir wie ein schwarzes Ungeheuer, und doch blieb dieser unauflösliche Widerspruch zwischen seelischem Verwundetwerden durch alles Erleben – und äußerer Immunität dank weißer Hautfarbe, deutschem Paß und Masters Card in der Brieftasche.

Meine inneren Kräfte zur Anteilnahme waren beinahe erschöpft, als wir dann noch jene lange Fahrt durch die nicht endenden Riesenslums am Kap antraten.

Am nächsten Tag brachen wir mit unserer kleinen Gruppe regelrecht aus, um unsere Gedanken und Gefühle halbwegs zu ordnen und zu verdauen. Außerdem hatten uns unsere schwarzen Freunde ausdrücklich aufgefordert, uns Zeit zu nehmen, die schönste Stelle Südafrikas, die Halbinsel hinab bis zum „Kap der Guten Hoffnung", zu sehen und zu erleben. Und hatten uns dafür sogar ein Auto gemietet. Und genau, als wir starteten, riß der Himmel auf, und die Sonne, die urplötzlich aus der Wolkendecke befreit war, strahlte die majestätische Pracht des Tafelbergmassivs an wie eine gigantische Theaterkulisse. Zwei Stunden lang fuhren wir in engen Windungen an der Küste entlang, erklommen die Serpentinen zum Hochplateau hinauf, fuhren wieder hinab bis an steile Felswände über dem Meer, während Wolken, blauer Himmel, Gegenlichtreflexe und doppelte Regenbögen uns in eine euphorische Stimmung versetzten, als sollten wir die grauen, sandignassen Elendsgebiete des Vortages möglichst schnell vergessen. Zum Schluß ein mehrmaliges Hin und Her zwischen zwei Weltmeeren auf dem letzten schmalen Landzipfel vor dem Cape Point. Und dann nur noch stundenlanges sprachloses Sitzen am Strand, auf schwarzen Felsen mitten im blendendweißen Sand, während tosend anrollende Wellen die Felsen umspülten und wieder freigaben, ihrem eigenen ewigen Rhythmus gehorchend.

Langes entzücktes Schweigen, umzauberte Sinne – und „innen" die Bilder von verwahrlosten Kindern im Township-Schlamm. Ist das ein und dieselbe Welt? Kann man sie mit ein und denselben Sinnen fassen? Ist beides Wirklichkeit? Und Gott? Wo ist er? Wer ist er?

Morgen würden wir zurück nach Soweto fliegen, zu den Armen dort, in einem der Elendsviertel, denen wir täglich Brot und Gemüse brachten. Aber nun saß ich hier und wurde für Stunden umjubelt von einer unaussprechlich schönen Schöpfung. Es knallte, krachte und explodierte nur so von elementarem, kosmischem Jauchzen. Zum erstenmal hatte ich das Gefühl, die Schöpfung singen zu hören. *„Das Meer brause und was darinnen ist, der Erdkreis und die darauf wohnen. Die Ströme sollen frohlocken, und alle Berge seien fröhlich"* (Psalm 98,7f). *„Berge und Hügel sollen frohlocken mit Jauchzen und alle Bäume auf dem Felde in die Hände klatschen . . . Und dem Herrn soll es zum Ruhm geschehen und zum ewigen Zeichen, das nicht vergehen wird"* (Jesaja 55,12f). *„Es lobe ihn Himmel und Erde, die Meere mit allem, was sich darin regt"* (Psalm 69,35). In diesem Moment spürte ich deutlich die Notwendigkeit, den ersten Artikel, den Artikel von der Schöpfung, ganz anders ernst zu nehmen, tiefer zu durchdringen und bewußter in meinen Glauben und mein Denken einzubeziehen. Während ich dieser kosmischen Sphärenmusik aus Licht, Luft und Wellenklang lauschte, fiel mir ein ähnliches Erlebnis ein, das der New-Age-Philosoph *Fritjof Capra* in seinem Buch „Das neue Denken"[36)] beschreibt. Nein, mit neuheidnischer New-Age-Naturmystik habe ich nun wirklich nichts zu tun, aber die Wahrnehmungen und Empfindungen Capras ließen sich auf einmal mit meiner eigenen Erfahrung so verbinden, wie das alte Israel den ägyptischen Sonnenhymnus Echnatons in sein Bekenntnis zu Jahwe eingliederte (Psalm 104!). Capra schreibt: *„Eines Nachmittags im Spätsommer saß ich am Meer; ich sah, wie die Wellen anrollten, und fühlte den Rhythmus meines Atems, als ich mir plötzlich meiner Umgebung als Teil eines gigantischen kosmischen Tanzes bewußt wurde. Als Physiker wußte ich, daß der Sand und die Felsen, das Wasser und die Luft um mich herum sich aus vibrierenden Molekülen und Atomen zusammensetzten . . . Ich wußte auch, daß unsere Atmosphäre ständig durch Ströme kosmischer Strahlen bombardiert wird, Teilchen von hoher Energie, die beim Durchdringen der Luft vielfache Zusammenstöße erleiden. All dies war mir von meiner Forschungstätigkeit in Hochernergie-Physik vertraut . . . Als ich an diesem Strand saß, gewannen meine früheren Experimente Leben. Ich ‚sah' förmlich, wie aus dem Weltenraum Energie in Kaskaden herabkam und ihre Teilchen rhythmisch erzeugt und zerstört wurden. Ich ‚sah' die Atome der Elemente und die meines Körpers als Teil dieses kosmischen Energie-Tanzes: ich fühlte seinen Rhythmus und ‚hörte' seinen Klang, und in diesem Augenblick wußte ich, daß dies der Tanz Shivas war, des Gottes der Tänzer, den die Hindus verehren."*

Nicht Shiva, sondern Jahwe ist es, den die Schöpfung lobt. Aber den Klang nehmen auch die Hindus, nimmt auch der New-Age-Philosoph wahr, besser anscheinend als manche Christen. Aber was Capra nicht wahrnimmt, jedenfalls lese ich kein Wort darüber in seinem „Neuen Denken", ist die stumme Klage im endlosen „Slum nebenan", der Zorn der Jungen, die Apathie der Alten, das Weinen der Kinder. Psalm 69, den wir zitierten, nennt jedoch beides in einem Atemzug: die Elenden und Armen *und* die jauchzende Schöpfung, Klage *und* Dank, Verzweiflung *und* Anbetung des Schöpfers! *„Ich bin elend und voller Schmerzen. Gott, deine Hilfe schütze mich! – Die Elenden sehen es und freuen sich, und die Gott suchen, denen wird das Herz aufleben. Denn der Herr hört die Armen und verachtet seine Gefangenen nicht. Es lobe ihn Himmel und Erde . . ."* (V. 30.33ff). – Hier, im Angesicht des wahren und lebendigen Gottes, erstickt das Lob die Klage nicht, noch die Klage das Lob, werden kosmischer Tanz und soziales Trauma, Jubel der Schöpfung und Jammer der Menschen gleichzeitig wahrgenommen, ohne trügerisch harmonisiert zu werden.

Aber wie geht das? Wie kriegt man das zusammen, die Erhabenheit der Schöpfung und die Niedrigkeit der millionenfachen Kreuzträger und Lastenträger dieser Welt?

Spätabends sitzen wir am wärmenden Feuer in der bescheidenen

Unterkunft unseres Gastgebers und grübeln bis zur Erschöpfung über das Rätsel des Lebens, das sich in Erschütterung hier und Enthusiasmus dort auf uns geworfen hat.

Zum Schluß dann der aufkeimende Gedanke: muß unser Leben nicht für *beides* Echoraum und Resonanzboden sein, wenn die Welt nun einmal so ist, wie sie ist? Und wenn es wirklich stimmt, daß die Schöpfung ihrem Schöpfer zujubelt und dieser Schöpfer zugleich bei den Armen, Geringen und Zerbrochenen wohnt?

Wir spürten, daß wir fast nur mit schlechtem Gewissen jene Stunden in der unberührten, jubelnden Schöpfung zugebracht hatten. Aber ist die Güte, Allmacht, Majestät und Schönheit Gottes, die sich in der Schöpfung spiegelt, denn nur eine Fata Morgana, ein Trug, eine Fiktion von Natur-Romantikern? Ehren wir Gott, wenn wir dafür *keinen* Blick haben und uns an diesem Lob *nicht* beteiligen? – Ja, wir haben aus Solidarität mit unseren leidenden Menschenbrüdern und -schwestern genauso der Klage unsere Stimme zu leihen! Aber ist die pure Klage als solche denn schon echte Solidarität? Erweckt sie denn als solche schon die nötigen Kräfte zum helfenden Engagement, wenn ihr der Kontrapunkt fehlt, die *Verheißung* der *Schöpfungsfreude* und der *Vorfreude* auf die erlöste und verherrlichte *neue Welt*? – Ja, unser Leben muß ein zweifacher Resonanzboden sein: für die strahlende Schönheit und den entsetzlichen Fluch dieser Welt.

An diesem Abend, als das Feuer in den letzten Resten der Holzscheite nur noch glühte, beschloß ich, über beides zu sprechen und zu schreiben. Am Ende entstand ein Buch der Mitleidenschaft, Solidarität und Klage (Karin und Wolfgang Vorländer, Leidendes, kämpfendes, singendes Südafrika. Briefe aus Soweto, Neukirchen-Vluyn 1991) – und *dieses* Buch über die Schönheit und das Kunstwerk gestalteten Lebens. Zwei Bücher, dicht hintereinander und schwer zu vereinbaren – so wie die zwei Welten, dicht nebeneinander, am Kap: schwer zu vereinbaren.

Ist mehr möglich? Ist nicht gerade die Spannung aufrechtzuerhalten und auszuhalten? Denn schlimmer als das Nebeneinander des nicht zu Vereinbarenden wäre die künstliche Harmonie – am Ende würde das Leid der Welt dann doch bagatellisiert und vom Wunsch nach kosmischer Ganzheit um seine Härte gebracht. Nein, die Gegensätze bleiben. Die Welt ist noch nicht erlöst. Aber nun dürfen wir auch nicht der Gefahr erliegen, die andere Seite zu verschweigen und das Lob zu ersticken! Dann wird es nicht lange dauern, bis auch die Fähigkeit zur Solidarität, zur radikalen Wahrnehmung der Schatten- und Todesseite dieser Welt in sich zusammenbricht. Die leidenden Menschen in dieser Welt brauchen mehr als nur die Wiederholung ihres eigenen Seufzens. Sie müssen es von irgendwoher *singen* hören, um nicht in Apathie oder Aggression, in Wehmut oder Wut unterzugehen! – Von irgendwoher? Nein, sie selber singen, tanzen und feiern ja, um sich vom Bann des Negativen und von der Hypnose des Bösen zu befreien! „Singen ist gut gegen die Traurigkeit und den Teufel", sagte in Soweto einer unserer Freunde.

So kommt alles darauf an, die Spannung von Lob und Klage aufrechtzuerhalten und auszuhalten – und nach keiner Seite hin aufzulösen. *Das* heißt, bei Gott stehen. Bei Gott in seiner Freude und bei Gott in seinem Leid. Die Freude am Leben schließt die Solidarität mit den Elenden nicht aus, sondern ermöglicht sie erst. Der Lobgesang der Befreiung verdrängt nicht das Seufzen der Kreatur, sondern trägt dieses Seufzen wie auf Fittichen vor Gott, damit sein Reich komme. Die Gestaltung des eigenen Lebens ist kein Betrug an denen, die ums pure Überleben kämpfen, sondern führt erst zur bewußten Wahrnehmungs- und Horizonterweiterung, so daß unsere Füße auf den Weg des Friedens und der Errettung aller gelenkt werden.

Im Himmel wird nicht nur das irdische Seufzen nach Erlösung respondiert, sondern schon die Melodie der Erlösung intoniert.

Dieser letzte, vierte Teil ist der Frage gewidmet, wie dieser Ton endzeitlicher Freude auch bei uns schon hörbar werden kann.

KAPITEL 20

Sabbat und Sonntag

Seit drei Jahren feiern wir in unserer Familie an jedem Samstagabend ein „Sonntagsbegrüßungsfest."

Gegen 18 Uhr legen meine Frau und ich die Arbeit aus der Hand und beginnen mit der „Festvorbereitung". Während in der Küche die Mahlzeit zubereitet wird, wird das Eßzimmer festlich geschmückt. Ein frischer Blumenstrauß steht auf dem Tisch, das gute Porzellan wird benutzt, der kleine siebenarmige Leuchter, den meine Frau aus Israel mitgebracht hat, wird geputzt und mit neuen Kerzen versehen, und auf der Fensterbank werden Kerzen angezündet, um die Begrüßung des Sonntags auch nach außen zu verkünden. Auf dem Tisch steht Rotwein und roter Traubensaft, ein Napf Salz und weißes Brot. Neben das Gedeck meiner Frau wird die Bibel und das Herrnhuter Losungsbuch gelegt.

Wenn alles fertig ist, eröffnen wir unser Fest mit einer kleinen Festliturgie. *„Gott Lob, der Sonntag kommt herbei, / die Woche wird nun wieder neu. / Heut hat mein Gott das Licht gemacht, / mein Heil hat mir das Leben bracht. / Halleluja. – Das ist der Tag, da Jesus Christ / vom Tod für mich erstanden ist / und schenkt mir die Gerechtigkeit, / Trost, Leben, Heil und Seligkeit. / Halleluja"* (EKG 332,1–2). Nach diesem Lied, mit dem wir den Sonntag begrüßen, hören wir den Wochenspruch für die neue Woche und lernen ihn gemeinsam auswendig. Wenn nötig, wird er den Kindern erklärt. Nach einem zweiten Loblied liest meine Frau den Wochenpsalm. Auch daran kann sich ein kurzes Gespräch anschließen. Es folgt ein Segenslied und das gemeinsam gesprochene Vaterunser. Dann kommt die Frage: „Wenn uns in der kommenden Woche Sorgen bedrücken, woran dürfen wir uns dann erinnern?" und alle antworten: „Alle eure Sorgen werfet auf Ihn, denn Er sorgt für euch!" Schließlich nehmen wir wahr, was auf dem Tisch steht: die brennenden Kerzen, der Wein, das Salz, das Weißbrot – und in Frage und Antwort werden die Symbole gedeutet: das Licht – weil Jesus in die Welt gekommen ist; der Wein – weil er an das Fest im Reich Gottes erinnert; das Salz – Zeichen für die harte Arbeit unter Schweiß und Tränen in dieser Welt; das weiße Brot – Zusage für alle Armen dieser Welt, im Reich Gottes zu empfangen, was ihnen hier versagt bleibt ...

Wir erheben die Gläser, stoßen miteinander an und wünschen uns eine gute Woche – „Schalom!".

Dann wird das Essen aufgetragen, und während wir es genießen, erzählen wir uns von Kummer und Freude der vergangenen Woche. Jeder kommt an die Reihe. Die ganze Woche wird noch einmal vergegenwärtigt und nacherlebt. Konflikte, die es gab, können noch einmal bedacht werden, um daraus zu lernen; erfreuliche Ereignisse, Erfolg in der Schule und bei der Arbeit, gute Begegnungen mit anderen Menschen kommen noch einmal dankbar ins Bewußtsein.

Als wir dieses Fest „begründeten", standen zwei ganz unterschiedliche Überlegungen an seiner Wiege. Während eines Sommers war meine Frau für einige Wochen in einem Kibbuz in Israel; zur gleichen Zeit zeltete ich mit den Kindern in den französischen Alpen. In Israel war meine Frau beeindruckt von der jüdischen Sabbatfrömmigkeit und „Sabbatkultur" und überlegte, was dieser gestalteten Tradition denn im Blick auf unsere christliche Sonntagsgestaltung entspräche. Unabhängig davon saß ich eines Abends lange in der Dunkelheit vor dem Zelt und fragte mich, was eigentlich unsere Kinder *prägt*, vor allem auch: was sie glaubensmäßig prägt. Ich überlegte: woran werden sie sich eigentlich noch erinnern können, wenn sie erwachsen sind? Mir wurde klar, daß es nur zwei Arten von Ereignissen gibt, die wirklich ein ganzes Leben lang in Erinnerung bleiben. Zum einen irgendwelche besonderen Ereignisse, die einmalig sind. Zum anderen aber alle festen Traditionen, Sitten und Gebräuche, die sich stets wiederholen. Aber solche prägenden Traditionen sind in unserer heutigen Kultur und Gesellschaft weithin abhanden gekommen. Auch in unserer eigenen Familie gab es da nicht viel. Das galt auch im Blick auf unser Glaubensleben. Natürlich beteten, sangen und feierten wir auch schon vorher. Aber das fand alles ohne feste Form statt und ohne Wiederholung. An nichts kann man sich später wirklich noch erinnern. Dabei wurde mir immer deutlicher, wie viele dieser „Riten" und „Rituale" es in meiner Kindheit noch gegeben hatte – und wie lebendig und unverlierbar sie mir noch heute im Gedächtnis sind, bis in die Details, und ganz positive und „warme" Empfindungen in mir wecken, Empfindungen von Geborgenheit, Sicherheit und „Heimat". – So etwas ist alles andere als Nostalgie! Hier geht es um Formgebung unserer Person, unseres inneren Menschen. Denn das Besondere an „Wiederholungen" ist, daß sie nicht nur im Gedächtnis bleiben, sondern gleichzeitig auch ins Unbewußte und in unsere Tiefenschichten dringen. Das kann natürlich positiv und negativ sein – je nachdem, um welche Art von Traditionen es sich handelt. Man kann unter verknöcherten und autoritären Traditionen eben auch lebenslänglich leiden! Aber es wäre unüberlegt, daraus die Konsequenz zu ziehen, auf alle Traditionen zu verzichten. Was wäre vom Judentum, seiner geschichtlichen und religiösen Identität, übriggeblieben ohne seine Glaubens- und Festtraditionen?

Als wir dann unser Sonntagsbegrüßungsfest zu feiern begannen, haben wir bald noch ganz neue Entdeckungen gemacht. Schon nach wenigen Wochen sagte eines unserer Kinder: „Der Samstagabend ist der schönste Zeitpunkt in der Woche." Unsere Woche bekam also eine Struktur und einen eindeutigen Höhepunkt. Jetzt laufen unsere Arbeitstage auf ein Fest zu und kommen von einem Fest her.

Dann wurde meiner Frau und mir immer deutlicher, daß wir mit dieser Feier nicht nur unser Familienleben schöner und reicher gestalten, sondern unserem gemeinsamen Glauben ganz anders Ausdruck verleihen und uns gegenseitig viel deutlicher darin bestärken als vorher. Denn in unserem Sonntagsbegrüßungsfest kommen alle drei Glaubensartikel vor: der Artikel von der Schöpfung – denn wir essen und trinken, d.h. genießen Gottes Schöpfungsgaben und vergegenwärtigen uns die Zeit der vergangenen Woche, die ebenfalls Schöpfungsgeschenk ist; der Artikel von Christus – den wir im Lied, im Herrengebet und in der Vertrauenszusage aus der Bergpredigt anreden und zu uns reden lassen; und der Artikel vom „ewigen Leben“ und der Auferstehung der Toten, den die eschatologischen Symbole von Licht, Wein und weißem Brot verdeutlichen. In unserem Fest sind alle drei Glaubensartikel „bewahrt“ und „aufgehoben“ – und umgekehrt gilt, daß wir den Inhalt des Glaubens für uns und unsere Kinder erfahrbar und erinnerbar machen im Rahmen einer *Festerinnerung*! Das ist die freiheitlichste Weise, im Glauben verwurzelt und beheimatet zu werden. Auf diese Weise wird ein helles, frohmachendes „Gedächtnis der Taten Gottes“ gestiftet, wie es im Alten Testament heißt.

Zugleich gedenken wir unserer Verbundenheit mit dem Judentum, mit Israel. Wir feiern nicht Israels Sabbat! Sabbat und Sonntag sind nicht zu verwechseln. Wir sind Menschen der Völkerwelt, Fremde, die aus Gnade durch Christus zu Hausgenossen Gottes werden durften; aber wir sind keine Juden und können nicht plötzlich ein bißchen „Judentum spielen“. Es ist theologisch äußerst wichtig, diese Grenze zu respektieren, die die Grenze der bleibenden und besonderen Erwählung Israels ist! Zweitausend Jahre lang sind diesbezüglich verheerende Gedankenlosigkeiten und Anmaßungen seitens der Christenheit aus der Völkerwelt geschehen. – Aber wir gehören mit Israel zusammen! Und das ist ein innerer Bestandteil unseres Glaubens. Als Zeichen dafür nehmen wir Elemente aus der Sabbatfrömmigkeit der Juden in unsere Sonntagsfeier auf.[37)]

Dazu gehört, daß wir den Sonntag bereits am Vorabend begrüßen – so wie der Sabbat Israels am Freitagabend beginnt und am Samstagabend endet. In der von uns praktizierten Gestaltung berühren sich der „Sabbat Israels“ und der „Sonntag der Völkerkirche“, geben sich gewissermaßen die Hand. Der Sabbat verweist zurück auf Schöpfung und Bund, der Sonntag zurück auf die Auferweckung Jesu Christi – und gemeinsam weisen sie nach vorn auf das Reich des Messias und den ewigen Weltensabbat.[38)]

Sabbatlich sind die Symbole auf dem gedeckten Tisch: Salz, Brot und Wein. Wir „leihen“ sie uns von Israel, denn sie symbolisieren etwas Universales: zum einen die Hoffnung, die aller Welt und aller Kreatur gilt; zum anderen die einstweilige Schicksalsgemeinschaft aller Menschen im Land der Tränen und der Mühsal.

Aus der Glaubenstradition Israels stammt auch das Wechselgespräch in Frage und Antwort zwischen Eltern und Kindern. Das Bekenntnis des Glaubens gehört in das Gespräch der Generationen, damit der Glaube zur Geschichte wird und die Nachkommen von der

Geschichte des Glaubens umfangen sind: „*Was wir gehört haben und wissen / und unsre Väter uns erzählt haben, / das wollen wir nicht verschweigen ihren Kindern; / wir verkündigen dem kommenden Geschlecht / den Ruhm des Herrn und seine Macht / und seine Wunder, die er getan hat. / Er richtete ein Zeugnis auf in Jakob / und gab ein Gesetz in Israel / und gebot unsern Vätern, / es ihre Kinder zu lehren, / damit es die Nachkommen lernten, / die Kinder, die noch geboren würden; / die sollten aufstehen / und es auch ihren Kindern verkündigen, / daß sie setzten auf Gott ihre Hoffnung/ und nicht vergäßen die Taten Gottes*“ (Psalm 78,3–7).

Sabbatlich ist schließlich die Dimension der *Ruhe*. Unsere Woche hört erkennbar und sichtbar auf, indem wir die Arbeit ruhen lassen und einkehren in die gottgeschenkte Freiheit von und Distanz zu unseren eigenen Werken. Der Sonntagmorgen beschert uns diese Ruhe kaum, weil wir eher Mühe haben, mit vier Kindern pünktlich im Gottesdienst zu sein. Die Erfahrung, daß die Arbeit aber eine *Grenze* hat und daß die Ruhe Gottes Erlaubnis, Freispruch und erklärter Wille für unser Leben ist – diese Erfahrung muß in aller Deutlichkeit möglich sein. Im Zur-Ruhe-Kommen nehmen wir teil an der festlichen Ruhe und Freude Gottes; wir kommen innerlich zu Gott und zu unserer Freude.

„Leben im Horizont endzeitlicher Freude“ – unter diesem Motto stehen die Überlegungen dieses vierten Teils. Mit dem soeben entfalteten Beispiel der Begrüßung des Sonntags in wacher Wahrnehmung des differenzierten Zusammenhangs von Sabbat und Sonntag erinnern wir uns zugleich an die Prämissen, die wir in früheren Kapiteln entfalteten: an die „Lebensgestaltung im Horizont der Kunst“; an „Gestalten als Ausdruck von Geistesgegenwart“; an „Arbeit, Stille und Fest als Dimensionen eines befreiten Lebens“. Wir haben von einem schöpfungs-eschatologischen Geistverständnis kapitellang nachgedacht über Lebensfelder, die mit unserer Geschöpflichkeit zusammenhängen. Nun sind wir dabei, den eschatologischen, den österlich-endzeitlichen Horizont unseres Lebens zu bedenken und als Gestaltungsaufgabe zu entdecken. Wir fragen nach der Möglichkeit, unser Leben in endzeitlicher Freude zu gestalten. Das ist eine kühne Dimension, die nicht selbstverständlich zur Kontur unseres Lebens gehört. Eher sind wir mit der Erfahrung vertraut, daß der Alltag uns über Gebühr strapaziert und unsere Stimmung und unser Daseinsgefühl mit Grautönen bedeckt. Wir wissen zur Genüge, daß man nicht „einfach so“ in endzeitlicher Freude leben kann. Wenn aber unser Bekenntnis und unsere Hoffnung nicht zu puren Sprechblasen ohne Alltagsrelevanz verkommen sollen, dann ist gerade diese Vorfreude auf die kommende Erlösung „kunsthandwerklich" zu bedenken und ins Leben zu integrieren. Und weil wir sie nicht einfach in den roten Blutkörperchen haben, müssen wir Kristallisationspunkte schaffen, an denen sich diese Freude immer wieder neu entzünden kann. Freude muß entfacht und genährt werden.

Auch dafür haben wir lehrreiche Beispiele und Vorbilder aus der Geschichte Israels. In der Makkabäerzeit zum Beispiel, in der zweiten Hälfte des 2. Jahrhunderts v. Chr., erlebte Israel ein schweres Martyrium unter dem griechischen König Antiochus IV. In kürzester Zeit machte sich eine Weltuntergangsstimmung breit, die jedoch von prophetischen Sehern vollmächtig als eine Krise gedeutet wurde, die zur akuten *Hoffnung* auf den nahe bevorstehenden Anbruch des Reiches Gottes Anlaß gebe. Doch dann konnte Antiochus unter schweren Kämpfen aus Jerusalem vertrieben werden. Statt der Ankunft des Messias war auf einmal eine neue innerweltliche Epoche angebrochen. War damit die Hoffnung, die akute Naherwartung suspendiert? Wie kann man in endzeitlicher Freude leben, wenn die Tage, Jahre und Epochen dieser Weltzeit scheinbar noch lange und unbeirrt ins Land gehen?

In jenen Tagen wurde in Israel das Chanukkafest, das Lichterfest, begründet. Darin feierte man nicht nur die Wiedereinweihung des Tempels, sondern in dieses Fest flossen auch die gespannten eschatologischen Erwartungen ein: die Hoffnung wurde also „bewahrt" und „genährt" im jährlichen Lichterfest![39] – Wir Christen feiern mit jedem Sonntag nicht nur den Sieg Christi über die Tyrannei des Todes, sondern zugleich die damit verbürgte Verheißung seiner Wiederkunft. Jeder Sonntag ist ein kleines Osterfest. Und einmal im Jahr feiern wir das große Osterfest. So wird der Sonntag zum Nährboden einer österlichen und endzeitlichen Daseinshaltung und prägt unsere Hoffnung bis tief hinein in unseren alltäglichen Lebensvollzug, er wird zur Struktur unseres weltlichen und geschöpflichen Lebens. Alle sieben Tage kehren wir nicht nur ein in die Sabbatruhe Gottes, sondern brechen zugleich auf als Menschen der Hoffnung und Vorfreude auf die Heimbringung der Schöpfung ins Reich der Herrlichkeit. In einer vom Geist Gottes durchwirkten Lebensgestaltung rücken die „weltlichen" und die „geistlichen" Bereiche, Profanes und Sakrales, Schöpfungsbezogenheit und „Reichsgenossenschaft", Alltag und Sonntag, Klage und Lob unlösbar zusammen und werden zur formgebenden Kraft unseres Lebens.

„Nie sollen uns die Ereignisse des Tages beherrschen,
wir wollen sie beherrschen! Leben oder Tod, Licht oder
Finsternis, Freude oder Leid, Trübsal oder Jauchzen,
alles muß unter unsere Füße, alles muß zur Ehre Gottes
ausschlagen, weil Jesus lebt und wir auch leben.
So sollen die Jünger Jesu sein, so sollen sie ihn
verkündigen, der da ist und der da war und der da kommt, –
so in der Freiheit für alle Völker, für alle Menschen,
und in der Liebe Gottes zu allen Menschen und zu allen
Völkern; so sollen wir Menschen der Ewigkeit sein.
Gelobt sei unser Gott, der uns also Mut und Zuversicht
gibt, daß wir können jauchzen in den kommenden Zeiten
über alle Stürme der Zeit hinweg."

Christoph Blumhardt

KAPITEL 21

Anbetung als Lebensform

Im Lob des dreieinigen Gottes findet eine Erweiterung unseres inneren Lebens statt. Loben ist nicht nur die Bestimmung unserer Existenz, sondern wir gelangen darin zugleich über uns selbst hinaus. In der Anbetung und im Lob Gottes finden wir die größte Freiheit, die denkbar ist: die Freiheit von uns selbst, von unseren Bedürfnissen, Wünschen, Zielen, Trieben und Launen, von unserem Kreisen um uns selber. Doch zugleich ist die Erfahrung, vom Geist Gottes hinaufgeführt zu werden in die Sphäre der Anbetung, auch ein Zu-mir-selbst-Kommen, eine neue Selbsterfahrung. Denn ich spüre ja in dem Augenblick, da ich meiner tiefsten Bestimmung nahekomme, wer ich eigentlich sein darf und bin! Loben ist *transzendentale Selbstvergessenheit*, in der ich zugleich meine eigentliche *Identität* finde. Loben ist das Ereignis „mündiger Kindschaft". Es ist ein Fasziniertsein von der Schönheit Gottes, wodurch ich gleichzeitig selber neu geboren werde. Man kann Gott und dem Leben nicht näher sein als im Lobpreis. Du stehst da, siehst bei trübem Wetter den plötzlichen Sonnenstrahl auf einem Baumwipfel, lauschst dem Klang einer Musik, hörst einen Gebirgsfluß tosen, betrachtest einen schlafenden Säugling an der Brust seiner Mutter oder das dankbare Leuchten in den bereits müde gewordenen Augen eines alten Menschen ... und sagst nur still: „Mein Gott!" Denn du merkst auf einmal, daß Gott unser Lebenselement ist. *„Was das Wasser für den Fisch, was die Luft für den Vogel ist, das ist für uns Menschen Gott. Gott ist wirklich nicht fern von einem jeden unter uns, denn in ihm leben wir, sind wir und regen wir uns"* (Reinhard Deichgräber).[40] Und in Stunden solchen Erlebens geschieht eine Verwandlung in uns selbst, denn es gewinnt jenes Leben in uns Raum, das seit der Erhöhung Jesu Christi bereits *„mit ihm verborgen ist in Gott"* (Kolosser 3,3). – Das Geheimnis der Anbetung ist dieses: Wir werden *frei für Gott* und sehen ihn in allen Dingen – und damit zieht in uns selbst ein neuer Geist ein, so daß uns unser übliches alltägliches Dasein auf einmal eher unnötig eng, töricht und verkrampft erscheint, so daß wir uns fragen, warum wir die meiste Zeit unseres Lebens in einer solchen Verfassung zubringen. In der Anbetung Gottes werden wir am dichtesten an die offene Grenze unserer zukünftigen Erlösung herangeführt.

... *und sehen Gott in allen Dingen:* Dieses Sehvermögen wird uns nur geschenkt, indem der Geist Gottes unsere *inneren* Augen heilt. Transzendenz und Immanenz, Gott und Welt sind für uns normalerweise ganz getrennte Größen. Und wir verbringen viel Zeit damit, darüber theoretische Erörterungen anzustellen. Unser Wahrnehmen, unser Denken und auch unsere Theologie ändern sich aber in dem Augenblick, wo sie den Raum der Anbetung betreten, wo sie umkleidet werden vom Gebet und die Sprache der Doxologie erlernen. Es ist darum kein Wunder, sondern eine natürliche Folge dieses Sachverhaltes, daß die doxologischen Aussagen der Heiligen Schrift zugleich die universalsten und grenzenlosesten sind. Denn wenn Gottes Geist uns zu Gott hin umkehrt und uns in seine Gegenwart stellt, dann müssen die Schatten und die Faszination durch andere Mächte und Gewalten schmelzen wie Schnee in der Frühlingssonne, dann werden die gottlosen Mächte ohnmächtig, und selbst der Teufel muß als ein armes, hilfloses und erlösungsbedürftiges Wesen erscheinen, vor dem wir uns nicht mehr zu fürchten brauchen. – Aber diese Perspektive gibt es nur doxologisch, nur wenn wir Gott so zugewandt sind, daß alleine sein Glanz auf unsere Gesichter fällt.

In diesem Aufwachen aus dem Todesschlaf (Epheser 5,14) und seinen Illusionen, die uns gefangenhalten wollen, ist die Anbetung des Dreieinigen dann nicht mehr etwas, das wir *tun* müssen, das einer bestimmten „Technik", eines bestimmten Ortes oder einer bestimmten Form bedarf (obwohl wir darüber doch noch nachzudenken haben), sondern es kommt hier zu einer *geschenkten Daseinshaltung*, die uns selber unverfügbar ist. Doxologie ist zuerst und zuletzt ein passives Verwandeltwerden durch das Wirken des Geistes, der die Melodie der Verherrlichung Gottes seinen Geschöpfen einstiftet in Vorbereitung des messianischen Concerto grosso der neuen Welt. – Anders wäre es nicht zu verstehen – oder aber nur als fromme Lyrik zu deuten –, wenn die Schrift die Bäume und Berge, die Flüsse und das Meer schon jubeln hört. – Oder wenn der Seher Johannes schon vernimmt, daß *„jedes Geschöpf, das im Himmel ist und auf Erden und unter der Erde und auf dem Meer und alles, was darin ist, sagt: Dem, der auf dem Thron sitzt, und dem Lamm sei Lob und Ehre und Preis und Gewalt von Ewigkeit zu Ewigkeit!“* (Offenbarung 5,13). – Oder wenn Psalm 8 bekennt, daß Gott, dessen Name herrlich ist in allen Landen und der seine Hoheit am Himmel zeigt, sich *„aus dem Munde der jungen Kinder und Säuglinge eine Macht zubereitet um seiner Feinde willen“* – was bedeutet, daß denen, die Gott nicht loben, sondern fluchen, durch unmündiges Lob der Kleinkinder das Maul gestopft wird und sie über ihre eigentliche Berufung aufgeklärt werden. Gott stiftet seiner ganzen Kreatur die Berufung zur Doxologie ein – und sein Geist erweckt alle Kreatur dazu, daß dieser Lobpreis Gottes auch wirklich stattfindet und hörbar wird.

Ist die Anbetung Gottes, fern allem menschlichen Tun und Bemühen, eine Haltung, zu der der Geist uns innerlich erweckt, dann ist sie nichts anderes als die zustimmende und einstimmende Teilhabe an Gottes eigener Freude, wobei sie in letzter Kühnheit umgekehrt Gott selber auffordert zur Freude: *„Die Herrlichkeit des Herrn bleibe ewiglich, der Herr freue sich seiner Werke!“* (Psalm 104,31). In dieser Haltung der Verherrlichung Gottes ist dann nicht nur unser Gebet ein überschwengliches Lob, sondern unser ganzes Sein. Unsere Arbeit kann dann genauso zur Doxologie werden wie unsere Muße, ein rauschendes Fest genauso wie unser Schweigen in der Wüste, Musik und Tanz genauso wie das vertrauensvolle Einschlafen in der Nacht.

„Was immer wir auch werden, Lobsänger müssen wir werden“ (Fritz Schwarz).[41] – Anbetung ist eine geistgewirkte Daseinsgestalt, eine Lebensform. Sie begründet die eigentliche Ästhetik des Lebens, und sie ist wirklich nur pneumatologisch möglich. Vielleicht bekommen wir in diesem Leben erst einen Zipfel dieses Gewandes zu fassen, in das der Geist Gottes uns einmal gänzlich hüllen will. Vielleicht sind es zuerst nur gelegentliche innere Durchbrüche, denen wir möglicherweise am Anfang eher mißtrauen und sie nur als „Euphorie“ abtun. Vielleicht wird uns aber auch ein allmähliches Hineinwachsen in diese kindliche Freiheit und Freude geschenkt, nichts anderes sein zu wollen als „Lobsänger Gottes“.

Aber wir haben damit doch nicht alles gesagt. Anbetung als *Seinsform*, als Daseinsgestalt – das ist der Gesamtrahmen, in dem wir die Kunst zu leben als die Kunst der Doxologie zu begreifen haben. Auch die Wogen des Meeres, die Wipfel der Bäume und das Baby in der Wiege können ja nicht anders Gott loben als durch ihr pures Dasein! Und doch tritt neben dieses „existentielle" Loben noch eine andere Form der Anbetung: das „mündige" Lob, das Lob, das sich der Sprache bedient und damit zugleich zum *Bekenntnis* wird. Man muß nur einmal die letzten sieben Psalmen (Psalm 144–150) durchlesen, um die komplementäre Zusammengehörigkeit beider doxologischen Formen zu erkennen. Es ist doch nicht ein und dasselbe, wenn in Psalm 148 Sonne und Mond, Himmel und Gewässer, Feuer, Hagel und Schnee aufgefordert werden, den Herrn zu loben – oder wenn es in Psalm 145 in der persönlichen Ich-Form heißt: *„Ich will dich erheben, mein Gott, du König, und deinen Namen loben immer und ewiglich. Ich will dich täglich loben."* – Uns Menschen hat Gott eine *Sprache* gegeben, nicht nur wortlose Existenz. – Wie aber kann unsere Sprache die Anbetung lernen, wie unsere Worte, unsere Zunge, unsere Lippen? Dazu bedarf es eines neuen Inhalts. Und es ist geradezu das Kennzeichen alles *mündigen* Lobens, daß es sich entzündet am Wort, das Gott selber uns vor- und zugesprochen hat. Es ist das Wort seiner Taten in der Geschichte Israels, der Geschichte Jesu und der Geschichte der Kirche. Es ist die Tat seiner Worte, die diese Geschichte in Verheißung und Erfüllung heraufgeführt haben. Das *mündige*, das gesprochene und gesungene Lob ist jenes Lob, das die „großen Taten Gottes" erzählt und darüber Gott preist. Und zu diesem Lob sind Wind und Sonne, Schnee und Hagel, Bäume und Flüsse nicht in der Lage. Dieses Lob findet nur in der Gemeinde statt. Ist Loben die Bestimmung unserer Existenz und ist dieses bestimmte Lob der großen Taten Gottes nur in der „Gemeinde der Heiligen" möglich, dann wird die Gemeinde, die Kirche Christi selber zur Existenzform, zur Bedingung und Voraussetzung, um Mensch zu werden: Mensch im Bekenntnis zur Geschichte Gottes in Schöpfung, Versöhnung und Erlösung. Wir nähern uns damit einer „Theologie des Gottesdienstes", die ebenso zum Kunstwerk des Lebens gehört wie die „Theologie der Wüste". Nicht von ungefähr wird der dritte Teil dieses Buches – „Befreiung zu dankbarer Geschöpflichkeit" – gerahmt von den Themen „Leben aus der Stille" (Teil 2) und „Leben im Horizont endzeitlicher Freude" (Teil 4). – Geschöpfsein und Glied der lobenden Gemeinde zu sein sind in Gottes Heilsplan nicht zwei verschiedene Dinge, sondern sollen sich vereinigen in ein und demselben Lebensvollzug.

Und was wird der „Himmel" anderes sein als das Fest lobender Geschöpfe in einem erlösten Volk?

Der Epheserbrief ist dasjenige Schreiben im Neuen Testament, das eine doxologische Lehre von der Kirche entwickelt und den „Sinn" der Kirche in nichts anderem sieht als im mündigen Lob, das uns zu Vorsängern der ganzen Schöpfung macht. *„Er hat uns dazu vorherbestimmt, seine Kinder zu sein durch Jesus Christus nach dem Wohlgefallen seines Willens, zum Lob seiner herrlichen Gnade"* (1,5f), *„... damit wir etwas seien zum Lob seiner Herrlichkeit"* (V.12). *„In ihm seid auch ihr ... versiegelt worden mit dem heiligen Geist ..., welcher ist das Unterpfand unseres Erbes, zu unserer Erlösung, daß wir sein Eigentum würden zum Lob seiner Herrlichkeit"* (V.13f). Dieses Lob entzündet sich an nichts so sehr wie an der Auferweckung Jesu Christi von den Toten, am Wunder des Ostermorgens. Der Kirchenvater *Hippolyt* konnte daher sagen: *„Der Auferstandene ist der Vortänzer im mystischen Reigen, die Gemeinde seine mittanzende Braut."* Christus wird von der Gemeinde besungen mit den Worten „Schönster Herr Jesu!"; sie erkennt in ihm den *„Herrn der Herrlichkeit"* (1. Korinther 2,8), auf dessen Angesicht der Lichtglanz Gottes liegt (2. Korinther 4,6). In seiner Gegenwart und im Licht seiner Auferstehung beginnen ihr auch alle übrigen Werke erst recht zu leuchten. Und so wird die Gemeinde selber zum Widerschein der Schönheit des dreieinigen Gottes. Im Lebensgenuß und im Fest, vor allem aber im Lobgesang und in der „Liturgie der Freude an Gott" kommt unser Leben zu seiner vorläufigen Vollendung. Es ist daher der Sache nach zwingend, daß wir unsere Meditationen über die Kunst zu leben beenden mit der Überlegung, wie aus der geistgewirkten Daseinsform der Anbetung eine gestaltete Liturgie erwächst, die den Lobgesang wirklich in dieser Welt vernehmbar macht.

Zusammengefaßt gründet sich mein Wunsch, Lobsänger Gottes zu werden, auf fünf Einsichten:

Ich möchte loben lernen, *weil Gott Gott ist*; um *seinetwillen* also: um seiner Größe, Herrlichkeit und Macht willen, um der Schönheit seiner Werke, Wunder und Taten willen, um der Gegenwart seines Geistes und der Hingabe Christi willen, um seiner Herabkunft in diese Welt, in die Geschichte seines Volkes willen, um seiner gnädigen Herzubringung der Völkerwelt willen, wozu auch ich gehöre, um der Einwohnung seines Geistes in meinem Leib und Leben willen, der ich nichts bin als Lehm vom Ackerboden. Loben bedeutet Gemeinschaft. Ich möchte Gott loben um der Gemeinschaft mit ihm willen.

Ich möchte zweitens loben lernen *um meines Glaubens willen*. Mein Glaube ist deswegen ein Grund, Gott zu loben, weil ich nichts dafür kann und nichts dazu beigetragen habe, daß ich glaube, – noch vermag ich meinen Glauben in Zukunft aus mir heraus zu erhalten und zu bewahren, nicht einen Tag lang! Aber ich weiß, daß der Lobgesang den Glauben nährt wie die Liebeserklärungen zweier sich liebender Menschen ihre Treue zueinander. Darum ist mir die Anbetung Gottes auch um meines Glaubens willen wichtig.

Drittens möchte ich loben lernen, um *Kraft zum Leben* zu haben. „Trachtet nach dem, was droben ist", mahnt der Apostel. Ich kann die Last des Lebens, des Berufs, der Verantwortung für andere Menschen und der Solidarität mit ihnen nicht tragen, wenn meine Saiten nicht auf den Klang der neuen Welt gestimmt sind. Ich glaube daran, daß Gottes Geist mir Anteil gibt an den Kräften der zukünftigen Welt, wenn er mich zum Loben erweckt.

Viertens liegt mir am Lob um der *Gemeinschaft* mit den Freunden, mit den Schwestern und Brüdern willen, mit denen ich zusammengehöre. Ich weiß, wie begrenzt und schwankend die Grundlage natürlicher Sympathie ist, wie gefährdet unsere Verbundenheit durch Mißverständnisse, falsche Motive, Unachtsamkeit und Sünde. Ich wünsche mir, daß es im gemeinsamen Loben einen Kammerton gibt, der uns fähig macht zur Vergebung, Geduld und Solidarität.

Und schließlich möchte ich loben lernen, *weil der Geist*, der in mir Wohnung nehmen will, *ein Geist der Verherrlichung Gottes ist* und es von daher gar nicht anders sein kann, als daß Geistesgegenwart sich im Lob manifestiert.

endzeitliche freude

jauchzen kann ich nicht
tanzen kann ich nicht
singen und spielen vor dir
kann ich nicht

jauchzen kann ich
tanzen kann ich
kann singen und spielen vor dir

Gott
läßt
jauchzen tanzen singen spielen
den geist
in mir

ich kann
was ich nicht kann
das leben leben
als jauchztanzsingspiel
im geist

veni komm
creator schöpfer
spiritus geist

KAPITEL 22

Gestaltetes Lob

In diesem Kapitel möchte ich nun nach praktischen Möglichkeiten fragen, wie unser Leben ein deutlicheres gottesdienstliches und doxologisches Gepräge erhalten kann. Diejenigen, die in diesem Buch nur hier und da herumschnüffeln, seien darauf hingewiesen, daß das vorhergehende Kapitel die unbedingte Voraussetzung für unsere jetzigen Überlegungen sind. Mir wäre wichtiger, daß die theologischen Perspektiven in Kapitel 21 verstanden werden und übernehmbar sind, als daß man die folgenden Tast- und Gehversuche in allen Einzelheiten teilt. Gleichzeitig können wir uns, wenn die Anbetung Gottes zum Grundton unseres Lebens werden soll, die Frage nach praktischen Gestaltungsmöglichkeiten nicht ersparen. Von einer Theologie der Anbetung müssen wir zur Praxis der Anbetung kommen.

Nun könnte man diese Frage ja sozusagen an unsere örtlichen Gemeinden delegieren oder auf der Ebene der gegenwärtigen Gottesdienst- und Gemeindeaufbau-Diskussion weiterführen. Sie hätte dann in diesem Buch, in dem es um die persönliche Lebensgestaltung geht, gar nicht ihren Ort. Genau das widerspricht aber meinem Anliegen. Ich frage nach der Anbetungsgestalt meines, unseres Lebens. Das läßt sich zwar rein individualistisch nicht ausreichend verwirklichen, denn das Lob Gottes ruft immer nach der Gemeinschaft der Christen. Aber es kann sich nicht in Gemeindeveranstaltungen oder im gemeindlichen Gottesdienst erschöpfen. Eine „Theologie des Lobes" muß im Alltag unseres Lebens Gestalt gewinnen.

In meinem Buch „Gelebte Hoffnung – Perspektiven eines messianischen Lebensstils" habe ich den Versuch gemacht, einen von der eschatologischen Hoffnung geprägten Lebensstil zu beschreiben, der zu einer ganzheitlichen Zeugnisweise im Rahmen *gemeinsamen Lebens* führt. Aber der Frage nach dem Lob, der Anbetung, der Doxologie und Liturgie habe ich dort noch nicht die gebührende Aufmerksamkeit gewidmet. Inzwischen sehe ich hier aber die eigentliche Herausforderung, und zwar im Blick auf unsere Weltverantwortung, im Blick auf die Praxis gemeinsamen Lebens und im Blick auf unsere ganz persönliche Lebensgestaltung, wie wir sie in diesem Buch bedacht haben. Das heißt konkret, ich möchte für mich selber und im Rahmen der Gemeinschaft derer, mit denen meine Frau und ich im Alltag leben, fragen, wie ich, wie wir zu lobenden Menschen werden können.

In dieser Frage verbinden sich die theologischen Einsichten von Kapitel 21 mit einem ganz elementaren geistlichen Bedürfnis: Seit vielen Jahren sind wir im Kreis unserer Freunde und Weggefährten dabei, unser Christsein in weltweiter Verantwortung, in ökumenischer Perspektive und mit sozialen und politischen Konsequenzen zu leben. Es kann dabei aber geschehen, daß der Aktions- und Verantwortungsbereich immer größer wird – und das geistliche Leben immer dürftiger. Aktion und Kontemplation, Arbeit und Gebet, Diakonie und Liturgie entwickeln sich nicht mehr gleichmäßig und synchron. Am Ende hat man das Gefühl, sich für die vielfältigen sozialen und politischen Probleme im eigenen Land und weltweit verantwortlich fühlen zu müssen, hat aber dafür immer weniger psychische und geistliche Reserven. Das ist nicht gegen ein ganzheitliches, auch politisch relevantes Christsein gesagt, sondern verweist auf die Gefahr geistlicher Unterernährung.[42)] Nicht, daß man das Gebet, die Meditation der Heiligen Schrift und die gottesdienstliche Gemeinschaft vernachlässigte, aber all das riecht ständig nach Dienst, Pflicht und Arbeit. Die Beziehung zu Gott wird immer stärker funktionalisiert. Die Gefahr ist dann, daß schließlich nicht mehr „die Freude am *Herrn*“ unsere Stärke ist. Gott wird nicht mehr um seiner selbst willen angebetet, und das Leben verliert seinen festlichen Charakter und seine kindlich-freiheitliche Ursprünglichkeit.

Die Theologie, von der ich geprägt bin, zu der ich mich bekenne und die unsere Nachfolgegemeinschaft in den vergangenen zwölf Jahren bestimmt hat, beruht auf der Zusammengehörigkeit von evangelistischer, sozialer und politischer Verantwortung. Sie ließe sich mit dem Wort *Dietrich Bonhoeffers* verdeutlichen, das er im Dritten Reich im Blick auf die Verantwortung den Juden gegenüber ausgesprochen hat: *„Niemand darf gregorianisch singen, der nicht für die Juden schreit.“* Auf der Linie dieses Wortes haben wir im Rahmen unserer Bemühungen um gemeinsames Leben und missionarischen Gemeindeaufbau versucht, auch für Frieden und Gerechtigkeit in dieser Welt einzutreten. Vielleicht sind wir aber inzwischen an einem Punkt, der die Umkehrung des Bonhoefferschen Wortes nötig macht: „Wer sich für leidende Menschen einsetzt, soll auch gregorianisch singen!“ – Wobei das „gregorianische Singen“ hier nur eine Chiffre ist für die Dimension der Anbetung und der Feier des Glaubens. Will sagen: der Dienst in der Welt muß aus der Anbetung Gottes erwachsen. Sollte sich dann erweisen, daß man vor lauter Frömmigkeit den Dienst versäumt, wären die Akzente wieder andersherum zu setzen.

Mir ist bei vielen ökumenischen Begegnungen der letzten Jahre aufgefallen, daß die radikalsten und ganzheitlichsten Nachfolgegruppen meistens auch eine besonders stark entwickelte Gebetspraxis haben. Das gilt sowohl für charismatisch wie liturgisch geprägte Gemeinschaften und Gruppen. Offensichtlich sind Diakonie und Liturgie, Dienst in der Welt und Anbetung Gottes, Hingabe an die Menschen in ihren Nöten und Feier des Heilsgeheimnisses so etwas wie Geschwister.

Betrachte ich aber mein eigenes Leben und den Kreis der Menschen, mit denen ich in der Nachfolge Christi zusammengehöre, dann stelle ich betreten fest, daß die Dimension der Anbetung und Doxologie bei uns fast völlig fehlt. Unser Glaube ist zwar irgendwie herzhaft und echt, aber auch sehr verkopft, nüchtern und unfeierlich. Fast sind wir darauf sogar stolz. Wenn ich mir das klarmache, dann fällt mir sofort auch eine Reihe von Gründen ein. Dazu gehört vor allem meine und unsere geistliche und theologische Prägung. Hat der Protestantismus im allgemeinen schon eine starke Neigung zum Rationalen, Kognitiven und Nüchternen, so hat die reformierte Theologie, der ich mich theologisch verpflichtet weiß, geradezu zu einem liturgischen Kahlschlag geführt, der den Verdacht nahelegt, im Gottesdienst versammle der Heilige Geist nur die *Gehirne* der Menschen und überlasse ihre Leiber, Seelen, Gemüter und Sinne sorglos sich selbst oder anderen Geistern. Und in der pietistischen Frömmigkeit, in der ich groß wurde, gab es zwar manche gemütserregenden Posaunenchorklänge, allerlei hochemotionale Evangelisationsansprachen und viele ausgesprochen rührselige Lieder, aber ich kann nicht sagen, daß ich hier ein gestaltetes Leben in der Anbetung erlernt hätte. Und die notorischen freien Gebetsgemeinschaften machen auf mich bis heute oft einen zwiespältigen Eindruck, obwohl ich sie mir aus der Gebetspraxis der Christen auf keinen Fall wegdenken kann.

So beginnt man dann anderswo auf die Suche zu gehen, während man im stillen wie die Jünger im Neuen Testament bittet: „Herr, lehre uns beten!“ Ich versuche seit längerer Zeit, mehr mit den liturgischen Traditionen des Protestantismus, des Katholizismus und der Ostkirchen vertraut zu werden – was mir bereits den Vorwurf einbringt, „katholisch“ zu werden. Freilich braucht es seine Zeit, bis man mit solchen liturgischen Traditionen wirklich vertraut ist und sie nachvollziehen und innerlich mitfeiern kann. Und erst recht bedarf es einiger Mühe, etwas von dem Reichtum der Formen, Symbole und Rituale in unsere ganz anders geprägten Gottesdienst- und Frömmigkeitsformen hineinzunehmen und sie zu einer eigenen, authentischen Gestalt der Anbetung werden zu lassen.

Auf dem anderen Flügel höre ich das Frohlocken der Charismatiker. Ihre Spontaneität zieht mich an, ihre Musik liegt mir immerhin näher als gregorianische Tonfolgen, ihre geschwisterliche Atmosphäre kommt mir entgegen. Und doch habe ich bald eine zugeschnürte Kehle, wenn ich merke, daß hinter aller lockeren Spontaneität bisweilen eine gar nicht so lockere Dramaturgie steckt. Auf Befehl fröhlich sein kann ich nicht. Und viele spontane Gebetsrufe fände ich im stillen Kämmerlein wesentlich besser aufgehoben. Schlußendlich finde ich die musikalische Kultur oft doch zu flach, sie klingt zu sehr nach Unterhaltungsmusik, wozu manche der Texte leider gut passen.

So steh' ich da mit einer großen Ratlosigkeit und einem schlechten Gewissen, weil ich mir vorkomme wie ein Gourmet, der selber noch nicht einmal eine Maggisuppe kochen kann. Gleichzeitig habe ich es satt, wenn alles Charismatische und Hochliturgische immer nur benotet wird wie eine Modeschau von einer Jury, und möchte mich eigentlich immer weniger an diesen Benotungen beteiligen. *Ich* möchte lernen, Gott zu loben! Alleine und in Gemeinschaft. Ich möchte ein Lobsänger werden und andere dazu anstiften! Und trotz aller Verlegenheiten und Unsicherheiten lasse ich mich von diesem Wunsch nicht mehr abbringen. Darum wage ich nun einige persönliche Erwägungen zur Gestaltung der Anbetung Gottes.

Die Zeit des Lobes

Am schönsten wäre es, wenn sich von Sonntagsgottesdienst zu Sonntagsgottesdienst durch alle Tage der Woche hin kurze Zeiten der Anbetung einrichten ließen. Wir kennen die Tradition der Tageszeitengebete, der Frühgottesdienste und Abendgebete aus dem kommunitären und klösterlichen Leben. Doch scheint uns diese Möglichkeit durch unser Berufsleben und die individuelle und individualistische Struktur des modernen Lebens, die kaum feste Ordnungen zuläßt, verschlossen zu sein. In meinem Buch „Gelebte Hoffnung" hat mich die Frage geleitet, wie verbindliches gemeinsames Leben möglich ist in offenen, nichtkommunitären Lebensformen. In den letzten Jahren begegne ich immer häufiger Menschen, vor allem der mittleren und jüngeren Generation, die diese Frage leidenschaftlich beschäftigt. „Gemeinsames Leben" wird immer mehr zum Schlüsselwort christlicher Existenz in einer nachchristlichen, säkularisierten Welt. Aber die Fragen und Gestaltungsschwierigkeiten sind vielfältig und erfordern ein hohes Aufgebot an Kreativität, Flexibilität und Ideenreichtum. Am ehesten bieten eng benachbartes Wohnen sowie die Bildung kleiner Hauskreise und Nachfolgegruppen die Voraussetzung, Leben miteinander zu teilen. Nun kommt es darauf an, daß wir Formen finden, im Rahmen dieser Begegnungen auch der Feier des Glaubens und der Anbetung Gottes einen Ort und eine Gestalt zu geben. Dabei muß man sich klarmachen, daß so etwas kaum spontan, unvorbereitet und ohne äußere Hilfen möglich ist. Man muß einen Weg der Vorbereitung und Verständigung miteinander gehen, bis man beispielsweise zu einem wöchentlichen Abendlob von der inneren Einstellung und der äußeren Gestaltung her fähig ist. In manchen Fällen sind später aus solchen Gebetstreffen auf Hauskreisebene auch Abendgottesdienste größeren Stils erwachsen. Immer häufiger versuchen Christen auch die Möglichkeit von Frühgebeten vor dem Weg zur Arbeit oder zur Schule zu nutzen und zu erproben.

Es ist aber auch zu bedenken, ob wir nicht Traditionen und Formen der Anbetung entwickeln können, die sich an bereits vorhandene (Abend-)Veranstaltungen, Gruppen, Kreise und Zusammenkünfte in der Gemeinde anschließen, indem man etwa für eine kurze Lobfeier zusammen in den Chorraum der Kirche geht. Und warum soll es in unseren Kirchen und Gemeindehäusern nicht möglich sein, die alten Traditionen von Stundengebet, Vesper und Komplet in begrenztem Umfang wieder zum Leben zu erwecken, so daß etwa abends um 18 oder 21 Uhr ein solches Gebet in der Kirche grundsätzlich stattfindet – egal, ob nur einer kommt oder zwanzig! Es wird damit ein Raum und eine Zeit geschaffen und reserviert, wo der einzelne den Alltag unterbrechen kann, um in Lobpreis und Anbetung vor Gott zu treten. Für derlei Angebote bedarf es aber der Form, der geprägten Gestalt.

Die Form des Lobes

Mit der Anbetung Gottes ist es wie mit einem Fest: Zuerst muß viel Mühe, Sorgfalt und Arbeit in die Vorbereitung und Gestaltung investiert werden, bevor man wirklich feiern kann. Unter allen Formen und Inhalten des Betens (Fürbitte, Dank, schweigendes Gebet, betrachtendes Gebet, Psalmlesung, agendarisches Gebet usw.) verlangt das Lob Gottes, die Doxologie, dabei den größten Aufwand an Überlegungen und Vorarbeiten. Und weil das in vielen Fällen nicht gesehen oder bejaht wird, ist die doxologische Dimension unserer Gottesdienste sowie unserer persönlichen Frömmigkeit auch weiterhin so verkümmert. – Es ist wirklich möglich und wäre nicht ohne Reiz, einmal die Kriterien, die wir in Kapitel 15 für die Kunst des Feierns formuliert haben, auf die Doxologie zu übertragen. Rituale, Symbole und Festtraditionen spielen in der Anbetung eine ebensogroße Rolle wie beim Fest. Denn es geht ja um Formen, die wiederholbar sind, die man sich aneignet, die man lernt und einübt, bis man sie auswendig und inwendig beherrscht.

Ich möchte das sogleich an Beispielen erläutern. Doch zuvor ist einem Bedenken zu begegnen, das bei dieser Aussage sofort kommen könnte: Ist nicht gerade die Anbetung etwas – so könnte gefragt werden –, das aus dem *Herzen* kommen muß, wenn sie ehrlich und echt sein soll? Ich antworte: Ja!, aber dafür muß erst einmal etwas „im Herzen" sein! Nämlich eine *Sprache* der Anbetung, *Worte* des Lobes, *Lieder* der Freude! Ich jedenfalls weiß von meinem „Herzen", daß es oft von ganz anderen Dingen bewegt, gefüllt und belagert ist als von Anbetung, Lob und Freude! – Wir stoßen hier auf einen Sachverhalt, der im Horizont der Pneumatologie immer mitbedacht werden muß, nämlich: Der Heilige Geist wirkt immer so, daß er uns zu *Subjekten* macht, zu *Handelnden* – das heißt: *er* erweckt uns zum Lob, aber er erweckt uns so, daß *wir* dabei *tätig* werden! Er wirkt immer so in uns, daß er uns dazu bewegt, mit ihm zu wirken! „Gestalten als Ausdruck von Geistesgegenwart" – das gilt auch beim Beten und Anbeten. Ich halte es für eine gefährliche, fromm getarnte Art von Trägheit, wenn man ausgerechnet da, wo man unmittelbar und höchst direkt mit Gott selber zu tun hat, nämlich in der Liturgie und Doxologie, auf einmal meint, hier müsse alles automatisch und „spontan" geschehen. Wir erwarten ja vom Pfarrer auf der Kanzel auch eine gediegene Vorbereitung, *damit* Gottes Geist durch ihn reden kann! Wenn ich also vor das Angesicht Gottes trete, dann möchte ich mich auf nichts weniger verlassen als auf meine spontanen Einfälle; so qualifiziert sind die in der Regel nicht.

Diese Überlegung, daß ich Gott gerne mit Hingabe und mit bestem Wissen und Mühen loben möchte, führt auch dazu, daß ich in der Anbetung den legitimsten Ort für *Kunst* und Ästhetik sehe. Wenn Kunst irgendwo theologisch ihren legitimen Ort hat, dann hier! Ich befinde mich darüber freilich noch im kritischen Gespräch mit manchen Freunden und Weggefährten, die fragen, ob damit die Liturgie nicht genauso exklusiv und unnahbar wird wie, sagen wir einmal, der lateinische Gesang der Mönche in Maria Laach. Oder ob man damit nicht einem kulturprotestantischen Ästhetizismus verfalle, der dazu führt, daß sich die Kirchen zwar füllen, wenn samstags abends die Mätthäuspassion aufgeführt wird, daß sie aber am nächsten Morgen zur normalen Gottesdienstzeit gähnend leer sind. – Auf diese verständlichen Bedenken möchte ich so antworten, daß ich die doxologische Feier des Glaubens gar nicht unbedingt hauptsächlich im Hauptgottesdienst am Sonntagmorgen verankern möchte. Da sollten wir uns schon um kommunikable und mitvollziehbare Formen bemühen, die den „einfachen Arbeiter" und das allem Kirchlichen entfremdete Taufelternpaar „abholen" und zum Einstimmen befähigen. – Obwohl ich sogar diesbezüglich inzwischen Fragen habe: Warum ist es ausgerechnet den katholischen und orthodoxen Kirchen – etwa in Lateinamerika und in Rußland –, die doch nun wirklich eine hochkomplizierte, aber auch hochkünstlerische Form der Liturgie praktizieren, gelungen, in viel größerem Umfang die unteren Schichten und die ungebildeten Massen zu „halten", während der Protestantismus spätestens seit dem 18. Jahrhundert mit der Moralisierung des Evangeliums die „Intelligenz" verloren hat, um dann im 19. Jahrhundert mit der Intellektualisierung des Glaubens die Arbeiterschicht und das Proletariat zu verlieren?! Es wäre doch wirklich nicht ausgeschlossen, daß sich gerade säkularisierte und weniger gebildete Menschen in unseren Gottesdiensten wohl und geborgen fühlen könnten, wenn dort eine Atmosphäre des gestalteten Feierns und Lobsingens herrschen würde, in der einem das Herz allererst aufgeht und die Frohbotschaft auch die emotionalen und unbewußten Schichten des Menschen erreicht.

Aber alles in allem sehe ich hier gar nicht den Ansatzpunkt. Es geht um *unser* Stehen vor Gott, um unsere Gemeinschaft mit dem Allerhöchsten; die Doxologie hat mit der existentiellen, direkten und durchaus intimen Liebesbeziehung zu Gott zu tun, weshalb sie auch nicht auf den Sonntagsgottesdienst beschränkbar ist.

Doch zurück zu unserer Frage nach dem Verhältnis von spontaner „Herzensanbetung" und vorbereitender Arbeit an Formen, Inhalten, Ritualen und Vollzügen der doxologischen Feier. Wir sagten: es geht um Formen, die wiederholbar sind und die man sich inwendig und auswendig angeeignet hat. Zur Anbetung gehört ein Repertoire an auswendig gelernten Texten, Bibelworten, Gebeten und Gesängen. Im Englischen heißt „auswendig lernen": „to learn by heart" – mit dem Herzen lernen. Manche charismatischen Gruppen nehmen das sehr ernst: Die feiernde Gemeinde oder Gruppe kann von Herzen singen und beten, weil es auswendig gelernte und daher inwendig „beherzigte" Inhalte gibt. (Nebenbei gesagt ist gerade das Auswendiglernen eine alte unersetzbare geistliche Übung, die ebenfalls mit der Verwurzelung des Glaubens in unseren Tiefenschichten zu tun hat. Was das bedeutet, kennen wir aus Erfahrungen am Sterbebett!) – Wo „Charismatiker" indessen nur *spontane* Gebete und Gesänge hervorbringen, die auf keiner gemeinsam gefundenen und erarbeiteten Sprache beruhen, habe ich oft das Gefühl, in einer Ansammlung von Individualisten zu sitzen, die weniger die Gemeinschaft als nur das fromme Ich erbauen. Umgekehrt ist der Mangel an innigen „Herzensgebeten“ in der liturgischen Tradition dadurch begründet, daß man ständig in einem Buch blättern muß, um nach dem „Kyrie“ das nachfolgende Stück auf Seite 63 nicht zu verpassen und rechtzeitig zum Segen zu „Form B“ zurückzufinden.

Also ist das erste, was zu lebendiger Anbetung gehört, der angeeignete Gebets- und Liedschatz, aus dem wir in einer Mischung aus agendarischer Gebundenheit und spontaner Geistesgegenwart schöpfen können.

Das zweite ist das *Singen* und die *Musik*.[43)] Nicht von ungefähr sprechen wir vom „Lob*gesang*“, zu dem die Bibel an vielen Stellen auffordert und dafür Beispiele gibt. *„Singt und spielt dem Herrn in eurem Herzen!“* (Epheser 5,19). *„Ist jemand guten Mutes, dann singe er Psalmen“* (Jakobus 5,13). *„Singet dem Herrn ein neues Lied; singet dem Herrn, alle Welt! Singet dem Herrn und lobet seinen Namen, verkündet von Tag zu Tag sein Heil!“* (Psalm 96,1f; vgl. Psalm 33,3; 98,1; 149,1; Jesaja 42,10). *„Mit Psalmen, Lobgesängen und geistlichen Liedern singt Gott dankbar in euren Herzen“* (Kolosser 3,16). – Es ist deutlich, daß das Lob Gottes ganz wesentlich *gesungenes* Lob ist: die Sprache fordert sozusagen die Musik zum gemeinsamen Reigen auf! Die Frage ist, ob dabei die Qualität und Schönheit von Musik und Gesang eine theologische Bedeutung hat. Zum einen muß klar sein, daß sich der Lobgesang nicht auf die Elite musikalisch Begabter beschränken darf. – Aber er darf sich auf sie stützen! Denn ich meine, daß sowohl unmusikalische wie musikalische Lobsänger ein gemeinsames inneres Interesse daran haben, das Lob Gottes zum Klingen zu bringen. Es ist nun wirklich kein Zeichen von ernstgemeinter und fröhlich gefeierter Anbetung, wenn ständig zu tief, zu hoch, zu langsam oder zu schnell angestimmt wird, wenn die Gitarre wieder einmal verstimmt ist oder wenn die Gemeinde ohne eine alles übertönende Orgel gesangsunfähig ist. *„Spielt schön auf den Saiten mit fröhlichem Schall“*, mahnt Psalm 33,3. – Und was das Singen betrifft, so mag man sich dessen erinnern, daß im alttestamentlichen Tempelgottesdienst die Vorsänger und Chöre eine feste Einrichtung waren. So ist es auch heute in vielen Kirchen der Dritten Welt und natürlich, seit eh und je, in der orthodoxen Kirche. Es war mir eindrücklich, was ich beim Besuch orthodoxer Kirchen in der Sowjetunion erlebte. Die orthodoxe Kirche lebt ja ihren Glauben gewissermaßen in einer nicht endenden Liturgie, Tag für Tag. Und mehrfach beobachteten wir, wie der Pope vor Beginn der nächsten Feier in einem Seitenwinkel der Kirche mit drei, vier Frauen den mehrstimmigen liturgischen Gesang einübte. Oft waren es alte, abgearbeitete und armselig wirkende Mütterchen mit Wollmantel und Einkaufstasche, die sich mitten am Tag für ein, zwei Stunden Zeit nahmen, dem Gottesdienst nicht nur beizuwohnen, sondern ihn auch mit ihren dünnen, schütteren Stimmen einzuüben. Mir imponierte das mindestens ebenso wie die professionelle, strahlende und unnachahmliche Pracht orthodoxen Gesangs von Doppelchören und Solisten bei großen Festgottesdiensten.

In Israel war es ebenso selbstverständlich, daß der Lobgesang zu Gottes Ehre alle erdenkliche Mühe und Sorgfalt verdient. Davon können wir viel lernen.

Der Raum des Lobes

Wir kommen jetzt zu einem heiklen Punkt, bei dem viele Mißverständnisse möglich sind: die Raumfrage. Um es gleich vorweg zu sagen: ich glaube, daß zum anbetenden Lob auch entsprechende Räume eine Hilfe sind. Das ist mir von meiner eigenen geistlichen und theologischen Prägung her eigentlich ein fremder, eher mißtrauisch machender Gedanke. Ich habe gelernt, daß *„die Erde des Herrn ist und was darinnen ist"*, daß Gott seit Christus nicht mehr in mit Händen gebauten Tempeln und Häusern wohnt und daß der Gottesdienst der Christen nicht hinter sakrale Schallmauern gehört, sondern mitten in den Alltag, die Welt, das Leben. Wie wahr, wie wahr! Ja, es ist wirklich eine besondere Gnade Gottes, daß er sich nicht mehr in irgendeinem „Allerheiligsten" verbirgt, sondern im „Kämmerlein", im Büro und auf der Straße anrufbar ist. Und es ist eine wohl zu beherzigende Mahnung und Erkenntnis, daß in Christus die Grenzen von sakral und profan endgültig gesprengt sind. Nichts ist daran in Frage zu stellen! Es ist aber etwas hinzuzufügen! Und damit zitieren wir den Satz *Reinhard Deichgräbers* nun zum dritten Mal: *„Kein Raum ist ohne Gott, gewiß, aber offenbar gefällt es Gott, dem alle Gleichmacherei zutiefst zuwider ist, sich an bestimmten Stellen deutlicher zu manifestieren."* Der Heilige Geist hat uns leiblich erschaffen, das heißt: raumzeitlich. Wir reagieren auf und agieren in Zeiten und Räumen. Und in dieser unserer Verfaßtheit manifestiert sich der Geist als Kraft der Differenzierung und der differenzierenden Gestaltung.

Überall im alltäglichen Leben haben wir für unterschiedliche Tätigkeiten auch verschiedene Räume. Wenn wir z.B. ein Fest feiern, dann schmücken wir dafür den Raum, das heißt, wir achten darauf, daß Form und Inhalt zusammenpassen. Denn wir wissen, daß Inneres und Äußeres in einer Wechselwirkung stehen. Nur im Blick auf Gebet und Anbetung scheinen viele Christen jede Differenzierung zu verachten. Ich habe Gebetsversammlungen in Jugendräumen erlebt, in denen sich nicht nur Stühle, Spiele, Gerümpel und volle Aschenbecher stapelten, sondern wo der eine sich auf einer Couch fläzte, der andere halb auf der Erde lag, der dritte noch im Terminkalender blätterte ... – denn was sollen wir zwanghaft auf Form und Raum achten, wenn Gott überall und jederzeit nahe ist; wir sind doch nicht katholisch!

Und unsere Kirchenbauarchitekten haben unsere aufgeklärte Theologie auch beherzigt: sie bauen Mehrzweckräume mit klaren Fensterscheiben zur Straße hin – als Symbol für die „Transparenz" zwischen Alltag und Sonntag, Gemeinde und „Welt". Während die Gemeinde das „Allein Gott in der Höh' sei Ehr" singt, donnert ein Lkw vorbei, daß die Scheiben zittern. Und während der Pfarrer sich auf der Kanzel abmüht, kann man wunderbar die kleine Schlägerei auf dem Spielplatz schräg gegenüber beobachten. Doch bei Beginn des Abendmahls werden wir uns schon Mühe geben, unsere „Herzen zu erheben".

Nein, ich möchte aus der Raumfrage nun wirklich keine Ideologie machen. Aber was wir uns vielfach an diesem Punkt an Gedankenlosigkeit leisten, schadet uns oft selber. Ist denn die Leidenschaft, Lobsänger Gottes zu werden, keinen seriösen Gedanken darüber wert, ob es dafür auch äußere und räumliche Hilfen gibt? Es scheint oft im sehr wörtlichen Sinn zu stimmen, daß wir für die Doxologie keinen Raum haben. – Übrigens auch in unsern Häusern nicht. Ich rede jetzt nicht von einer 65 qm-Wohnung, in der 5 Personen leben. Aber ich rede von Sauna, Fitneßraum und Bar im Keller, die offensichtlich nötiger sind als ein Gebetsraum, ein „Herrgottswinkel", in dem man innerlich und äußerlich zur Ruhe kommen und vor Gott hintreten (oder -knien) kann.

Einmal hatte ich nach dem Besuch in einer kleinen Kommunität nachts einen Traum. Ich sah eine geräumige Kapelle, die mich zum Ruhen vor Gott und zum „Singen und Spielen im Herzen" einlud. Und ich merkte, daß die Art, wie sie gebaut und eingerichtet war, in allen Einzelheiten Aussagen der Heiligen Schrift symbolisch vergegenwärtigte. Ich gelangte in ihr Inneres durch einen engen, dunklen und gebogenen Gang. Er erinnerte an den „schmalen Pfad" und die „enge Pforte" und irgendwie auch an den Geburtskanal im Mutterschoß. Ich betrat das Innere des Raumes und bemerkte, daß nur indirektes Licht hineindrang. So, wie Gottes Reich unsere Welt schon erhellt – und doch noch verborgen und unsichtbar ist: *„Wir sehen jetzt durch einen Spiegel ein dunkles Bild; dann aber von Angesicht zu Angesicht"* (1. Korinther 13,12). Das Licht, das aus schräg zurückgesetzten Fensternischen auf die grobverputzten weißen Wände fiel, brach sich in den bunten Farben der Fensterscheiben, die an die Vielfalt und Schönheit von Gottes Schöpfung erinnerten. Doch das hellste Licht, ebenfalls indirekt scheinend, kam senkrecht von oben und fiel unmittelbar auf den Abendmahlstisch. – In den Raum selbst gelangte ich über eine kleine Holzbrücke, denn durch die Kapelle floß ein kleiner, klarer Bach. Lebendige Wasser! Die „Brünnlein Gottes in der Gottesstadt" aus Psalm 46; die „Wasserbäche" aus Psalm 1, an denen unverwelkliche Bäume mit voller Frucht wachsen; der Tempelstrom aus Ezechiel 47 und der Paradiesesstrom aus Offenbarung 22, an dessen Ufern Bäume des Lebens stehen, deren Blätter „zur Heilung der Völker dienen" (V.2). – Links und rechts standen Lebensbäume und Blumen – es duftete! Und an einer Stelle dieses kleinen Gewässers, das an der rechten Seite der Kapelle floß, war ein „Taufplatz" mit einer großen Taufkerze. – Vorne, im großen Halbrund hinter dem Abendmahlstisch, stand ein verwittertes leeres Kreuz zwischen groben Steinblöcken: der gekreuzigte Christus ist auferstanden! Überall auf den Steinen brannten Öllämpchen, Zeichen für die Erwartung der Wiederkunft Christi. Die Stühle für die Gottesdienstbesucher stiegen, im Halbkreis aufgestellt, nach hinten tribünenartig an: Christus wird seine Gemeinde erhöhen und als seine vollendete und geschmückte Braut in den ewigen Festsaal führen. – Ich blickte zur Decke empor und sah eine einfache Balkenkonstruktion aus dunklem Holz, die an ein Zelt erinnerte: Wir sind Nomaden auf Erden, Menschen der Wanderschaft – aber eines Tages werden wir zur Ruhe kommen und bleibende Heimat dort finden, wo Gott selber in unserer Mitte sein Zelt, seine Stiftshütte aufschlagen wird! Als ich mich umgeschaut und alles betrachtet hatte, merkte ich erst, wie still es in dem Raum war. Nur das leise Gluckern des Wassers zeugte von Leben und lebendiger Frische. Und da wurde es auch still in mir. So still, daß ich erwachte.

Seit jenem Traum suche ich diese Kirche. Warum baut sie niemand? Sie half mir, mein Herz zu bereiten für die Begegnung mit Gott. Ist es *nur* eine Torheit oder überholte „Religion", wenn einem die Hingabe an Gott auch einen Raum wert ist?

Eucharistisches Lob

„Lobsänger Gottes" zu werden, das geschieht aber vor allem am Tisch des Herrn. Der Abendmahlstisch ist ein Tisch der Freude, eine Festtafel, an der dem Glauben ein Vorgeschmack des Festes ohne Ende im Reich Gottes gewährt wird – ein hochzeitlicher Tisch! Lobgesang und Herrenmahl, Doxologie und Eucharistie, das gehört von allem Anfang an zusammen: Die Einsetzung dieses Mahles schließt in Matthäus 26,30 damit, daß Jesus mit seinen Jüngern den „Lobgesang singt". Doxologie ist Abendmahlsmusik, eucharistischer Lobpreis! Und das Herrenmahl stimmt die Jüngerschar froh und festlich, so daß sie von Herzen Gott loben. Der Heilige Geist ist ein Fest-Geist, der uns um die unvergleichliche Fest-Gabe versammelt und sie uns zuwendet: die Hin-Gabe Jesu Christi für uns. Lobsänger Gottes werden wir angesichts dieses Wunders und in der Atmosphäre dieses Festes. In der Eucharistie erfüllt sich alle Lebenskunst, denn die Eucharistie ist die „Hoch-Zeit" des Lebens. Im Gedenken an die Hingabe Christi, in der Erwartung seiner Erscheinung und in der Gemeinschaft seines Geistes wird unser geschöpfliches Dasein von endzeitlicher Freude erfüllt und erhellt. Im Herrenmahl und im eucharistischen Lobpreis wird das Leben zum Fest und zur Liebeserklärung an Gott. Aus Teil*nehmern* an seinem Mahl werden wir zu Teil*habern* an seinem Reich. Wenn irgendwo, dann kommen hier „Schöpfung" und „Reich" zusammen und die Kräfte der zukünftigen Welt in unseren sterblichen Leib. Und dann werden wir zugleich zu Teil*gebern* des Lebens in einer Welt, die nach Leben hungert und dürstet. Der Tisch des Herrn wird aufgrund seiner eigenen Realgegenwart zum Ursprung des Lobgesangs und zur Quelle des Lebens. Denn hier sind wir von der trinitarischen Gemeinschaft des Vaters und des Sohnes und des Heiligen Geistes umschlossen, aus der alles Leben kommt.[44)]

Anmerkungen

1 Peter Beier, Bericht des Präses über die für die Kirche bedeutsamen Ereignisse vom 7. Januar 1991 vor der 39. Landessynode der Evangelischen Kirche im Rheinland vom 6.–12. Januar 1991 – in: Verhandlungen der 39. ordentlichen Landessynode, S. 36.

2 Siehe dazu Kapitel 20; vgl. auch: Jürgen Moltmann, Gott in der Schöpfung. Ökologische Schöpfungslehre, München [2]1985, S. 281ff; ders., Der Weg Jesu Christi. Christologie in messianischen Dimensionen, München 1989, S. 139ff.

3 Rolf Zerfaß, Menschliche Seelsorge. Für eine Spiritualität von Priestern und Laien im Gemeindedienst, Freiburg–Basel–Wien, [4]1988, S. 33.

4 Jürgen Moltmann, Gott in der Schöpfung, aaO., S. 110.

5 Rudolf Bohren, Daß Gott schön werde. Praktische Theologie als Theologische Ästhetik, München 1975, S. 42.

6 Hendrikus Berkhof, Theologie des Heiligen Geistes, Neukirchen-Vluyn [2]1988, S. 121.

7 In: Jürgen Seim/Lothar Steiger (Hg.), Lobet Gott. Beiträge zur theologischen Ästhetik. Festschrift Rudolf Bohren zum 70. Geburtstag, München 1991, S. 12.

8 AaO., S. 13.

9 Gerhard von Rad, Theologie des Alten Testaments, Bd. I, München [6]1969, S. 378; vgl. den ganzen Abschnitt S. 367–382 („Der Lobpreis Israels").

10 In: Jürgen Seim/Lothar Steiger (Hg.), Lobet Gott, aaO. S. 13.

11 Ich übernehme die folgende Interpretation der Versuchungsgeschichte dem Buch von Henry Nouwen, Seelsorge, die aus dem Herzen kommt, Freiburg–Basel–Wien, 1989, S. 19.37.53.

12 Reinhard Deichgräber, Wegweisung zum Vertrauen – in: PORTA Heft 47, Verwandeltes Leben. Von christlicher Mystik, hg. von der Akademikergemeinschaft der Studentenmission in Deutschland, 1990, S. 4.

13 Richard Rohr, Der wilde Mann. Geistliche Reden zur Männerbefreiung, München 1986, S. 45ff.

14 Heinrich Albertz, Am Ende des Weges. Nachdenken über das Alter, München 1989; das folgende Zitat: S. 83f; vgl. auch S. 88f.

15 Vgl. auch zum folgenden, Jürgen Moltmann, Der Weg Jesu Christi, aaO., S. 118.139ff.

16 Niko Kazantzakis, Mein Franz von Assisi, Hamburg 1982, S. 171f.

17 Harvey Cox, Stadt ohne Gott?, Stuttgart–Berlin, [4]1968, bes. S. 166ff.

18 Rudolf Bohren, Prophetie und Seelsorge. Eduard Thurneysen, Neukirchen-Vluyn 1982, S. 77f.

19 Karl Barth, Ethik I 1928, Gesamtausgabe Abt. II, Zürich 1973, S. 321.

20 Paul Michael Zulehner, Helft den Menschen leben. Für ein neues Klima in der Pastoral, Freiburg–Basel–Wien, [6]1981, S. 86ff.

21 Rudolf Bohren, aaO., S. 77f.

22 Robert Brain, Freunde und Liebende. Zwischenmenschliche Beziehungen im Kulturvergleich, Frankfurt, 1978, S. 19.

23 AaO., S. 21.

24 Richard Rohr, Der nackte Gott. Plädoyers für ein Christentum aus Fleisch und Blut, München 1987, S. 52f.

25 Vgl. dazu Ezzelino von Wedel, Bonjour, mon amour, Zürich 1988, S. 63ff.

26 Paul Michael Zulehner, Das Gottesgerücht. Bausteine für eine Kirche der Zukunft, Düsseldorf [5]1988, S. 73.

27 Sigmund Freud, Abriß der Psychoanalyse, Frankfurt 1972, S. 25.

28 Hans Walter Wolff, Anthropologie des Alten Testaments, München 1973, S. 200.

29 Richard Rohr, Der nackte Gott, aaO., S. 76.82.

30 Walter Hollenweger, Geist und Materie. Interkulturelle Theologie III, München 1988, S. 29.

31 Vgl. zum Ganzen W. Hollenweger, aaO., Kap. I.1: „Eine Gemeindeliturgie für Kranke und Gesunde"; Kap. I.2: „Heilet die Kranken! - Beispiel einer Liturgie"; Kap. I.3: „Zwei Fallbesprechungen".

32 Vgl. dazu Eugen Drewermann, Ich steige hinab in die Barke der Sonne. Meditationen zu Tod und Auferstehung, Olten und Freiburg [2]1989, S. 21ff.

33 Eberhard Busch, Glaubensheiterkeit. Karl Barth – Erfahrungen und Begegnungen, Neukirchen-Vluyn 1986, S. 88f.

34 Eugen Drewermann, Ich steige hinab in die Barke der Sonne, aaO., S. 15.

35 AaO., S. 16.

36 Fritjof Capra, Das Neue Denken. Aufbruch zum neuen Bewußtsein. Die Entstehung eines ganzheitlichen Weltbildes im Spannungsfeld zwischen Naturwissenschaft und Mystik, Bern–München–Wien 1987, S. 33.

37 Vgl. mein Buch „Gelebte Hoffnung. Perspektiven eines messianischen Lebensstils, Neukirchen-Vluyn 1988, S. 172ff.

38 Vgl. dazu Jürgen Moltmann, Gott in der Schöpfung, aaO., S. 290–292.

39 Vgl. Hartmut Gese, Die Bedeutung der Krise unter Antiochus Epiphanes für die Apokalyptik des Danielbuches, in: Zeitschrift für Theologie und Kirche, 80. Jg., 4/1983, S. 373ff., bes. 386.

40 Reinhard Deichgräber, aaO., S. 5.

41 Fritz Schwarz, Ich verweigere mich – oder: Von der Schönheit des Glaubens, Neukirchen-Vluyn 1985, S. 36ff.

42 Vgl. dazu Jim Wallis, Wiederbelebung. Meine Pilgerreise, Moers 1984, S. 126–136.

43 Vgl. dazu PORTA Heft 45, Wer singt, betet doppelt, aaO., 1989.

44 Vgl. dazu Wolfgang Schöne, Mut zur Frömmigkeit – Mut zur Eucharistie. Eine Ermutigung zur eucharistischen Frömmigkeit für evangelische Christen, – zu beziehen bei: Auferstehungskirchengemeinde Mainz.

Quellennachweis

S. 98/99 aus: Richard Rohr, Der wilde Mann, S. 45–47, Claudius Verlag München.

S. 168/169 aus: Eberhard Busch, Glaubensheiterkeit.
Karl Barth – Erfahrungen und Begegnungen, Neukirchener Verlag, Neukirchen-Vluyn 1987[5].